西南政法大学
刑侦40周年学子文库

认知科学视野下的侦查错案研究

杨立云——著

Research on Wrongful Cases in Criminal Investigation: From the Perspective of Cognitive Science

法律出版社
LAW PRESS·CHINA

图书在版编目(CIP)数据

认知科学视野下的侦查错案研究 / 杨立云著. -- 北京 : 法律出版社, 2019
ISBN 978 - 7 - 5197 - 3752 - 8

Ⅰ. ①认… Ⅱ. ①杨… Ⅲ. ①刑事侦察学－研究 Ⅳ. ①D918

中国版本图书馆 CIP 数据核字(2019)第 184048 号

认知科学视野下的侦查错案研究
RENZHI KEXUE SHIYEXIA DE ZHENCHA CUOAN YANJIU

杨立云 著

项目策划 李 群
责任编辑 董 昱
装帧设计 汪奇峰

出版 法律出版社
总发行 中国法律图书有限公司
经销 新华书店
印刷 中煤(北京)印务有限公司
责任印制 吕亚莉

编辑统筹 法规出版分社
开本 A5
印张 10
字数 235 千
版本 2019 年 11 月第 1 版
印次 2019 年 11 月第 1 次印刷

法律出版社/北京市丰台区莲花池西里 7 号(100073)
网址/www. lawpress. com. cn
投稿邮箱/info@ lawpress. com. cn
举报维权邮箱/jbwq@ lawpress. com. cn
销售热线/400 - 660 - 8393
咨询电话/010 - 63939796

中国法律图书有限公司/北京市丰台区莲花池西里 7 号(100073)
全国各地中法图分、子公司销售电话:
统一销售客服/400 - 660 - 8393/6393
第一法律书店/010 - 83938432/8433　西安分公司/029 - 85330678　重庆分公司/023 - 67453036
上海分公司/021 - 62071639/1636　深圳分公司/0755 - 83072995

书号:ISBN 978 - 7 - 5197 - 3752 - 8　**定价**:48.00 元

声　明

本专著是教育部人文社会科学研究一般项目资助的《认知科学视野下的侦查错案研究》(项目批准编号:14YJC820063)的最终成果。

西南政法大学刑侦40周年学子文库

总　　序

1979－2019，滥觞歌乐、勠力渝北，经过40年的发展，西政刑侦正值壮年，沧桑历尽，前途似海！

巍巍歌乐不仅常怀隽永革命精神，也孕育了无数法学英杰。1979年，经公安部考察论证、教育部审批，我国教育史上的第一个侦查学本科专业滥觞于此，西政刑侦从此开篇；先后诞生了全国第一个犯罪侦查教研机构、全国第一个侦查学教授、全国第一部侦查学本科教材、全国第一本侦查学术期刊。1984年开始招收全国第一批侦查学方向硕士研究生。1999年在侦查学系的基础上组建刑事侦查学院，这是西南政法大学第一个本科学院。2000年在原司法鉴定专门化班基础上成立刑事科学技术专业。2002年增设治安学专业。2003年在法学一级学科下自主设置侦查学硕士学位授权点。2004年在法学一级学科下自主设置警察学硕士学位授权点。2005年开办经济犯罪侦查专业，同时受最高人民检察院委托，在侦查学专业基础上复办职务犯罪侦查专门化班。2013年侦查学、刑事科学技术专业入选重庆市本科“三特行动计划”特色专业建设项目。2015年经济犯罪侦查专业入选重庆市本科“三特行动计划”特色专业建设项目。2016年治安学专业入选重庆市本科“三特行动计划”特色专业建设项目。2017年公安学入选重庆市高等学校"十三五"市级重点学科名单,并在法学一级学科下自主设立侦查学二级学科博士授权点。2018 年在全国率先开办法学监察调查实验班。2018 年侦查专业、刑事科学技术专业被评为重庆市一流专业。2019 年经济犯罪侦查专业被评为重庆市一流专业。

刑事侦查学院作为我国最早开办侦查学本科专业的院系,作为我国首批国家级侦查专业人才培养试验区、国家级特色专业建设点、国家级实验教学示范中心、国家级司法鉴定机构所在院系,自侦查专业开办以来,无论是教学科研水平,还是人才培养质量都在我国公安司法理论界、实务界有着广泛的影响和声誉。以侦查学专业为代表的各公安类专业已经成为重庆唯一、西部领先、在全国有重大影响的专业,是"人无我有,人有我强,人强我优,人优我特"的特色专业。

自开办以来,侦查专业在人才培养上始终坚持强调"侦查+技术+法律"交叉融合,培养学生务实创新精神,兼有扎实的法律功底、深邃的侦查思维和娴熟的技术能力。为共和国培养了一大批忠诚、正直、勤奋、务实的卓越人才。

当前,在西南政法大学创建"双一流"的宏大潮流之下,刑事侦查学院不断推陈出新,在做精做强侦查学专业的基础上,积极回应国家战略人才需求,贴合学科发展实际,在全国率先开始国家安全学的学科探索,成为国内首家挂牌的国家安全学院。刑侦学院已再次扬帆起锚,必将再续辉煌。

点染江山四十年,寸継不改旧风烟。自周应德、邹明理、陈祥印、胡世澄等前辈以降,一代代的刑侦人为之奋斗的不仅仅是"西政刑侦"这块金字招牌,也是共和国教育事业的不断革故鼎新。

专业建设四十年，侦查学专业已培养了约12500名毕业生。他们中有副部级以上干部8人，厅局级80余人，教授近100人，副教授300余人。培养了公安部一级英雄模范芦振龙等一大批英雄模范，以杜航伟、刘跃进等为代表的侦查指挥人才及以全国优秀人民警察王志军、公安部审讯专家谭平等为代表的实务专家。当然，还有数以千计的刑侦人在各自战线上为国家的安宁、富强，社会的稳定、发展默默奉献着自己的热血、青春和才智。

在西南政法大学侦查学专业创建四十周年之际，西南政法大学刑事侦查学院汇聚天下西政刑侦人之学术智慧，推出此学子文库，既是以点滴学术成果为西政侦查学专业创建四十周年献礼，也是向西政刑侦历代前辈们致敬，更是对西政刑侦学院未来发展的美好祝愿。

四十年如指间沙漏，斗转星移，人面桃花，岁岁如新。四十年来不断变化的是学人面孔、理论依托，然而无论是歌乐山下亦或大峡谷畔，未变的是心系天下、聚焦实际的学术作风。西政刑侦征途任重道远，刑侦学子务必勠力同心！

是为序。

编　者

2019年　重庆　宝圣湖

自　序

2009年，恰逢西南政法大学刑事侦查专业成立30周年。我本人在那一年正好博士毕业，我的博士论文《侦查认识原理研究》有幸被纳入30周年纪念文库——“西政刑侦学子文库”。十年后的今天，已是西南政法大学刑事侦查专业成立40周年，而我的著作再次有幸被纳入纪念文库出版。两次忝居先进著作之列，皆欣逢十年一遇之庆典，又仍以“认知”为研究主题，这似乎是冥冥之中的一种安排。

本著作是教育部人文社会科学研究一般项目资助的研究成果，自立项以来，历时近五年。因为现实条件的限制，项目申报时的一些想法在着手研究时却难以实现，研究一度陷入停滞。正当我打算知难而退时，学长马方教授向我提出纪念文库出版的邀请。此邀请让我为之一振：能够两次纳入文库也是一件难得的幸事，何不一鼓作气拿下，也好给项目资助方有个交代。于是，我重新鼓足干劲，经过一番努力，终于克服困难而成书。

自读硕士研究生时起，我就一直在犯罪侦查与认识论、认知心理学、认知科学等学科的跨学科研究领域里打转。我一直致力于用“认知”解读侦查行为，甚至一度有用“认知”来重构侦查研究的“雄心”。虽然，这个目标很诱人，但是道路却是艰难的。因为，自己在认识论、认知心理学、认知科学以及相关学科的知识基础几乎为零。更难的是，认知心理学、认知科学这类学科的研究范式与一般的法学研究范式相去甚远，而我对此却一无所知。那么，一切都从头学起吧！

在写博士论文《侦查认识原理研究》(已作为专著出版)时,在朋友的指点和帮助下,我相继恶补了认识论、科学哲学、逻辑学、心理学、行为经济学等学科的知识,当然,大部分都来不及细嚼慢咽,几乎是囫囵吞枣,但结果还勉强说得过去。在博士论文里,为了研究内容的完整性,我特意用一章讨论了侦查错误的问题,但当时还来不及深入研究。后来,我目睹了媒体披露的刑事错案,深感兹事体大,有必要深入开掘。借着申请研究项目的机会,就又把侦查错误的问题重新拎出来打磨一番。这一次,不能浮光掠影地简单谈论侦查错误,而是要作为专门的主题来深入研究。于是,我又广泛收罗了认知心理学、社会心理学、行为经济学等许多学科的论文,细细研读。论文读得越多,才越觉得解决这类问题如果缺乏经验研究或实证研究作为支撑证据,是没有说服力的。可是,这种经验研究的操作范式,我也是完全陌生的,而这方面的内容却又是必不可少的。

于是,我就硬着头皮,搞了个问卷调查。这就构成了本书第四章的主体内容,在这一章有很多表格,您如果读起来觉得很烦琐,不妨略过,直接跳到该章的"结论与评析"这一节。虽然,这也算勉强完成了一个所谓的经验研究,其间邯郸学步的味道相当浓厚,但是,这也算是本研究的一个可以聊以自慰的地方。因为侦查错案是一个敏感话题,几乎没有侦查员愿意正面聊这个问题,聊自己办的错案,那就更加不可能了。为了降低话题的敏感性,我给问卷"化了下装"——把标题定为"刑事司法相关问题调查",问卷的题项尽量少用"错案"这样的字眼。为了避免正面跟一线侦查人员接触,就用线上调查的方式,这样让他们减少顾虑。结果回收了385份问卷,于是又埋头苦学了一阵子统计数据分析。研究虽然糙了点,但是毕竟跟自己以前的成果有很大的不同了,相对于自己,也算是不小的进步。而且,看了一下同行的研究,好在这样做的人并不多,我算是在赛道上偷跑了几步,偶尔有点窃喜。

其他的内容,都是用认知科学的研究结论来解释侦查中为何会犯错误,铸成侦查错案的认知原因的探索,基本是《侦查认识原理研究》一书设定的研究思路的延续和研究框架的丰富。一方面,对《侦查认识原理研究》一书中的部分结论有所修正;另一方面,对侦查错误乃至错案进行了深入解剖。对侦查错误进行了多角度审视,对侦查人员、证人、被害人、犯罪嫌疑人的认知行为导致侦查错案的可能性进行了分析。让人兴奋的是,研读论文的过程中我发现,诺贝尔奖得主赫伯特·A. 西蒙和丹尼尔·卡尼曼关于行为经济学的研究结论,以及认知神经科学家 Itiel E. Dror 教授对于司法鉴定心理的贡献,对本研究极具启发意义。在他们的著作所提供视角的帮助下,一度几乎停滞的研究进程得以加速。将有限理性的思维作为本研究的基本假设,启发法和认知偏差作为解释侦查错案的概念框架,成为本书的主要内容之一。

在本研究构思阶段,苦于找不到统一应对侦查错案的思维方法,总觉得导致侦查错案的原因不胜枚举。总不能每个病各开一个方子吧? 得把应对这些原因的东西都统一起来。但是,一直苦于找不到合适的名字来归纳这些方法。碰巧跟张继成教授在食堂就餐时闲聊起批判性思维,自己正好买了一本批判性思维的译著,回来闲翻了几页,这一翻使我恍然大悟,我一直发愁找不着的那把总钥匙——应对侦查的认知错因的思维方法体系,不就是批判性思维吗? 所以,这结局几乎算是圆满了。

然而,还不能圆满。十几年前因为不知深浅闯入了认知的领地,经过一番跌跌撞撞,终于写成了《侦查认识原理研究》和现在的《认知科学视野下的侦查错案研究》。可是,我还打算写下一部著作——《认知科学视野下的司法鉴定错误研究》。这样,我就完成了侦查认知的"三部曲",我的研究生涯也就几乎全部交给了侦查与认知的跨学科研究。成就说不上,但也可聊以自嘲:"我也算是从一而终了!"

人到中年，最是磨炼人心性的时候。除了工作与家庭的各种大事小事不能含糊，体力与脑力也自感不如从前，没有几分坚忍，可能应付不了。本书写作时，父亲也已重病卧榻快两年，因为住得远，回去探望过几次，但主要是兄长在照料他老人家。老人家听说我在写书，还安慰我说：“你好好写，不要担心我。”这样，一边是对父亲病情的担忧，一边是磕磕绊绊的研究与写作。现在，研究结束了，写作也完成了，回去看望父亲吧！

除了亲情让人难以割舍，还有对来自各方的帮助的不尽谢意：感谢教育部对这一研究项目的资助！感谢西南政法大学刑事侦查学院为本书提供了出版的机会！感谢刑事侦查学院的领导对本书出版事宜的关心！感谢恩师任惠华教授及学长马方教授、胡尔贵院长一直以来的帮助！

感谢法律出版社的李群女士、董昱女士及其同事们，她们的专业精神让人钦佩，在酷暑的季节里，为本书的编辑付出了辛劳和汗水，殊为不易！

目 录

导 论

侦查,既可视为刑事诉讼的准备活动,也可称为刑事诉讼事实探知的独立阶段。现代侦查实际上是刑事司法高度专门化的产物:现代社会的复杂性以及现代科学的高度发达,使得刑事案件中的事实发现与证明成为一个需要多种学科专业知识的领域,如果将全部事实发现的职能赋予审判程序,既不符合审判机关消极、中立的立场,也可能让其不堪重负,所以,侦查就成了一个需要专门人员和组织从事的刑事司法活动。

警察与警务是产业革命及城市化的产物,产业革命加剧社会流动,城市化导致乡村社区瓦解,熟人社会式微,社会日渐进入社区伦理无法有效控制犯罪的阶段,因而犯罪率上升。社会日趋要求政府在打击和预防犯罪方面提供快速化及专门化服务,现代警察及警务因此得以存在。高效率和专门化是侦查犯罪的基本要求,而警察机关就正好符合这两个特点,因此,现代国家都将侦查职能主要赋予警察机关。所以,刑事司法借助了侦查人员高度组织化及侦查科学化的力量,显著提高了事实发现和证明的效率。

但是,侦查所带来的错误却并没有因此而消除,甚至在一定的时期和特定区域内侦查中的错误频发。侦查中的错误及其导致的错案,往往会给整个案件诉讼及当事人带来灾难性后果。如果我们深入考察中外发生的刑事错案,都可以不同程度地发现侦查错误的影子,或者有些刑事错案就纯粹是由侦查错误引起的。“侦查中所犯的错误往往具有不可弥补性,许多实证研究指出,错误裁判最大的肇因乃错误侦查,再好的法官、再完美的审判制度,往往也挽救不了侦查方向偏差所造成的恶果。"①我国近年见之于媒体的冤案,如佘祥林案件、赵作海案件、呼格吉勒图案件、聂树斌案件、张氏叔侄强奸案件等,无不因侦查错误而起;而且,这些案件的纠正与救济,很可能受到来自侦查机关和当初承办案件侦查人员的阻挠。可见,侦查错案既给当事人带来不幸,亦使司法机关社会公信力遭受重创,极不利于社会稳定。

侦查错案的相对比例和绝对数量是多少?这是一个几乎无法获得准确答案的问题。因为在任何司法制度下,错案都是一个讳莫如深的话题,是任何社会都难以承受之重。所以对侦查错案的规模进行尝试性探究,对于弄清侦查错案理论研究及防治实务具有十分重要的意义。然而,由于探究难度颇大,本研究通过"刑事司法实务调查"问卷间接分析我国侦查错案可能的规模。

侦查错案于刑事司法的权威性和公信力有损,但是侦查错案却没有得到充分的研究。其间既因基础研究不充分,亦因对错案剖析不深刻,还因错案是浮于水面的冰山,所不见者巨大,而若深入现实去探知,常常会遇到不可想象的阻力。如果与侦查实务人员探讨个案侦查,都几乎自视为"神探",若提及侦查错误的问题,均言错误在所难免,进而追问是否犯过错误,则常常顾左右而言他。可见侦查错案研究之难,不仅仅在于错案本身纷繁复杂,更在于现实中常常因各种利益考量而被掩盖或者回避。

在这样的背景下,本研究立足于对侦查错案本质的透视,如明确其定义、属性,并进行科学分类。以认知科学为工具,审视侦查参与者的认知与决策行为,并探讨认知与决策行为对侦查错案的影响。用启发法和认知偏差的框架来剖析侦查错案的成因。借助经验研

① 林钰雄:《刑事诉讼法》(下册),中国人民大学出版社2005年版,第4页。

究,为侦查错案的理论分析提供实证证据。最终,在以上研究的基础上,为侦查错案的治理提供认知科学的方案。这样的尝试,一方面意在为侦查学研究的深入展开提供助力,另一方面为侦查错案治理提供一定参考,以减少侦查错案的发生,进而维护司法公正,彰显司法的权威和公信力。

一、侦查错误的定义、属性与类型

定义何为侦查错误,确定其属性,划分其类型,是侦查错误研究的基础。通过研究不难发现,侦查中的错误,若系有意为之,则实际上并不构成本研究所谓错误。所以,本研究所言之错案,实在是指那些并非侦查人员主观上故意为之的"假案""冤案",而是在既定的法律框架内,以通常的心理状态,却仍然发生的错案。若系侦查人员有意而为之的错案,则不是本研究所关心的问题,更是与认知科学关系甚微。由于侦查错误的复杂性,通过认知、问题解决、规范、"收益/成本"的多维审视,发现在不同的视域之下,侦查错误的定义是不同的。所以,对侦查错误的定义只能是这样的:所谓侦查错误,即侦查认知与决策行为中导致如下结果之一者:(a)查证结果与实际事实真相不相符合;(b)决策中重大问题解决失败;(c)查证结果不符合事实要件型规范,证据材料不符合事实资格型规范,行为违反权利保障型规范;(d)在具备可破案条件下,在特定时间区间内,侦查决策不符合"收益/成本"比值最大化原则。

由于侦查活动是法律规范框架下,通过问题解决策略,实现事实发现与证明的目标,所以,侦查活动具有事实属性、决策属性和规范属性。相应地,侦查错误也具有事实属性、决策属性和规范属性。这些属性其实也是侦查错误的定义所能够涵盖的。定义中的(a)项反映了侦查错误的事实属性,(b)项和(d)项反映了决策属性,(c)项则反映了规范属性。

司法错误的类型其实早有人研究。布莱恩·福斯特教授在《司法错误论》一书中将司法错误分为"正当程序错误""放纵犯罪的错误"两类。从现实情况来看,这两类错误其实对应着两种情形:一是司法人员不尊重犯罪嫌疑人的程序权利而导致的错案;二是因为司法机关的疏忽大意或者有意而为,导致犯罪嫌疑人或被告人的刑事责任未得到追究。此分类法实际上是以结果为划分标准的。虽然此分类不无道理,但并未揭示出司法错案的本质。由于并未对侦查错案形成的根本原因进行追问,客观上将导致无法区分司法人员有意而为的所谓"冤案"与因疏忽大意、认知缺陷、制度缺陷而导致的错误,故实际上对于错案的防治无甚助益。因此,本研究对侦查错误的分类不采用这一分类框架。

由于侦查错误具有事实属性、决策属性和规范属性,那么,侦查错误也相应地可以划分为事实型错误、决策型错误、规范型错误。事实型错误包含证据材料错误、事实论证错误、事件重构错误。决策型错误可分为效度未达型错误和效益未达型错误。规范型错误则可以分为规范理解与适用错误、失范行为,其中失范行为又可以分为Ⅰ型、Ⅱ型、Ⅲ型。

二、侦查中的认知与决策行为

本研究聚焦于侦查实践中因认知缺陷导致的侦查错案,试图通过认知科学的方法和成果揭示侦查错案形成的原因,故应该对侦查参与主体的认知与决策过程进行较为深入的探查。从认知层面来看,侦查错案的形成并不仅仅肇始于侦查人员的认知与决策,同为侦查参与的的主体,证人、被害人、犯罪嫌疑人的认知行为对侦查错案的形成都各有其贡献。所以,对侦查人员、证人、被害人、犯罪嫌疑人的认知与决策过程进行探查,是发掘侦查错案的认知原因的基础。对于认知和决策过程,着眼于信息感知和处理、推理模式、情绪压力、环境因素、文化制度等方面展开，必将对侦查中不同参与主体的认知和决策过程有较为全面和深入的剖析。

侦查人员所面对的往往是已经发生的犯罪事件，虽然在发动侦查时有些犯罪事件可能并未完全结束，但是对于案件侦查完成之时，对质于法庭的必然是针对业已发生的犯罪事件，而这些发生后的犯罪事件的"本来面目"，则仅仅存在于各种事实"碎片"——证据或信息——之中。所以侦查人员的认知与决策大抵是追索已经发生的犯罪事件来展开，然而他们的认知与决策又常常遵循一个名为"K(PHD)"的模式：P——问题(Problem)、H——假设(Hypothesis)、D——演绎推理(Deduction)，这三大构件在K——知识(Knowledge)环境下循环往复运作，构成侦查的认知与决策过程。侦查中的认知常常都是问题驱动的，核心的问题就是"犯罪人是谁"或者"他/她究竟干了什么"，至于时间、地点、过程、方法等引起的问题不过是这两大核心问题的延伸。在解决问题之时，必然提出一些假设性的方案(或对案情的假设性解释)，之后沿着假设所定前提推进，尝试着解决问题(或者尝试着解释案情)，此为假设和演绎。同时，K(PHD)模式仅仅是侦查认知与决策推进的方式，侦查人员最终追求的结果，是将事实"碎片"拼合为一个整体，"还原"出犯罪事件的原貌。

能够成为证人的人，必须具备做证的能力，也即证人的感知、记忆、推理理应不存在病理性障碍。一般人认为，证人对犯罪行为的描述与被害人相比较为客观、真实。然而，事实上实验研究表明：无论是否诚实，证人对犯罪人的身高、体重、年龄都有夸大的倾向；而且，证人在受到来自案件的压力时，其认知与决策会呈现性别差异：女性比男性的认知与决策更容易被歪曲。② 人类的认知并非形如摄影，人

---

② Bull, R., T. Valentine, T. Williamson, *Handbook of Psychology of Investigative Interviewing : current developments and future directions*, Oxford, John Wiley & Sons Ltd., 2009, p. 387.

类认知即用概念、知识、兴趣、价值、目标等内部参与因素去处理感官所接收信息。影响证人认知的因素实际上可以被分为两大类：估计者变量（estimator variables）和系统变量（system variables）。估计者变量是关于证人自身个体特点或者环境因素的变量；系统变量则是警察或者刑事司法系统使用的辨认操作程序，或者其制度规则等因素。估计者变量包括：证人稳定因素、证人易变因素、信心水平、目标稳定因素、目标易变因素、事件因素；系统变量则包括：时间间隔、询问方式、警方的画像与照片、问题组织、辨认的指令、供辨认对象的构成。估计者变量和系统变量是对证人进行研究的一种概念框架，有助于对证人的认知机制深入探究，但是这个概念框架变量间的逻辑关系和心理学关联却不清晰，所以它们还处于离散状态。

被害人的认知与决策也较为复杂。被害人可以分为具体被害人和抽象被害人，抽象被害人不是此处的研究对象。根据犯罪人与被害人是否有互动，具体被害人又可分为接触型和非接触型。接触型被害人常常身临犯罪现场，对犯罪行为有直接感知，身心受到巨大冲击，故其感知、记忆、推理常常存在一定的障碍，对犯罪发生的过程认知常常有所扭曲（特别是针对被害人人身的犯罪更是如此）。非接触型被害人所面对的仅仅是犯罪行为的后果而非过程，他们只能感知犯罪行为对自己所带来的不利后果，但是他们的感知、记忆、推理并没有受到巨大的冲击，因此并不存在任何障碍。但是，被害人又常常有夸大被害程度的倾向，非接触型被害人也不例外。遭遇严重人身侵害的被害人心理会经历三个阶段：冲击阶段、退缩阶段、修复阶段。遭遇严重人身侵害的被害人还会出现“创伤后应激障碍”（post - traumatic stress disorder, PTSD），表现为：对犯罪情景无法有效陈述，无法进行有效辨认，无法与侦查人员进行良性互动。被害人的感知偏差、心理障碍会导致侦查错案，侦查人员对被害人的不恰当对待，也会加剧心理障碍而导致错案。

犯罪嫌疑人的认知与决策是较为复杂的,因为犯罪嫌疑人实施犯罪的心理动因是多种多样的,他们可能蓄谋已久,也可能临时起意,还可能在不同阶段兼而有之。并且犯罪行为所侵害的对象不同,其认知和决策的特点也所有差异。虽然通常用“预谋—实施—掩盖”模式来概括犯罪行为,但是这仅仅描述了犯罪行为发生的一般过程(并且实际上可能并不严格遵循这些步骤),却并非犯罪嫌疑人的认知决策模式。但是,犯罪嫌疑人导致侦查错案的基本方式是欺骗。由于欺骗行为可以分为两个层次:一是扭曲信息的行为;二是利用扭曲信息的诱导行为。犯罪嫌疑人的欺骗行为也可以分为两个层次:扭曲犯罪信息的行为,表现为犯罪嫌疑人通过对现场、证据的“改造”,从表面上切断自己与犯罪事件的逻辑联系等;而利用扭曲信息的诱导行为,则表现为犯罪嫌疑人不但通过对犯罪信息的改头换面,掩盖自己与犯罪事件的逻辑联系,而且还制造一些现场假象和证据假象,将侦查人员对犯罪事件的判断引向其他方向。犯罪嫌疑人的欺骗行为一般出现在三个阶段:犯罪现场阶段、逃避阶段、侦查讯问阶段。在讯问阶段,除了犯罪嫌疑人的欺骗行为会导致侦查错案,犯罪嫌疑人的暗示感受性(suggestibility)也会导致侦查错案。虽然有些犯罪嫌疑人并没有实施犯罪,但是由于这种认知缺陷,竟然在面对侦查人员的提问时错误供述为有罪,这往往是因为这部分犯罪嫌疑人的暗示感受性程度比较高。

三、启发法、认知偏差与侦查错案

(一)启发法与侦查错案

启发法(heuristic)其实是将复杂问题“简单化”处理的机制。启发法是将问题的复杂因素加以剔除而保留其核心要素,并加以探究和解决的过程。启发法也可以看作问题解决的“快捷方式”。因为它解决问题的方式是快速的,它不是对问题的全部因素加以分析之后的处理过程，它有些时候甚至是忽略了问题的初始条件，直接奔向问题解决的结果。启发法依赖问题情景，“通用型”的启发法虽然也存在，但是离开了具体的问题情景，“通用型”启发法也无法实际发挥作用。启发法并不追求问题解决的精确性，它所依赖的信息是片段的、残缺的，解决问题的方式是渐进式的，它与 Walton 所描述的“似真推理”（plausible inference）颇为相似：

所有这些推理都是基于这样的一些假定：我们对日常所遇的情景及其所作所为是熟悉的，并且知晓如果事情按往常一样办，那么结果可能会是一般所期望的样子。没有一个这样的推理是结论性的（conclusive），而完全是猜测。它们代表着某种推理，在这种推理中如果前提可以接受，有少许证明力的证据就可以使结论被接受。③

Walton 描述这种现象，是从逻辑学的视角来看的，而启发法则是心理学的视角。启发法的习得需要反馈，因为它并不是凭空产生的，而是通过“社会学习”（social learning）而获得的，通过观察和模仿他人而习得的。

Tversky 和 Kahneman 提出了三种启发法：代表性启发法（representativeness heuristic）、可得性启发法（availability heuristic）、锚定效应。④ 代表性启发法是根据两个事物之间的典型特征来判断事物之间的关系的。比如根据性格特征与职业行为特征的高度相似来判断某人适合的职业，或者正在从事的职业。从逻辑上来看，代表性启发法的底层逻辑其实是类比推理：

③ Walton, D. N., *Legal Argumentation and Evidence*. University Park, PA: Pen. S. U. Press, 2002, p. 104.

④ Tversky, A. and Kahneman, D., “Judgment Under Uncertainty: Heuristic and Biases”, *Science* 185, 1974, pp. 1124 – 1131.

对象A和B都具有特征$a_1,a_2,a_3\cdots a_n$

A还具有特征a_{n+1};

所以,B也具有特征a_{n+1}。

类比推理在本质上具有归纳法的属性:从有限数量相似现象的重复,来推断所有现象必然如此。归纳法的结论具有或然性,代表性启发法的判断也有或然性。

代表性启发法在侦查的认知与决策中有广泛的应用。中国古代的"五听决讼狱"是代表性启发法运用的古老实例,犯罪嫌疑人特征的刻画,犯罪现场勘查、同一认定等都实际上在运用代表性启发法。代表性启发法的逻辑具有归纳法属性,所以其结论并非必然结论;代表性启发法对先验概率不敏感,常常忽视样本规模,从而引起效度错觉,对可预测性不敏感。所以,由于这些原因,侦查中的代表性启发法可能导致侦查错误。

可得性启发法是根据最容易想到的原因来解释目前的现象,或者解决目前的问题,可得性是基于问题解决的便捷性而言的。可得性启发法缘于联想机制、信息搜寻成本有限性、注意范围和记忆的有限性以及归纳法等。在中文世界里,可得性启发法常常被蔑称为"拍脑袋决策",因为它过分依赖经验。经验丰富的侦查人员可以依赖所谓"直觉"做决定,但实际上这是在不自觉中使用可得性启发法,可得性启发虽然有价值,但是它对当下情形和以往事例之间的结构性差异丧失了敏感性。由于压力,也可能过多依赖可得性启发法。可得性启发法还会导致相关性错觉。由于这样一些原因,可得性启发法会导致侦查错误。

锚定效应是根据初始的参照点来做判断和决定的。《庄子·齐物论》中有一个锚定效应的精彩例子:"狙公赋芧,曰:'朝三而暮四。'众狙皆怒。曰:'然则朝四而暮三。'众狙皆悦。名实未亏而喜怒为用,亦因是也。"养猴子的人,早上给三个栗子,下午给四个栗子,猴子们都生气；但如果早上给四个，下午给三个，猴子们却很高兴。原因是，猴子们将上午给的栗子数量锚定了——作为一个参照点。侦查中的初始条件对后续的判断和决策非常重要，比如犯罪嫌疑人的刻画、侦查假设的提出、侦查途径的选择等，都与锚定效应有关。锚定效应导致侦查错误，根本原因在于被“初始条件”所阻碍、所束缚而不知变通。

（二）认知偏差与侦查错案

除了启发法会导致侦查错误，还有一些认知偏差（cognitive bias）也会导致侦查错案。弗朗西斯·培根曾经提出了人类认知的四种假象：部落假象、洞穴假象、市场假象和剧场假象。这些假象实际上反映的都是人类的认知偏差。与侦查错误关系较为密切的认知偏差包括：确证偏差、情景偏差、角色效应、群体迷思。

确证偏差实际上是认知的共鸣现象。人们都喜欢与自己的观念、知识、预期、喜好相一致的证据、理论、解释。确证偏差的存在是为了节省交流和协作成本，情感共鸣、追求一致性偏好，还有压力的因素。群体迷思会加剧确证偏差现象。确证行为，其实是在不断搜寻与既有判断一致的证据，本质上仍然是归纳法，我们要找到对既有判断的支持性证据，并不必然保证既有判断是可靠的，所以判决性证据不是确证证据，而是否证证据。正如卡尔·波普尔所说的科学的可证伪性，其实是他看到了确证行为在科学发现中的错误风险。“差不多任何理论我们都很容易为它找到确证或证实——如果我们寻找确证的话进行……确证的证据，除非是真正检验一项理论的结果，都是不算数的。”⑤

和普通人一样，侦查人员也喜欢符合自己意愿的证据。有许多

⑤ ［英］卡尔·波普尔：《猜想与反驳：科学知识的增长》，傅季重等译，上海译文出版社 2005 年版，第 51～52 页。

证据既能够支持有罪的判断,也可以支持无罪的判断。那么这样的证据在确证偏差的影响下,就很容易将其解释为支持预先判断的证据,这就是偏差性解释。这样会导致对证据的选择、解释,对犯罪嫌疑人的确定,出现错误风险。

情景偏差来自情景效应(context effect),情景效应是环境因素会影响我们对事件和物体的知觉和解释的认知现象。人的认知常常是结合情景因素的,侦查的认知和决策也不例外。但是,情景信息并不是事件信息或者物体信息本身。侦查中的认知,事实上都是在情景信息中展开的,除了极少数情形,通过直接、完整、清晰的视频所记录的犯罪活动全过程和犯罪人的体貌特征的案件,绝大多数犯罪事件都因成为过去而不可直接目睹,绝大多数犯罪嫌疑人也都暂时不知为谁、不知踪迹。侦查人员对事件和犯罪嫌疑人都无法直接面对面形成知觉,只能通过间接的信息来推知。可见,情景效应对侦查认知的影响十分深刻。然而,情景效应会带来错误,其根本原因是情景效应误用了不相关性信息,或者滥用了弱相关性信息进行认知和判断。

角色效应基于社会地位和境况会影响人的认知结构这一基本假设。由于社会的复杂性和社会分工的细化,作为系统的社会为每个成员"指定"了一个位置,在这个位置社会对每个人都有期待,每个人要满足这个期待,就必须扮演好他的角色。而这种期待,会型塑或改变人们的认知结构,影响认知行为。角色效应,是从社会心理学的视角来解释认知发展和认知偏差。侦查人员作为社会秩序的守护者,追索犯罪踪迹是侦查人员的使命,这一社会角色决定了侦查人员和普通人相比,有较强的有罪指控倾向。因此,侦查人员的角色效应,可能会强化其确证偏差。

组织会对其成员的价值、认知产生型塑,组织的压力会迫使其成员对其外部群体形成刻板印象,对自己所在的群体进行集体辩护,对自己进行无意识的自我审查。这样的认知思维或认知结构,被称为群体迷思(groupthink)。群体迷思的心理动因,深深地植根于两大需求:身份同质化需求和信息同质化需求。由于这两大需求的存在,使得确证效应加剧。由于群体迷思,侦查机关丧失了对案情、证据进行客观评价的能力,对案件侦查方向和途径的选择,对犯罪嫌疑人与案件关联性的审查,都可能缺少客观性和可靠性。这样就会导致侦查错案。

四、认知与侦查错案的经验研究

基于认知科学的研究成果,对侦查错案的认知科学解释,其说服力还不够充分,需要有实际的资料加以证明。

本研究设计了一项网络调查:通过"问卷星"这一网络平台,设计一份由40个问题所组成的调查问卷,问卷详细内容在第四章可查阅。根据对认知影响的直接程度,问题可分为三类:背景信息问题(如性别、年龄、所在省份等)、认知强关联问题(如参与者的知识结构、推理方式、认知习惯等)、认知弱关联问题(如错案追究制度、焦虑情绪、健康状况等)。本次调查回收答卷385份,对以全国各地侦查机关为调查对象来说,这个样本规模有点偏小,但由于人力所限加之此类调查具有一定的社会敏感性,一般侦查人员常常对此避而不谈,能获得此规模的调查样本,已属不易。而且,侦查错案其实是一个发生频率很小的社会事件,此样本规模也可以窥见侦查错案及其认知错因的实际端倪。

虽然本研究回收答卷385份,但是根据"是否从事过侦查工作"这一问题回答为"是"作为筛选条件,筛选出符合条件的样本总数为277,其中男性频数242,女性频数35。并且对自然年龄段和职业年龄段分别进行了筛选,发现职业年龄为"5年以下"的频数和百分比最高。本研究问卷为非量表类问卷,所获数据为分类数据,所采用的分析法主要是交叉(卡方)分析法和少量的Logistic回归分析法。分析中分别以性别、职业年龄、知识构成、有罪指控倾向为变量，主要进行了交叉（卡方）分析，部分交叉分析的结果差异呈现了统计学显著性的，进行 Logistic 回归分析。

以性别为自变量的差异分析，发现无论知识结构、侦查失败经历、性别与讯问策略、性别与焦虑情绪、有罪指控倾向和启发法，都没有显示出与性别有关的差异。这也许与本研究所收集的女性样本过少有关，需要进行验证性研究。

以职业年龄为自变量的差异分析，发现由于职业年龄“5 年以下”的样本频数最多，而其他职业年龄段的频数较少，将其他职业年龄段的样本进行合并。发现在对物证技术学是否了解上，“5 年”成为一个“分水岭”——“5 年以下”所占比例比“5 年以上”都低，在是否经常参加“经常性”业务培训上，“5 年以下”的仅为 33.12%。“5 年以上”的侦查失败体验更多，也许是因为工作时间越长，失败体验就越深刻。职业年龄对辨认的策略没有影响。但职业年龄对讯问策略表现出差异：“5 年以下”赞同进行肉体强制讯问的比例略高。职业年龄对有罪指控倾向和启发法的使用上也没有差异。

以知识构成为变量的差异分析中，发现逻辑学知识变量可能会影响辨认：系统学习逻辑学可能倾向于允许证人在辨认之前交谈；逻辑学可能会影响讯问：当提问对象出现遗忘或者不确定时，未系统学习逻辑学的会倾向于进行提示。系统学习过逻辑学的，同时收集犯罪嫌疑人的有罪证据和无罪证据的比例略高。逻辑学对启发法的运用无影响。心理学会影响提问对象遗忘或不确定时是否进行提示。物证技术学会影响是否允许证人在辨认前进行交谈。物证技术学对有罪指控倾向的影响最为显著，在回答“是否同时收集犯罪嫌疑人有罪证据和无罪证据”时，不了解物证技术学的侦查人员选“是”的百分比（73.47%）远小于了解物证技术学的侦查人员选“是”的百分比（86.69%）。但物证技术学对启发法的运用无影响。有趣的是，经常参加业务培训的侦查人员,同意使用“欺骗”讯问策略的百分比很低,但经常性业务培训对其他各个变量的变化无影响。

有罪指控倾向中有两个题项:(a)你是否同意在初次接触犯罪嫌疑人时就认定他(她)有罪?(b)你是否同时收集犯罪嫌疑人的有罪证据和无罪证据?题项(a)对是否同意在讯问中采用“欺骗”策略有显著差异,在回答与其他证据不一致时的回应策略上也有十分显著的差异。题项(a)在代表性启发法的运用上也有显著差异。题项(b)在证人、被害人、犯罪嫌疑人出现遗忘或不确定时是否提示上有显著差异,在回答与其他证据不一致时的回应策略上也有显著差异。可见有罪指控倾向对讯问策略和启发的运用,有显著的影响。虽然,在整体上,调查对象承认有指控倾向的比例实际是较低的。

经验研究是本研究的重点,也是纯理论研究的补充,反映了侦查的实际状况,具有一定普遍性,有助于推动错案变量关系的研究。同时也有一些方面需要改进:未设计量表题项,女性样本还需要增加,未将法律知识、现场勘查作为变量进行分析。

五、侦查错案治理的认知科学路径

从认知科学这一路径研究侦查错案,最终目的是要通过对认知错因的透视,发现侦查错案的应对之策。正如任何人都无法避免犯错误,侦查错案在侦查实践中也是无法完全避免的,这也是从认知科学审视侦查实践得出的结论。但是,可以根据认知科学,探索如何减少、预防侦查错案的路径。当然,非认知因素导致的侦查错案,也可以从本研究中得到一些启示。以认知科学为路径,对侦查错案进行的治理,可以从如下几个方面展开。

(一)有限理性原则的实现

“有限理性”是现代哲学认识论转向以及现代认知科学的重要结

论。这一原则与常识和经验是相一致的。任何保证公民自由、谦抑公共权力的政府,都要以"有限理性"作为建基之根本原则。任何试图以公共权力构建作为解决一切社会问题之框架体系的念头,都是必招失败的狂想。所以不要认为司法机关的权能是无限的,不要认为可以构建一个"不偏不倚""恰到好处"的刑事诉讼程序。事实上,"不冤枉一个好人,也不放纵一个坏人"的美好愿景在刑事诉讼中很难实现。"有限理性"的原则实际上是承认侦查错案不可避免,通过增加适度"放纵"所谓坏人的可能性,以达到不"冤枉"好人的目的。这是实现"有限理性"原则的必要代价。有限理性原则在我国的刑事诉讼程序中已经有所体现。只是,刑事诉讼程序将这一原则贯彻得还不够彻底。或者,刑事诉讼程序中,仍然有"无限理性"的影子。这些都不利于侦查错案的治理。

有限理性原则在刑事诉讼中的实现途径主要有:1. 坚持证据裁判原则,证据裁判原则决定了侦查认知的现实途径,决定了主体能力和可利用资源的有限性,决定了侦查可能面临的错误风险;2. 对抗制,在侦查中实现控辩对抗平等,是纠正确证偏差、群体迷思、角色效应的有力武器,也弥补了单一主体认知能力的不足,避免了单一主体立场、利益冲突所带来的错误风险;3. 无罪推定原则,无罪推定既是对人权的尊重,又是对人类理性的自谦,为了避免因为疑案而最终被铸成错案,所以将疑罪视为无罪;4. 时效原则也反映了司法系统对人类自身理性局限的承认。

(二)批判性思维的训练

批判性思维(critical thinking),是反思思维的思维,是对达成正确结论的论证、因果解释过程的思维方法。有限理性原则是进行批判性思维的法律框架和制度环境,因为只有承认了有限理性的现实性,才会有批判性思维训练的必要。侦查中的批判性思维训练,需要

会有不同的结论。从认知维度、问题解决维度、规范维度、成本—收益维度均有不同结论。

一、认知维度

如果从认知的维度看,侦查活动就是一个认知活动。仅仅从字面来看,“侦”便有秘密试探之意,“查”有搜寻、检索、比对、研究、寻根究底的意味。所以,侦查本身就是一个认知活动。那么,从认知的角度来看侦查错误究竟是什么呢？那要看认知的目的是什么,认知的目的无非就一个:获得事实,认知必须以追问事实为目标,否则认知根本没有存在的理由。那么,什么才是事实？这个词可以用很长篇幅讨论,但这不是本研究的任务。此处我们只需要知道,“事实”必须以“真”为终极目标,否则,“事实”不成其为“事实”。从认知的视角来看,侦查活动就是一个追求真实的活动;正确的侦查就是获得了“事实”的侦查,那么错误的侦查就至少包含两种情形:一种情形是有了追求事实的过程,但并没有成功获得结果,也就没有真伪的结论;另一种情形是既有追求事实的过程,也有了结果,但这个结果并不符合犯罪事件的本来面目。第一种情形并不会造成严重后果,因此一般也就不把第一种情形视为侦查错案,但它也算侦查错误。

二、问题解决维度

从问题解决心理学来看,侦查活动是一个解决问题(problem-resolving)的过程。侦查人员从接到报案的那一刻起,就立即面临着大大小小的问题:犯罪事件还是意外事件？有没有具体的被害人？犯罪现场在哪里？犯罪人和被害人是否认识？现场是否有伪装？犯罪发生时间多久？被害人有什么生活习惯？他/她的经济收入如何？有什么爱好？现场附近有无监控视频？被害人的手机最后通信时间是什么？对象是谁……侦查人员必须在一定的时间内回答这些问题，并且可以提出相应的证据。

问题解决心理学认为，问题解决的程序包含这样一些步骤：①

(1)识别问题；

(2)在心理上定义和表征(represent)问题；

(3)思考解决策略；

(4)组织关于问题的知识；

(5)分配用于解决问题的物理和心理资源；

(6)控制实现目标的过程；

(7)精确评价问题解决的质量。

这些步骤是呈循环往复状态的。如果我们用问题解决的程序来审视侦查这一特定的问题解决活动。我们可以轻而易举地发现：侦查错误和这些步骤密切相关。

识别问题可以导致侦查错误。因为侦查人员没有找到合适的问题，或者没有找到侦查具体案件的关键问题，导致侦查失败，这无疑是一种侦查错误。前面我们所列举的那些问题，其实是很容易发现的，但是对侦查具体的犯罪案件来说，可能并非关键。我们可以列举一些侦查中比较容易忽略的问题：犯罪手法的独特之处是什么？犯罪现场缺少了什么物品？被害人的身体/尸体外观是否经过了特殊处理？为何在一定时间段里连续监控视频只显示了某人进入建筑物而没有显示他走出来？犯罪人通过什么途径获得被害人的个人信息？供述中是否有矛盾且矛盾来自何方……这些问题的解决常常可能将侦查人员引向案件的关键突破口。所以，问题识别的失败，常常会将侦查引向死角。

对问题的定义和表征可能导致侦查错误。问题是否能定义，取

---

① Sternberg, R. J. and Davison, J. E., *The Psychology of Problem Resolving*, Cambridge: Cambridge University Press, 2003, p. 3.

决于问题的目标和范围是否能够清晰化。问题的表征,取决于问题如何呈现,即不同的提问方式。不同的提问方式也就是问题的不同表征方式,而不同的提问方式常常会影响问题的解决策略。比如定义这一问题:(A)为何在一定时间段里连续监控视频只显示了某人进入建筑物而没有显示他走出来?这一问题的目标是解释“某人进入建筑物但没有显示他出来”的理由,范围是时间和空间范围。这些都很清晰。但是如果将这一问题表达为:(B)这个人是否从另外的建筑物出口离开了建筑物?那么这一问题的语言表达方式或提问方式变了,也即问题的表征变了,而问题的目标和范围也可能发生变化。问题解决的人可能就会把目标设定为:确定这个建筑是否有别的出口,范围就是这个建筑物的出口位置和数目。但是,问题 A 与问题 B 并不等值,问题 A 的目标和范围大于问题 B,因为问题 A 中既包含了出口位置和数量,也包含了这个人是否实际离开建筑物,还包含了他是否换装等问题,所以提问的方式常常会影响侦查的基本思路。如果侦查人员定义和表征了问题 B,那么可能会得出错误的解释。

问题解决策略的制定不恰当,常常是导致侦查错误的直接因素,也是主要因素。问题解决策略的制定在问题解决中具有“桥梁”作用。因为问题解决策略的构想,是识别问题和表征问题的必然结果,同时又是组织知识、分配资源、控制目标实现过程的指南。所以,问题解决策略常常是研究错因最直接的切入点。面对侦查错误,分析者常常首先反观侦查策略的制定是否有缺陷。比如,要查清楚某住宅内是否存在非法活动,解决这一问题的策略可以有多种形式:通过观察出入人员种类、数量、衣着、携带物、时间规律加以推测;通过住宅对外电信联络监控加以判断;通过居高观察加以判断;通过无人机接近观察;通过住宅用电用水规律、垃圾、废弃物等加以推断,等等。侦查人员可以单独选择一种策略,也可以选择多种策略,还可以重点使用一种,其他策略辅助。但是,如果未达到预期目标,那么侦查人员最先考虑的是这些策略是否适当,是否还有新的策略。当然,侦查人员还可能更进一步地追溯问题的定义和表征是否适当,并考量知识的组织、资源的分配、过程的控制是否有重大缺陷,等等。

问题解决所需知识也会导致侦查错误,甚至是侦查错误的主要因素。对问题解决来说,知识可以分为两类:陈述性知识(declarative knowledge)和程序性知识(procedural knowledge)②。陈述性知识是关于客观世界的描述的知识;程序性知识是关于如何实现目的规则。拿泡茶来说,茶叶的种类、颜色、质地,水的温度,茶具的种类等,这些是陈述性知识;而放多少茶叶,水温如何控制,水量加多少,浸泡时间的长短,泡茶的步骤等,这些是程序性知识。这两类知识在问题解决中都是必不可少的,仅知道茶叶的品种、水的质量、茶具的种类,但是不知道茶叶的用量,不知道如何控制水温、水量,也不可能泡出风味独特的茶水。但仅有后者而缺乏前者,也同样无法泡出风味独特的茶水。对组织问题解决所需的知识来说,侦查中所面临的任何问题,侦查人员都需要上述两类知识。对各类证据的观察、分析、判断,并根据证据对犯罪事件的"重建",都是为了获得陈述性知识;而获得这些陈述性知识的操作过程、方法、规范则是程序性知识③。如果陈述性知识不真,那么关于证据、案情的知识则必然不真,那肯定会导致错误;如果程序性知识不真,那么关于陈述性知识也可能不真,那么关于证据、案情的知识也可能不真,最后也可能导致侦查错误。总

② [英]S. 依安·罗伯逊:《问题解决心理学》,张奇译,中国轻工业出版社 2004 年版,第 107 页。

③ 需要将侦查的法律程序和侦查中的程序性知识加以区分:在侦查中,程序性知识常常是指获取证据和事实的技术操作步骤,而不是与此有关的法律程序;虽然与侦查有关的法律程序中也可能包含一些获取证据和事实的技术操作步骤,但是这些规定一方面比较粗疏,另一方面其目的在于实现程序公正的价值目标。所以,不能将侦查中的法律程序视为程序性知识的一部分。下文在对侦查错误的规范维度解读时,将侦查法律程序视为一种规范。

之,对于侦查来说,陈述性知识不真必导致错误,而程序性知识不真则可能导致错误。

物理资源和心理资源的分配不当可导致侦查错误。物理资源主要包括这样一些方面:环境资源(如时间、空间)、工具资源、人力资源。心理资源主要包括专注力、逻辑推理能力、情绪管理能力、执行力等。这些物理资源与心理资源在任何问题的解决中都是必需的,其作用机制复杂,此处不详加分析。对这些资源分配、组织不当,则可能导致问题解决失败,在侦查中同样如此。侦查中对时间、空间资源的利用不恰当,勘验现场、物证鉴定、视频监控等方面工具利用不当,人员分配不合理,都可能导致侦查错误。侦查人员注意力的分配,逻辑推理能力、情绪管理能力、执行力的运用,都与侦查的效果密切相关。

如果上述各方面是单独作用于侦查这一问题解决过程的要素,那么对实现目标的过程控制则是对这些要素综合运作的干预。虽然,总的来说侦查过程有一般的模式,但是每个案件有自己的特定案情,所能运用、获取的陈述性知识的类别和方式各有不同,所能分配、利用的物理资源和心理资源有异,所以对实现目标的过程控制在每个案件中都有所不同。但是,如果将每个案件的侦查都化解为一个个小问题,则问题解决的过程模式就较为固定化。这个过程就大概遵循了前述问题解决的一般步骤。所以,对问题解决过程的控制,即是对问题的识别、表征、策略的构思、知识的组织、资源的分配等环节进行动态监控。也就是说,在执行前面的步骤时,同时要执行第6步骤,即过程监控的步骤。

问题解决的质量之评价,是对问题解决过程的反馈。案件侦查是否达到了预期目的?案件事实的清晰程度如何?证据数量是否充分?犯罪嫌疑人是否可以确定活动规律……都需要在逐个问题解决完毕之后,将问题的结果和预期的目标进行对比,确定问题解决的质量和实现目标的差距。以便于将其作为对现行步骤进行调整的根据，这样使得问题解决的过程呈循环往复的状态运转，直至问题最终得到解决为止。

那么，从问题解决的维度审视侦查活动，可以发现问题解决过程的任何一个环节都可能导致侦查错误。它可以表现为：问题识别错误（如误将多处现场的案件视为唯一现场案件进而确定事件发生过程）；问题表征错误（这个一般较少发生，侦查过程多数情况下不会涉及问题的等值转换，但也不能完全排除）；构思策略错误（这个是最为常见的侦查错误）；组织知识的错误（这个也较为常见，因为侦查人员对问题识别的错误及构思策略的错误，导致知识领域的选择错误和推理的错误，或者知识库本身有缺陷）；分配资源的错误（物理资源和心理资源的分配不当）；过程监控错误；问题解决评价不恰当、不精准。

所以，从问题解决的维度审视侦查活动，所谓侦查错误，即是因为一些不符合问题解决原理的操作，导致侦查中问题的失败。

三、规范维度

布莱恩·福斯特（Brian Forst）将司法错误分为两大类型：正当程序错误和放纵犯罪的错误。违反正当程序的错误常常是导致无辜者被定罪的错误，也是典型的司法错误；放纵犯罪的错误，即应当受到惩罚的犯罪行为人，并未受到适当刑罚。④ 福斯特声称自己采用福利经济学的进路分析了这两类错误的性质。但是，本研究认为，福斯特对司法错误的分类实际上采用了规范的维度（虽然对

---

④ ［美］布莱恩·福斯特：《司法错误论——性质、来源和救济》，刘静坤译，中国人民公安大学出版社 2007 年版，第 4～5 页。显然，福斯特的分类是受了错误管理理论的影响，因为错误管理理论将错误分两类：Ⅰ型错误，即假阳性（false positive）错误；Ⅱ型错误，即假阴性错误（false negative）错误。假阳性错误对应着正当程序错误，即错将无辜者定罪；假阴性错误对应着放纵犯罪的错误。

具体类型错误的定义，他还是采用了一些福利经济学的分析工具）。但本研究认为，福斯特的分类法并不周延，实际上遗漏了某些类型。

因为，侦查所应当遵循的规范有三类：一是用于确定犯罪行为类型的事实要件型规范，也就是所谓的刑事实体法规范；二是用于确认证明犯罪事实材料资格的规范，也就是证据法规范；三是用于保障犯罪嫌疑人权利的规范，也就是刑事程序法规范。相应地，侦查活动如果偏离或违背了这三类规范中的任何一类的限制或指导，即构成了侦查错误。

对事实要件型规范来说，侦查错误表现为侦查中对犯罪行为的定性不准，立案时适用了错误的刑法规范。常常表现为将无罪行为确定为有罪行为，或者相反；或者表现为对构成要件分析不准而适用了错误的罪名。

对事实资格型规范来说，侦查错误表现为仅仅关注证据的证明力，却忽视了证据材料的证据资格。尤其是对证据的获取途径是否合法的标准控制不严格，导致并不具有证据资格的材料成了案件证明的依据。在严格执行非法证据排除规则时，这样的错误常常是颠覆性错误。因为忽视了证据资格的审查，将仅有事实证明力的证据作为主要的事实认定根据。但是，如果一旦关键证据被排除，整个事实认定的支柱将轰然坍塌。

对权利侵害型规范来说，侦查错误表现为不受刑事程序法规范的约束，任意侵害犯罪嫌疑人或者其他诉讼主体的权利。刑事程序法的伦理目的是用正当手段保证刑事追诉的正当性和可接受性。用不正当的手段虽然仍然可以达到打击犯罪的目的，但是它不具备可接受性。权利侵害型错误在侦查中常常表现为刑讯逼供、非法搜查、非法扣押冻结、超期羁押等所有违反《刑事诉讼法》的侦查行为。

从上面的分析可知，福斯特教授虽然提出了正当程序错误和放纵犯罪的错误，但是他却忽视了因为证据资格不当而引起的错误。在英美刑事司法系统中，法庭常常对证据的资格审查极严格，证据资格的错误导致整个案件结果反转的事例屡见不鲜，如当初的辛普森案件，如果不是因为从现场提取的物证存在资格争议，辛普森未必能够脱罪。福斯特教授提出的正当程序错误，是不能够涵盖这一类型的。然而，他却没有注意到这一点，是颇为奇怪的。

四、"收益/成本"维度

布莱恩·福斯特对司法错误的定义，采用了福利经济学的进路。他指出："司法错误是指与刑事案件的最优化司法结果之间存在的任何偏离。"⑤"最优化的司法结果标准就是使犯罪与犯罪控制的总体社会成本最小化。"⑥但是，这一进路虽然考虑了社会成本，却没有考虑收益。如果仅仅考虑社会成本最小化，而不考虑收益，最后的结果必然是导致警察的不作为，因为只有不作为才是成本最小化的。所以，对侦查错误的审视，也同样不能忽视效益，应该采用收益/成本兼顾的维度。

贝卡利亚提出刑罚的及时性和必定性有助于实现惩罚、预防犯罪的最佳效果⑦。然而，贝卡利亚当然没有考虑过如何实现刑罚的及时性和必然性。事实上，由于现代社会的复杂性和社会分工不可逆转的趋势，刑罚的及时性和必然性只能依靠组织效率更高的警察机关来实现。更具体地说，刑罚的这一目标只有在高效侦查的帮助下才能有效实现。那么对侦查效益评价来说，只能是这两个指标：及时

⑤ 同上书，第5页。

⑥ 同上书，第6页。

⑦ [意]切萨雷·贝卡里亚：《论犯罪与刑罚》，黄风译，中国法制出版社2002年版，第65~68页。

性和准确性。

对于及时性指标用什么衡量呢？那就是时间。衡量准确性的指标就是破案率。那么综合这两个指标的计算公式：破案率÷平均破案时。破案率有现成的表示，即已破案件与已发案件的比值；而破案时如何表示呢？时间单位有年、月、周、日等单位，但是针对具体案件来讲，年、月、周作为单位都太长，不具有精确区分度，用日比较好，即每个案件破案所用天数。所以，侦查案件的效益标准就是：破案率÷破案时（日），这个比值越高，则收益越高。

破案成本很好计算，因为侦查机关都有资金支出，资金支出就是一个很好的量化标准，虽然时间实际上也是成本，但是已经将破案时纳入收益考虑，所以只单纯考虑资金支出即可。因此，案件侦查的“收益/成本”公式可以表示为：［破案率÷破案时（日）］÷资金支出。

虽然破案率是在时间段显示的变量，但是可以使其适应具体案件的时间段，也就是说，假设一个案件的侦查用了N天，那么在N天内发案数和破案数是可以统计的，二者比值就是这一时间段的破案率。因此，这三个变量实际上都是便于确定的。考虑每个地区侦查部门的能力差异，有必要对每个地区的三项指标进行历史统计，并根据这一公式算出平均数。如果特定案件侦查三项评价指标根据这一公式计算都在平均数之上，则不存在侦查错误。如果远在这一平均数之下，即使是案件最后得到了侦破，仍然是不符合“收益/成本”比值最大化原则的，因此，也是存在侦查错误的。

当然，这个评价公式只是从“收益/成本”维度的定义公式，实际上并没有考虑具体案件可侦破条件。因此，要真正运用此公式进行实际评价操作，还必须考虑具体案件的可破案性（solvability），因此需要将破案因子(solvability factors)[⑧]预先对案件破案条件进行评价,然后才能考虑用此公式评价。

从以上多维审视来看,定义侦查错误其实是比较困难的。因为,仅仅从认知维度、问题解决维度、规范维度、"收益/成本"维度等方面很难将侦查错误定义得毫无遗漏。但是,如果从综合的角度去考虑,对侦查错误的定义便不会顾此失彼。因此,侦查错误可作如是定义:所谓侦查错误,即侦查认知与决策行为中导致如下结果之一者:(a)查证结果与实际事实真相不相符合;(b)决策中重大问题解决失败;(c)查证结果不符合事实要件型规范,证据材料不符合事实资格型规范,行为违反权利保障型规范;(d)在具备可破案条件下,在特定时间区间内,侦查决策不符合"收益/成本"比值最大化原则。

第二节 侦查错误的属性

从以上对侦查错误的定义可以看出,侦查错误具有事实属性(查证结果与事实真相不相符合),具有决策属性(决策中的重大问题解决失败及在特定条件下不符合"成本/收益"比值最大化原则),具有规范属性(是否符合特定规范要求)。

---

⑧ 破案因子,是为了提高侦查效度和效益而建立案件筛选机制所必须参考的评价指标。侦查实践中,案件侦破的难易程度是不同的,如果立案之初不对案件的难易程度进行评价,即盲目展开侦查,势必导致资源分配缺乏针对性,从而浪费资源。于是,对案件难易程度需先行评价的指标,就是所谓破案因子。破案因子包含但不限于如下内容:(1)案件是否有证人;(2)嫌疑人的名字;(3)嫌疑人的外表特征;(4)嫌疑人的居所;(5)能否找到犯罪用车辆;(6)被盗财产能否追索;(7)是否有物证;(8)是否有独特犯罪手法;(9)犯罪分析能否助力寻找犯罪人。此处引用破案因子虽不是用于案件筛选,但是"收益/成本"分析也应当考虑破案因子,因为不同案件的侦破难度不同,无视其难易程度,则此"收益/成本"的有效性将大打折扣。关于破案因子(solvability factors),参见 Greene, Jack R., *The Encyclopedia of Police Science*, Routledge: Taylor & Francis Group, 2007, p. 153。

一、事实属性

事实属性应该是侦查错误最为显著的性质。无论是决策上的失误,还是不符合规范的要求,事实属性既是决策属性和规范的条件,也是这二者的结果。当成为两者条件时,是指决策行为的依据发生了事实性误判,或者作为要件的事实不完整或不真实。并且,对特定案件来说,事实性错误是最具决定意义的错误,是最为根本的错误。比如,犯罪嫌疑人确定错误,犯罪过程分析研判错误,犯罪现场重建错误,证据分析错误,等等。

根据侦查错误的事实属性,我们对侦查错误的分析可以先从案件事实命题入手。如构成案件的"6w"要素:分别以 who、when、where、what、how、why 为引导词的提问,对其回答往往都是案件的事实命题,并且这些问题还可以进行进一步细分。比如用 who 提问时,就可能涉及:犯罪人是谁?证人是谁?被害人是谁?对"犯罪人是谁"这一问题的回答还可以进行进一步细分:犯罪年龄是什么?体态是什么?肤色是什么?是什么职业?有什么习惯?住在哪里……对这些问句进行回答的都是陈述句,这些陈述句实际上都是事实命题。这些事实命题如果与实际不相符合,就是事实判断错误。

前述事实属性既是决策属性的条件和结果。还是以"犯罪人是谁"这一问题的回答为例,分别采用不同的问题解决策略去解决"年龄是什么""体态是什么""肤色是什么""职业是什么""习惯是什么"……而要解决这些问题,就必须以一些事实材料作为前提。比如"年龄是什么"这一问题的解决,就需要从身份档案、家庭关系、目击者描述,甚至根据现场痕迹反映的生物测量特征入手进行判断,而这些身份档案、家庭关系、证人描述、生物特征就是解决"年龄是什么"的事实材料,这实际上就体现了事实属性是决策属性的条件。而如果对这些材料分析利用不准确,就可能导致"年龄是什么"这一问题解决的失败或者回答错误，这实际上又反映出事实属性是决策属性的结果。

规范属性也以事实属性为条件和结果。侦查人员是否侵害了犯罪嫌疑人的程序性权利，要立足于侦查人员的决策行为及其后果事实；侦查中发现的证据材料是否符合相应的资格条件，对案情的判断是否符合法律要件要求，应当用所发现的事实去“适应”事实要件的规定，如果所发现事实有误，那么必然是无法“适应”事实要件规范的，或者甚至会发生事实要件选择的错误。

二、决策属性

侦查错误很大程度上跟侦查中的决策行为有关，或者说，侦查错误本质上就是一种决策错误。因为侦查过程本质上可以还原为问题解决的过程，问题解决的过程其实当然就是决策的过程。前述对侦查行为错误的多维审视中，已经很清楚地证明了这一观点。因此，侦查错误具有决策属性。证明侦查错误具有决策属性，其实是要说明，侦查错误是无法彻底消除的。因为决策行为即意味着现实的不确定性。

侦查中现实的不确定性来自许多方面：有的是因为决策目标不清晰，也即问题定义不清晰，这样决策的策略空间也就不清晰，当然就面临不确定性；有的是因为决策事实依据真伪不明；有的是因为策略空间过大，即决策选项过多，策略对问题解决的有效性辨识度不高；还有的是因为决策主体的认知差异，即决策主体认知能力的差异，对决策目标、决策事实依据、策略空间的认知差异，导致了不确定性；有的是因为客观事态发展趋势的多种可能性导致了不确定性；有的甚至是因为语词表达多义或歧义而导致，等等。

侦查错误具有决策属性，使得对侦查错误的研究，不能仅仅考察侦查人员一方，而应该从参与侦查程序的多方主体着眼。既要考察侦查人员一方的致错因素，又要考察犯罪嫌疑人、证人、侦查管理者、侦查外部环境等方面。仅仅从侦查人员一方挖掘侦查错因，是远远不够的，而且也要使各界认识到，侦查错误并不完全归咎于侦查机关或侦查人员的错误。

侦查错误的决策属性，使得侦查错误的研究，不能仅仅局限于事实层面或规范层面，而应该将现代决策理论作为侦查错误研究的工具。从现代决策理论的进路可以有效地深入剖析侦查错误的"病理"，并且根据现代决策理论的理论成果，可以有效优化侦查决策，从而有效减少侦查中的错误。

三、规范属性

侦查中的事实发现，需要规范的参与。因为侦查中发现的事实，并不是原始的生活事实，而是从生活世界中"裁剪"出的"规范事实"，或者"法律事实"。这样的事实，是规范和生活事实共同加工而成，所谓案件事实，其实是一般生活事实与规范的"合成物"。所以，侦查中的错误，即便是事实上的错误，也必然有规范的成分在其中。"在无限多姿多彩，始终变动不居的事件之流中，为了形成作为陈述的案件事实，总是先要作选择，选择之时，判断者已经考量到个别事实在法律上的重要性。因此，作为陈述的案件事实并非自始'既存地'显现给判断者，毋宁必须一方面考量已知的事实，另一方面考虑个别事实在法律上的重要性，以此二者为基础，才能形成案件事实。"⑨

同时，侦查决策的过程也与社会生活的一般决策不同。侦查决策也是在规范框架下的决策，侦查程序有关的法律规范具有确认和禁止双重功能。侦查的规范将侦查实践中有利于有效发现事实的过

---

⑨ [德]卡尔·拉伦茨：《法学方法论》，陈爱娥译，商务印书馆2003年版，第160页。

程加以确认，并使其常态化，使得侦查决策固定策略搜寻空间，进而减少了决策的时间成本，同时减少了侦查决策的风险。侦查规范将侦查实践中可能妨碍事实发现或者侵害相关人员权利的某些过程加以禁止，也使其常态化，这样可以压缩侦查决策的策略搜寻空间，也可以减少侦查决策风险。

同时，侦查本身是一个执行规范的过程，并且也是帮助刑法规范得以实现的过程。没有侦查行为，无论多么完美的刑法规范和刑事政策，都无法得以有效实施。即使是在侦审未实现分离的时代，审判事实上兼有侦查的属性。所以，缺乏事实发现作为基础，徒有刑法规范是无法发挥任何作用的。

所以，对侦查中的事实发现和决策来说，规范亦须臾不可少，因此侦查错误也必然具有规范的属性。认识到侦查错误具有规范的属性，在减少侦查错误时，要认识到既有个案及具体参与人的因素，同时也有制度环境的因素，更有必要从改善制度环境入手来减少侦查错误，而不是仅仅着眼于对具体侦查人员的责任追究，以实现侦查错误的纠正和相关侵权的救济。

第三节 侦查错误的类型

侦查过程可以被视为在规范约束下，因为事实发现而不断做出决定的过程。因此，侦查过程是由事实要素、决策要素、规范要素所组成。根据这些要素，侦查错误可以被分为三大类型：事实型错误、决策型错误、规范型错误。其中，事实型错误又可以分为证据材料错误、事实论证错误、事件重构错误；决策型错误可分为效度未达型错误和效益未达型错误；规范型错误可分为规范理解与适用错误、失范行为（可分为Ⅰ型、Ⅱ型、Ⅲ型）。

一、事实型错误

事实型错误,是侦查人员在犯罪事件的发现与证明中对犯罪事件真相的判断与事态实际状况不相符合。我们知道,侦查所面对的是过去发生的事件,我们无法将犯罪事件的实际状态从过去迁移到现在供我们审核事实所用。我们对过去事态的认知是间接的,其过程是:获得证据,通过证据推出事实要件所需的基本命题,结合证据对整个事件进行重构。这个过程的每个环节都可能出现错误。

(一)证据材料错误

对事实要件进行推论的证据是不存在错误的,证据一定是真实的,所谓"假证"其实是个"伪概念",也就是所说假证据根本不成其为证据。有真假或正误的是证据的材料。能够成为证据的材料,总体来说,有三大类:一为言辞;二为实物;三为分析意见。所谓言辞,一般是侦查中所获得的通过对犯罪事件的直接感知所进行的描述,一般有犯罪嫌疑人供述、被害人陈述、证人证言之类;而实物是用于间接证明案件某个片段的有形质的存在物,如犯罪工具、犯罪现场、犯罪痕迹等;分析意见则是对可疑实物用于证明案件事实的属性所进行的判断。

所谓证据材料错误,对不同类型的证据材料来说,其表现是不同的。对于言词证据,其错误是言辞所表达信息与实际状况不符,或者言辞彼此之间有矛盾,或者与常识、科学原理相违背。对于实物证据,其错误是实物并非来自犯罪现场或者与犯罪人、被害人之间没有关联,或实物已经发生改变或损毁,却依然认为是原始状态,或者实物与其所在的环境之间的关系不清楚。对于意见证据,其错误是获得意见的论证过程错误、所用分析工具不恰当、所用原理错误、意见表述错误等。

(二)事实论证错误

在这里,事实论证错误是指在论据或证据为真的情况下,因为所选用论证形式的谬误而导致错误。对论证评价,可以根据标准进行,一般认为"好的论证"有三个标准:相干性标准(standard of relevance)、充分性标准(standard of sufficiency)和可接受性标准(standard of acceptability),即 RSA 标准。⑩ 相干性(或相关性)标准,是指有前提 p 可以必然推出某一结论 c,或反之无前提 p,则无法推出某一结论 c,或者有前提 p 比没有前提 p 更容易推出结论 c 时,则说明 p 与 c 具有相干性(相关性)。充分性标准是推出某一结论的前提所应当达到的最低证明力标准。而可接受性标准,则是在前提具有相关性且证明力达到了最低标准的情况下,前提不合理或者不符合论证者的价值选择,或不符合论证背景知识等,故整个论证不可接受。

那么事实论证错误,可以比照 RSA 的标准来加以确定。也就是说,所谓事实论证错误,就是论据与论题不具有相关性的错误;或者论据无法充分推出结论的错误;或者即使论据与论题相干,论据可以充分推出结论,然而前提不符合价值选择或价值预期。比如这样一个论证:嘲笑他人会伤害他人自尊心(命题 1),我嘲笑了 A,所以我伤害了 A 的自尊心(命题 2)。嘲笑他人(p)与伤害他人自尊心(q)之间的相关性和充分性,是通过命题 1 来建立,而命题 2 则是在命题 1 为前提下进行的论证,这个论证的相关性和充分性都是预先规定的,故不存在相关性和充分性的错误。但是这个论证真的是可以接受的吗?我嘲笑了 A,但未必会伤害 A 的自尊心,是否伤害还要取决于我与 A 的亲密度以及当时的情景。

在侦查中的事实论证错误,也可以比照 RSA 的标准来识别。例

---

⑩ 武宏志、周建武、唐坚:《非形式逻辑导论》,人民出版社 2009 年版,第 594 页。

如，通过现场的血迹分布形态，推断犯罪人的性别和年龄，这就是不相关论证错误；通过某一枚指纹来推断犯罪人性别及准确的年龄，这是不充分性错误；因为在乙被杀的犯罪事实发生之前，甲与乙有争吵，推断甲与乙之间有仇恨，因而是甲杀害了乙，这是不可接受性错误。相关性错误在于论证者不知晓证据和论题之间是否存在关联性，或者科学、常识、法律并未在特定类型证据与事实之间建立关联性，却因此进行了论证。论证的不充分性错误，则是论证者未确定是否证据的证明力足以推出特定结论。不可接受性错误，常常是前二者错误的结果，或者虽无前二者的错误，但是与科学知识、常识、习惯、法律相去甚远，所以不可接受。

（三）事件重构错误

所谓事件重构或重建，是借助离散状的事实或信息"碎片"，根据逻辑和经验，将其整合为一个融贯统一的整体，以呈现事件的"原貌"。

重建的概念，并非侦查所独有。严格地说，侦查中的重建概念和思想实际上是从别的领域借用来的。从思维方式的差异来看，重建包含两个类型：历史学家式的重建和科学家式的重建。根据经验和直觉，历史学家需要查看历史的"现场"，描述事件如何发生，并且搜寻细节以证明他们的"理论"，这是历史学家式的重建。科学家式的重建，是寻找事件的细节和碎片，并把它们合为一个整体，直到这个事件得到全面恢复为止。[11] 历史学家重在经验和直觉（当然，并非历史学家就不重证据，但是有些时候历史的场景过于久远，证据事实上是难以获得的，所以很多时候是通过直觉和经验来替代证据），科学重在理论和证据。

事实上，侦查员的工作思维，兼具历史学家和科学家的特点。因

---

⑪ Chisum, W., and Turvey, B., *Crime Reconstruction*. Burlington, MA: Academic Press, 2007, p. 127.

为侦查人员面对的是过去的事件，而历史学家亦然，所以侦查人员为了弥补事件“碎片”的缺漏，须借用直觉和经验；同时，侦查人员又必须借助细节和已有的碎片，结合科学理论，小心翼翼并一丝不苟地将所有“碎片”拼合为一个整体。

然而，这个事件重建的过程也会发生错误。错误的来源有三：一是侦查人员利用直觉和经验来弥补事件“碎片”的遗漏，然而直觉和经验本身并不等于证据本身，也不等于事件“碎片”本身，没有充分佐证的直觉和经验，必然存在着导致错误的风险；二是侦查人员所利用的证据和事实细节在进行科学家式的整合时，可能没有穷尽证据解释和事实描述的可能性，或者证据解释和事实描述存在多维性，但是侦查人员却仅选取了自己所偏好的一种事实图景，这样也可能导致错误；三是侦查人员重建所依据知识或理论无效，以此进行的论证有瑕疵或缺陷。

二、决策型错误

前文对侦查错误进行了问题解决维度的审视和“成本/收益”维度的审视。实际上，侦查决策的过程既是问题解决的过程，又是资源有效配置和使用的过程。如果把侦查决策的目标划分为两个方面：效度（effectiveness）和效益（efficiency）。效度考查决策达成预期目标的程度，如对具体的刑事案件来说，侦查决策的效度，就是能否成功破案；而效益是系统输出与输入之间的比值，对决策来说，就是收益与所耗费成本之间的比值，对于侦查来说，也同样如此。所以，在侦查中，未实现效度的错误，本研究将其称为“效度未达型错误”，未实现效益的错误，则为“效益未达型错误”。

（一）效度未达型错误

侦查中的效度未达，是侦查决策中所采用的问题解决方案，没有真正解决侦查中所应当解决的问题。从问题解决的维度审视侦查活动,我们已经很清楚地看到,以问题解决为目标的侦查活动的各个环节可能导致的侦查错误,也相应地剖析了这些错误的原因,此处不再重复。

总体上来看,不难发现效度未达型错误,实际上是一种信息处理的失败,与侦查人员的认知能力、认知模式密切相关,与侦查人员的个体认知相关。因此,此类侦查决策错误,也可视为一种认知决策错误。通过对侦查人员个体的知识、技能、经验等方面的改善与积累,这类错误可以减少到可接受的程度。当然,侦查机关的制度与组织文化,也会影响侦查人员个体的认知,但是这类错误是通过侦查人员个体来呈现的。

(二)效益未达型错误

效益未达型的侦查决策错误,即是基于"收益/成本"分析而未实现效益最大化的决策型错误。前面提出的评价模型,即"[破案率÷破案时(日)]÷资金支出"模型,结合具体案件的破案因子,是衡量这类决策的效益标准。

侦查人员个体行为并不是效益未达型错误主要的贡献者。因为这样的侦查决策评价,是系统性评价,也即侦查人员并不能根据自己的决策行为得到实时反馈,而是要将自己的决策行为所产生的效用结合组织效能进行评价。也就是说,破案率、破案时、资金支出是对作为组织的侦查机关的综合评价指标,这些指标具有综合性和系统性,将这种综合性评价指标适用于具体的侦查决策行为,那么获得反馈的时间跨度较长,反馈参与者将更多。所以,这类决策型错误,实际上是组织行为的结果,是对侦查机关控制侦查决策的方式,因此,这类错误实际上是侦查人员个体和组织行为二者相结合来呈现的。

三、规范型错误

从表面上看,规范是一个价值范畴,它常常是价值取向的体现而与事实无涉,规范与认知科学似乎无关。然而,事实上认知离不开规范,认知常常是规范干预下的行为,“真”常常是事实与规范的化合物。同时,侦查行为既是事实发现的行为,同时又是一个规范行为。而且,作为规范行为,侦查行为既受规范控制,又帮助实现规范。所以,由于侦查行为的规范属性,侦查错误中必然包含了规范型错误。

对规范的理解与执行中,同样包含认知因素,即对规范自身的理解和对规范的适用。因对规范理解和适用的失误,以及故意不遵守规范,所以规范型错误可以分为:规范理解与适用错误、失范行为(Ⅰ型、Ⅱ型、Ⅲ型)。

(一)规范理解与适用错误

对规范的理解,是对规范的自我解释,是理解者既有的概念、知识、经验对规范的接受与整合;对规范的适用,是对规范和适用情境的理解上,将二者进行整合,并追求特定的实效。从认知框架来说,对规范理解的错误,既有对规范的文本与立法目的之把握的偏差,也有理解者概念、知识、经验的不充分及选择的不恰当;而规范的适用错误,又往往是对规范和适用情境理解偏差的结果,以及客观环境的不利影响的结果。

侦查中的规范理解与适用错误,就是对法律的理解与适用错误。侦查人员用既有的法律概念、知识、工作经验、思维方式对特定法律规范的接受与整合;对法律规范的适用,是对法律规范和适用法律的现实情境的理解,将二者进行反复对照比较并进行整合,并要达到法律的有效实施,实现特定的价值或政策目标。侦查人员可能对法律

是因为法律赋予了侦查人员侦查权，故重大的、主要的决定仍然由侦查人员提出构想并着手实施。侦查人员的认知模式，其实是侦查中的认知模式的“主干”，其他参与者的认知是以侦查人员的认知模式为框架展开的。

一、侦查人员认知行为的特点

我们已经知道，侦查人员的认知过程，有些类似历史学家的认知过程。他们认知的对象都是过去的事件，“历史学要弄明白的是哪类事物呢？我的回答是 res gestae（活动事迹）：人类在过去的所作所为”①。

侦查人员对犯罪事件的认知和历史学家认识历史事件的认知一样，他们都不是历史事件的目击者，而是根据证据来间接推知历史事件。“历史学家怎样或者根据什么条件才能够知道过去呢？在考虑这个问题时，第一点要注意的就是，过去绝不是一件历史学家通过知觉就可以从经验上加以领会的经验事实……历史学家也并不幻想着自己就是一个目击者。他十分清楚地知道，他对于过去唯一可能的知识乃是转手的或推论的或间接的，绝不是经验的。”②

同样，侦查人员多从现在溯及既往地认知犯罪案件事实：从可以直接接触到的物证、证人证言、视听资料、电子数据、犯罪现场……去“还原”犯罪事件的原貌。正如历史学家探索历史事件：从可直接接触的文物、文献、回忆录、遗址……去“还原”历史事件的原貌。所以，对犯罪事件或者历史事件的认知，不可能直接进行，而只能间接进行。

而所谓间接认知，是认知主体无法直接面对事件本身，因为事件

---

① ［英］科林·武德：《历史的观念》，何兆武、张文杰译，商务印书馆 1997 年版，第 37 页。

② 同上书，第 388～389 页。

已经“定格”在过去的某个时间区间内,在无法穿越时间的客观条件下,认知主体只能借助可以直接面对的中间物来推知过去事件的本来面目。间接认知过去事件的显著特点有二:一是依赖推理,过去事件无法直接感知,而只能直接感知它留下的“遗迹”,但是“遗迹”并不等于事件本身,所以,对过去事件的认知,不能以感官数据为主(这与认知当下发生的事件相反),而是在借助“遗迹”推理,以达到认知过去事件的目的。二是分散性,也就是说,对过去事件的认知,不是从整体上进行,而是从各个通道、各个时段、各个视角进行,最后要将从不同通道、时段、视角等方面获得的信息碎片整合为一个整体。

依赖推理的事件认知,和依赖直接感知的事件认知相比,自然少了许多亲切感和实在感。因为,多数侦查人员无法亲历犯罪事件(少数侦查人员也许曾目睹犯罪事件的发生),所以侦查人员无法通过自己对事件的直接感知,来验证对通过推理获知的“事件”是否就是实际事件的本身。所以,依赖推理的事件认知的真实性,只能通过认知材料的确切、彼此无冲突以及所构建“图景”的和谐一致来得到保证。与通过直接感知的事件认知相比,却有更高的可错性。

分散性的认知,既有优点,也有缺点。相比事件的当事人或者亲历者,分散性的认知者能对事件有更为全面的把握。因为他们可以从多通道、多角度、多时段进行,而事件的亲历者不可能同时拥有多个通道和多个视角,也无法有效控制事件的发生进程,所以事件的亲历者只能获得对事件某方面的认知。所以,从这个意义上说,分散性认知可以克服亲历者的时间、空间局限,在某些方面比亲历者可能更容易了解事件的真实面貌。这是分散性认知的优点,这似乎与常识并不一致,但是这却是事实。但分散性认知常常有许多不确定性,因为分散性认知的通道和视角,无法事先预知,至少无法全部预知。比如,侦查人员无法事先预料在哪里可以找到正好需要的证据。因而这是一种具有一定程度不确定性的认知,这种认知无法保证所有的认知通道都齐备,所以认知者无法保证认知的材料是全面的(当然,事件亲历者也无法保证)。

侦查认知除了具有上述间接认知的特点外,还具有历史认知或考古认知所不具备的属性:法律属性。侦查认知的法律属性体现在两个方面:一方面,侦查认知本身是实现部分法律目的的工具,用侦查去发现犯罪并进而帮助打击犯罪,就是为了实现刑法的目的;另一方面,侦查认知又必须采用法律所许可的方式进行,它既有一定的强制性,但又不能超越一定的底线。这一特点就决定了,侦查认知不是一个纯粹的事实发现过程。它所要发现的事实并非普通的自然事实或生活事实,而是一个符合法律期待的,经过改造的"事实",这个"事实"融合了自然事实的成分,但又被法律规则所形塑。它所采用的认知工具和手段,可能会超越普通生活的常规,但是又有严格的限制,并且是一个要求在一定时间内有明确终局结果的认知。

二、侦查认知与决策的基本构成:发现与证明

所谓发现,其实是一个偶然的、非完全理性的过程。卡尔·波普尔在讨论科学发现的过程时认为:提出一个科学理论,不是逻辑分析所能胜任的,不是严格的推理过程,有很多非理性的因素,比如灵感等。"在最初的阶段,设想或创立一个理论,我认为,既不需要逻辑的分析,也不接受逻辑的分析。"③"我的观点可以这样表述:每一个科学发现都包含'非理性因素',或者在伯格森意义上的'创造性'直觉。爱因斯坦说过类似的话:'探求那些高度普遍性的定律……从这些定律出发,用单纯的演绎就能获得世界的图景,要通向这些定律却没有逻辑推理的途径,只有通过基于对经验对象的倾爱之心的直觉,

---

③ [英]卡尔·波普尔:《科学发现的逻辑》,查汝强、邱仁宗、万木春译,中国美术学院出版社2008年版,第7页。

才能达到这些定律’。”④

虽然，卡尔·波普尔所指的“发现”，是对一般性的科学理论的发现，是全称命题描述的对象；但是，对侦查人员的认知过程中的发现来说，其对象虽是特殊的事实，是特称命题描述的对象，波普尔的论断对此同样适用。侦查人员对可能遇到什么样的现场状况、物证、证人等材料，是无法完全预知的，也是偶然的。甚至，侦查人员基于已经获取的材料，对案情能够提出什么假设，既不是完全依靠推理的结果，也不是纯粹证明的结果，对案情的“发现”往往有很大的猜测成分。形成猜测的过程，可能是“灵感”的结果，可能是直觉的产物，可能是归纳的结论，甚至是睡梦中的偶遇……却无法用统一的逻辑方式将形成猜测的过程形式化。

至于证明，当然是离不开推理的。证明需要两大要件：一是前提；二是推论方式。而且，证明中推论方式更为重要，“就证明说，推论方式比较重要些，因为它是普遍的工具”⑤。证明所需的前提，一部分是科学理论，另一部分是事实。而推论方式，可能是纯粹的逻辑公式也可能是特殊的约定。对于自然事实、生活事实的证明来说，推论方式多以逻辑公式为主；对于法律事实的证明来说，推论方式既有逻辑的成分，又有约定的成分。但是，无论是逻辑公式还是约定，它都必须是事先确定的，并且是可以重复使用、普遍推广的，因此它是“普遍的工具”。

（一）侦查认知推理的形式：溯因推理与假说演绎推理

溯因推理（abductive reasoning），又称回溯推理，是推理者根据所面对的现象，追溯产生现象的原因的推理过程。溯因推理常常为了解释某一现象，而提出尝试性的理由，然后逐一排除，最后留下最佳

---

④　同上书，第8页。

⑤　金岳霖：《知识论》，商务印书馆1983年版，第881页。

的解释，所以溯因推理又被称为最佳解释推理。溯因推理是哲学家、逻辑学家查尔斯·桑德斯·皮尔斯提出的，在科学研究、医学诊断、历史研究等领域有广泛应用，甚至人工智能也用到溯因推理，至于日常生活中，其应用就更为普遍了。如果我们看到汽车的轮胎瘪下去了，立即就会想到其原因是轮胎破了。所以，从“轮胎瘪下去了（现象）”到“轮胎被人刺破了（原因）”的过程，实际就是解释轮胎瘪下去原因的过程。溯因推理所获得的解释，常常是假说（hypotheses）形成的过程。假说演绎推理，则是以所形成假说作为前提，并结合对应事实，从而进行演绎推理、验证假说，获得新的事实的过程。比如，假说是“轮胎被人刺破了”，则以此为前提，观察轮胎外表，看是否有被工具刺破的痕迹（对应事实），以此来验证“轮胎被人刺破了”这一假设，从而获得“轮胎被人刺破”这一新的事实。

显而易见，溯因推理与假说演绎推理于侦查认知应用也很普遍，甚至是侦查认知推理的主要形式。来看这样几个例子：

（1）在水中死者肺泡中未检出硅藻（现象），死者系死后入水（原因）。之所以将死者肺泡中未检出硅藻这一现象解释为死后入水，其原因在于，预先建立的知识规则为：如果人在生前入水，会将大量水吸入肺中，而水中的硅藻会进入肺泡中，由于死后已经丧失意识，丧失吞咽反应，所以肺泡不可能检出硅藻。排除生前入水，死后入水是合理的解释（假说）。而死者系死后入水作为假设前提，可以演绎推理判断：死者系他杀。

（2）死者口腔内膜有散在出血点（现象），被解释为窒息死亡所致（原因）。之所以如此解释，是因为预先通过科学发现而建立的知识规则：窒息死亡会导致口腔内膜有散在出血点，所以窒息死亡（假说）是口腔内膜有散在出血点的解释。而以死者系窒息死亡这一假设为前提，结合死者咽喉部皮下组织出血及甲状软骨断裂，可以演绎推理判断：死者系扼死。如果结合死者项下有“U”形索沟，可以演绎推理判断：死者系缢死。

(3)肉眼观察为红色的印文显微观察有彩色斑(现象)，被解释为印文系彩色打印或彩色复印形成(原因)。因为知识规则为：彩色打印或彩色复印文件，显微观察可见彩色斑。所以，印文系彩色打印或彩色复印，是印文肉眼观察为红色的印文显微观察有彩色斑的解释。而以印文系彩色打印或彩色复印形成(假说)为前提，那么可以演绎推理判断：印文系伪造形成。

从以上例子可以看出，溯因推理和假说演绎推理常常相互配合使用。溯因推理的目的是获得假说，而假说是否成立则需要演绎推理来验证。一方面，仅有溯因推理而无演绎推理，则无法让假说得到确证或否证，而溯因推理没有意义，甚至溯因推理过程中也可能离不开假说演绎推理。另一方面，仅有假说演绎，则假说无所来由，演绎缺乏必要的前提而无法进行。所以，二者互相依存。

溯因推理是可以形式化的。根据 Josephson 和 Josephson 的介绍，溯因推理的一般形式如下⑥：

D 是一些数据(事实、观察、所与)，

H 解释 D(如果 H 是真的，可以解释 D)；

没有别的假设可以像 H 一样恰当解释 D，

因此，H 可能是真的。　(1)

当然，假说演绎推理也可以形式化：

如果 H，那么 Q

因为 H　(2)

所以 Q。

---

⑥ Josephson, J. R. and Josephson, S. G., *Abductive Inference: Computation, Philosophy, Technology*, Cambridge, Cambridge University Press, 1996, pp. 1 – 2.

式(1)和式(2)中的 H 均为假说(Hypotheses),式(1)要解决的问题是 H 可能为真,而 H 是从众多假设中挑选的最有可能成立的。而式(2)中的 H 则是由式(1)中的推理得到。所以,在侦查认知中,溯因推理与假说演绎推理二者可以并且必须相结合,其结合后的推理模式可以概括为“DHQ”模式。

(二)侦查认知的基本结构:K(PHD)模型⑦

第一章已经提出,侦查的过程实际上是问题解决的过程。那么侦查人员的发现与证明理所当然也是问题驱动的。总体来说,侦查人员的发现与证明可以概括为三个阶段:提出或发现问题(P,即 Problem),提出解决问题的假设性途径(H,即 Hypotheses),根据假设性途径和一定的原理,推出问题的解答,解答问题所采用的推理是演绎验证(D,即 Deduction)。这三个阶段,必须在与犯罪侦查有关的知识和案件信息的条件下展开,故需要一个符号 K 来代表这些条件。所以,侦查人员的发现与证明可以概括为一个简单的模型:

$$K(P \rightarrow H \rightarrow D) \tag{3}$$

⑦ 需要说明的是,作者曾在专著《侦查认识原理研究》中提出了“P－H－D 循环模型”,这个模型分为这样一些步骤:(1)获得犯罪事件最初的信息资料;(2)分析犯罪信息资料,提出问题(P);(3)对无法明确解答的问题提出假说(H);(4)进一步搜索信息资料、获取证据;(5)根据假说、证据对犯罪事件形成推论(D);(6)根据推论结果检验假说;(7)回答问题。第七步完成以后,则返回到第二步。由于作者受当时认识水平的局限,这一模型存在一些不准确之处:一是对案件信息资料的搜集并不是阶段性存在的,而是存在于全过程;二是由于每次解决的问题不同,返回到第二步也并不恰当,所以应当引入新的问题 P′。无独有偶,Gardner 和 Bevel 在《实用犯罪现场分析和重建》(*Practical Crime Scene Analysis and Reconstruction*)一书中提出了“PHD etc”模型,经比较发现:虽然 P 亦代表问题,H 亦代表假设,而 D 则代表数据 Data 而非演绎 Deduction,其内容表明这个模型的 D 和 etc 合在一起才成为演绎 Deduction,他们跟作者之前的认识一样,将知识和信息的收集视为一个单独的阶段。参见杨立云:《侦查认识原理研究》,群众出版社 2009 年版,第 110～124 页;Gardner, R. M. & Bevel, T., *Practical Crime Scene Analysis and Reconstruction*. Boca Raton: CRC Press, 2009, pp. 73－74.

但是,我们应当知道,侦查人员的发现与证明中,问题的解决常常不是一蹴而就的,而是面对不同阶段的不同问题,当原有的问题得到解决后,则可能面临新的需要解答的问题。并且,所提出的假设往往并非唯一假设,而是有多种可能,但一般可以将假设分为两类:工作假设(working hypotheses, H_w)和替代性假设(alternative hypotheses, H_a)。所谓工作假设就是侦查人员暂时接受的假设,替代假设是与工作假设不同的假设。在逻辑命题上,工作假设与替代假设可能是选言命题,也可能矛盾命题。故 K(P→H→D)模型可以扩展为模型:

$$K[P\rightarrow(H_w \text{或} H_a)\rightarrow D\rightarrow P'\cdots] \qquad (4)$$

其中的 P 和 P′代表不同的问题,省略号表示这个模型会在一定时间范围内连续运行下去,直到刑事案件所需的构成要件得到全部证明,并且所需证据全部齐备为止。

事实上,我们还应该知道,由于问题具有层次性。因为,刑事案件的构成一般被描述为"五何要素"或"七何要素"[⑧]。其实,这些构成要素以问题呈现,实际上就构成了 K(P→H→D)模型中的问题(P)。而这些要素还可以进一步划分为不同层次的问题,并且这些问题如果得到解决,那么不同的问题必然对应不同的假设 H。所以,模型(3)还可以更进一步扩展为模型(5)。

模型(5)中的 P_1、P_2、$P_3\cdots P_n$ 代表这些问题是由问题 P 分解而来的Ⅱ级问题,而 H_{w1}、H_{w2}、$H_{w3}\cdots H_{wn}$ 与 H_{a1}、H_{a2}、$H_{a3}\cdots H_{an}$ 则是针对 P_1、

⑧ 国内侦查学著作中一般把刑事案件的构成要素分为"五何要素"(何人、何事、何时、何地、如何)或"七何要素"(何人、何事、何时、何地、何因、何果、如何),但国外侦查学著作对此描述略有不同,一般被表述为:when, where, who, what, how, why(6W 要素)。可见,中外对此表述是大同小异的。参见任惠华:《侦查学原理》,法律出版社 2002 年版;Osterburg, J. W. and Ward R. H., *Criminal Investigation: A Method for Reconstructing the Past*, 6th ed.. NJ: Mathew Bender & Company, Inc.

P_2、P_3…P_n各自提出的假设性回答或解决方案，D_1、D_2、D_3…D_n则是根据假设性解决方案提供的决策及决策的实施，一般是以演绎推理的形式进行，P'_1、P'_2、P'_3…P'_n，则是经过回溯推理决策之后新产生的或新发现的Ⅲ级问题。模型中的矩形框代表着知识与案件信息(K)，因为这所有的环节、步骤都离不开侦查所需知识以及案件信息。

所以模型(3)是侦查人员发现与证明过程的粗略概括；模型(4)反映了侦查人员的发现与证明是分阶段完成的，是一个渐进的过程；模型(5)才是对侦查人员发现与证明过程的精确描述，更能准确反映侦查人员发现与证明行为的实际状况。

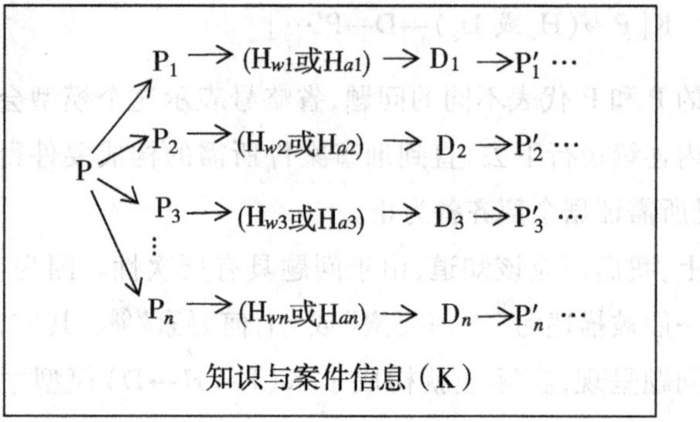

(5)

(三)K(PHD)模型的应用

在多数刑案侦查中，查明嫌疑人身份往往是侦查中的核心问题。对于“犯罪嫌疑人是谁”这个问题，常常是无法直接回答的。那么，“犯罪嫌疑人是谁”这个问题的解答，其实可以通过若干Ⅱ级问题的解答来回答，事实上，一些Ⅱ级问题的解答还可能依靠Ⅲ级问题的回答……根据案件情境的差异，“犯罪嫌疑人是谁”的Ⅱ级问题可能有所不同。以住宅内发生的枪击案件为例，“犯罪嫌疑人是谁”的Ⅱ级、Ⅲ级问题可能如下：

P_1：死者与嫌疑人是什么关系？(Ⅱ级问题，下同)

P'_1:死者近期的通讯记录在何处?(Ⅲ级问题,下同)

……

P_2:是否为近距离射击?

P'_2:射击残留物的物质成分是什么?

……

P_3:现场出入口是否有破坏痕迹?

P'_3:破坏痕迹是不是伪装痕迹?

……

P_n:嫌疑人是否出现在现场监控视频中?

P'_n:戴着帽子、太阳镜和口罩的人是谁?

……

设“死者与嫌疑人是什么关系”为问题 P_1,我们可以提出工作假设 H_{w1}“死者与嫌疑人认识”,而替代假设为 H_{a1}“死者与嫌疑人不认识”;为了方便,此处以下均以工作假设 H_{w1} 为真,那么其决策 D_1 为回溯推理“如果死者与嫌疑人认识,那么近期可能有通讯联络;所以确认死者近期与谁有通讯联络”;这时 H_{w1}“死者与嫌疑人认识”就可能得到确证,就可能产生问题 P'_1“死者的近期通讯记录在何处?”……

设“是否为近距离射击”为问题 P_2,工作假设 H_{w2}“是近距离射击”,替代假设 H_{a2}“不是近距离射击”;如果 H_{w2} 为真,那么以此为前提的决策为回溯推理 A_2 可能为“如果是近距离射击,那么在死者身上很可能找到射击残留物,所以在死者遗体上检验是否有射击残留物”;如果找到射击残留物,则 H_{w2}“是近距离射击”可能得到确证,这时就可能产生问题 P'_2“射击残留物的物质成分是什么”……

设“现场出入口是否有破坏痕迹”为问题 P_3,工作假设可能为 H_{w3}“现场出入口有破坏痕迹”,替代假设 H_{a3}“现场出入口无破坏痕迹”;如果 H_{w3} 为真,则 A_3 可能为“如果现场出入口有破坏痕迹,那么这种痕迹一定是某种工具痕迹;所以去发现并确定现场出入口是否有工具痕迹”;如果找到工具痕迹,则 H_{w3}“现场出入口有破坏痕迹”得到确证,这时就可能产生问题 P'_3“工具痕迹是不是伪装痕迹”……

设“嫌疑人是否出现在监控视频中”为问题 P_n,工作假设 H_{wn}“嫌疑人可能出现在监控视频中”,替代假设 H_{an}“嫌疑人未出现在监控视频中”;如果 H_{wn}为真,则 D_n为“如果嫌疑人出现在监控视频中,那么其行迹可能异常;所以在视频中寻找形迹可疑的人员”;如果在视频中找到某人戴帽子、太阳镜和口罩,则 H_{wn}“嫌疑人可能出现在监控视频中”得到确证,这时就可能产生问题 P'_n“戴着帽子、太阳镜和口罩的人是谁”……

而所有的问题都必须是在一定的知识和背景信息下进行。比如,问题 P_1“死者与嫌疑人认识吗”,至少需要知道这样一些知识或信息:关于死亡标准的知识,现场是否有人死亡的信息,关于什么是嫌疑人及其标准的知识,现场显示死者与嫌疑人关系的信息……而对 H_{w1}或 H_{a1}、D_1、P'_1来说,同样离不开相对应的知识和信息。所以,一定的知识和信息是 K(PHD)模型得以存在的前提条件,也是其运行的基础。

三、侦查人员认知与决策的思维隐喻:“拼图”原理

(一)什么是“拼图”原理

从 K(PHD)模型(5)可以知道,这一模型运行完成之后,所获得的只是零散的信息资料以及证据,而案件发生的全貌以及各个部分的关系,实际上并未呈现出来。也就是说,仅仅将 K(PHD)模型运行完毕,侦查人员的认知过程并未结束,他所面对的不过是一堆杂乱无章的信息“碎片”——各种案情描述和相关的证据。

如果我们把用 K(PHD)模型得到的各种描述和证据比作各种信息“碎片”,那么获得这些“碎片”也并不是侦查最终的结果,而是需要把这些“碎片”的逻辑关系与经验联系呈现出来,最终将这些“碎

片”整合为一个符合案件“原貌”的“拼图”。“为了实现侦查的目的，当一些要素被综合在一起，就为犯罪提供了一个融贯的图景，也找到了破案的方法。这些要素是：证人提供的证据、司法鉴定、记录所显示的事实。”⑨

所谓“碎片”和“拼图”不过是一个隐喻：作为玩具的“拼图”是利用了碎片之间形状、颜色、线条、边缘形态之间的连贯、一致性，由局部到整体逐步扩展，最后得到整个图画的原貌，所谓“原貌”是空间上的平面呈现，本来不存在时间序列上的连续性和一致性，但可以用拼合的视觉结果来验证拼合过程是否正确，所以其结果的审查是比较容易的。然而，这里作为案情描述和证据的信息“碎片”，它们的协调性显然不是指视觉上的，而主要是逻辑和经验上的一致性，并且具有时间序列上的关联。

Bevel 和 Gardner 在其“子事件分析”（event analysis）方法论中，几乎完整地反映了“拼图”原理的基本思想。该方法论如下：

（1）收集所有资料并用所有证据确定可能发生的子事件；

（2）通过资料确定犯罪事件中所有的子事件片段；

（3）分析子事件片段之间的关系，以便确定彼此相关的子事件片段；

（4）对每个子事件中的子事件片段进行排序；

（5）考虑所有可能的顺序，如果多个顺序之间有矛盾，用证据来确定哪个更有可能；

（6）确定子事件的最终顺序；

（7）根据子事件片段的顺序和子事件的顺序，用流程图记载整个

---

⑨ Osterburg, J. W., and Ward, R. H., *Criminal Investigation— a method for reconstructing the past*. 4th ed., New York: Anderson Publishing, 2004, p. 284.

犯罪事件。[10]

由于犯罪事件在时间上已经往而不返,而并不能将事件的“原貌”与拼合的结果进行对照,以确定“拼图”的真实性。这样,如何保证“拼图”的结果与事件的实际原貌相一致呢?这既是一个侦查认知的难题,也是一个哲学的难题。

从认识论来看,关于过去事件的命题证明,没有办法将过去事件“拉”到当下将其与命题进行对照,也无法穿越回去将命题与事件进行对照,然后判断命题的真假。对与侦查认知来说,侦查人员形成的绝大多数命题,也无法通过将命题与过去的犯罪事件“拉”到当下与命题进行对照,同样无法穿越回去将命题与时间进行对照,以判断关于犯罪事件命题的真假。

那么,如何保证对犯罪事件整体的认知有效?如何保证关于事件“全貌”的命题是真的?我们可以通过“拼图”游戏得到启示。在拼图开始之前,假定原图已经毁掉,拼图者事实上无法知道最后拼出图的全貌与原图是否一致。但是,拼图者可以观察每一个碎片的颜色、形状、线条、边缘形态……拼图者判断最后的拼图与原图之间是否一致的根据有二:一是对每个碎片性状(颜色、性状、线条、边缘形态)的判断准确;二是每个碎片之间的性状具有一致性,并排除了所有可能。在此情形下,即使原图灭失,也能保证拼图与原图之间存在的差异很小。

所以,和历史认知一样,侦查认知的有效性是借助单一命题的真实和协调,来保证命题系统整体的真实。当然,单一命题除了要符合一定的现实状态,同时又不得与既定的科学理论系统相抵牾。对此,尼尔·麦考密克有十分准确的论断:

---

⑩ Bevel, T. and Gardner, R. M., *Bloodstain Pattern Analysis*. 2nd ed., Boca Raton: CRC Press, 2001, p. 44.

怎样才能确信关于过去发生的事情的某个陈述为真呢？迄今我们能够找到的最好的理由是，相比于其他陈述，该陈述与我们关于人类行为的因果关系和动机的那些普遍信念更相协调，并且于一系列其他具有内在协调性的关于特定事实的命题相协调，在这些事实命题中，有些是奠定在当下的感知基础之上的。⑪

当然，由于感知上的偏差及感知者对信息碎片解释的差异，即使相互“协调”的碎片最后呈现的拼图与原图之间可能仍然有差异，所以拼图的方案也并不必然保证关于案件事实的命题系统是真实的。所以麦考密克在前面的论断之余补充道：“不过，这种理由并不具有最终的意义。”⑫

和实际的拼图游戏的平面属性不一样，侦查认知中的拼图是多维的。侦查认知中的拼图，既有时间序列上的拼图，又有空间位置上的拼图，还有人物关系上的拼图，更有事件因果上的拼图……而最后的层次是将各个层次上的拼图互相组合、互相印证，最后形成一个最终的关于事件全貌的综合拼图。

(二)拼图原理应用举例

由于侦查认识中的拼图具有多维性，此处对拼图原理的应用举例，也相应地从多维角度进行。所以举例可以分为：时间序列应用举例、空间位置应用举例、犯罪嫌疑人特征刻画应用举例、因果关系应用举例，以及综合应用举例。

1. 时间序列应用举例

时间序列的拼图原理应用，是对犯罪过程中多个时间顺序不清的环节进行分析，最后确认先后顺序的过程。

---

⑪ [英]尼尔·麦考密克：《法律推理与法律理论》，姜峰译，法律出版社 2005 年版，第 85 页。

⑫ 同上。

在一个某大学女生在教室被人多处刺伤并致死亡的案件中，如需确定死者生前最近时间的活动顺序，也就是死者生前最近时间段活动的时间序列分析。如果在多处监控视频中均记录有死者活动影像，则通过监控视频系统时间可以确定死者活动时间序列。在该案中，侦查人员分别在二楼教学楼、实验楼前、四教门前、二楼大厅、一食堂前、三号公寓大厅监控视频中发现死者生前活动的情况。结合视频的系统时间，确定死者生前活动的时间序列拼图为：

(1)16 时 51 分 51 秒，死者经过二教二楼进入案发现场；

(2)16 时 49 分 14 秒，死者经过二教大厅；

(3)16 时 45 分 1 秒，死者经过四教门前；

(4)16 时 41 分 4 秒，死者经过试验楼前；

(5)16 时 40 分 32 秒，死者经过一食堂前；

(6)16 时 39 分 52 秒，死者离开三号公寓大厅。⑬

当然，如果没有视频监控系统时间可以利用，那么通过对死者生前活动目击者的访问，结合死者在此时间段内活动规律，如一般大学生午后的活动顺序：宿舍→食堂→去教室的常规路线→教室，这样，也可以"拼出"死者生前最近时段活动的时间序列拼图。只不过，有了监控视频，死者活动的情况和时间关系就清楚多了。但是，将拼图原理应用于时间序列分析的基本思路是一致的。

此外，在同一面玻璃上有多处弹孔，通过弹孔周围的辐射状裂纹的阻断情况分析弹孔出现的先后顺序，从而确定射击顺序；通过现场同一部位出现多个物品堆积的上下关系，可以确定其掉落地面的先后顺序；通过地面滴落血迹的形状，分析受伤者的行走方向，最终确定伤者行走时间顺序等，都是时间序列分析中的拼图原

---

⑬ 王禹、黄明方、徐扬主编：《视频侦查案件精选》，中国人民公安大学出版社 2013 年版，第 29 页。

理应用。

2. 空间位置应用举例

在需要确定犯罪事件人、物相对位置关系及运动状态时，需要应用拼图原理将人、物相对位置关系和运动状态“恢复”。从空间位置“恢复”的角度来说，拼图原理更符合直觉。一般来说，涉及时间序列分析的情形，一般也同时是空间位置的拼图，只不过是在不同时间序列中的空间位置拼图。上面所列举的时间序列中死者的活动轨迹，事实上也是死者生前活动空间位置的拼图，只不过上面的举例重点不在空间，而在于时间序列的先后。

实际上，除了时间序列上的空间位置拼图应用，还有某一时间点上的空间位置拼图应用。比如枪击案件、爆炸案件、纵火案件、杀人碎尸抛尸案件、入室盗窃案件等，涉及现场需要勘验的情形，都需要应用空间位置拼图，实际上现场勘验的文字、绘图记录，以及后续对现场的进一步分析，其最终对人、物的位置关系及运动状态分析，都可以看作空间位置拼图。此处以某室内枪击案件为例：

一住宅有两个出入口，两个出入口均从内部关闭。在住宅厨房内有两名死者，一男性、一女性。男性头西脚东面向北侧卧，女性头西北脚东南面向南侧卧。女性死者南侧有一转轮手枪，扳机上有血迹，但非系女性而系男性血迹，旁有一枚弹壳，女性所在地面及门板有擦拭状血迹，其头部为盲管状创伤。男性背靠冰箱，死者头部有贯通伤，头部下方有血泊，其左脚袜子及裤腿有呈线状滴落血迹，紧邻头部有一垃圾桶，垃圾桶另一侧地面有喷溅状血迹，但垃圾桶紧邻两外壁有少量喷溅血迹。垃圾桶内有用过的纸巾以及一束枯萎的花，花茎上也有微量喷溅血点。男性北侧为水槽，水龙头关闭，水槽中有一空的矿泉水瓶，无盖，瓶旁边有少许枯叶。水槽上方天花板有两处弹孔,从中发现两枚弹头,弹孔显示弹道来自女性死者所在方向。[14]

在本案中,如要确定两名死者被枪击时所在位置、姿势、枪支、垃圾桶所在位置。其分析过程如下:

(1)女性为男性所枪击(扳机血迹不属于女性,盲管枪伤),应为站姿,倒地多次挣扎(地面及门板擦拭状血迹);

(2)男性为自杀(扳机血迹系男性,贯通伤,天花板有弹孔),枪击时为坐姿(袜子及裤腿有线状滴落血迹);

(3)垃圾桶在男性被枪击时不在发现时所在位置,是其后移动到其头部紧邻处(垃圾桶对侧地面有喷溅状血迹,如垃圾桶在此处会阻挡喷溅)。

可见,通过以上分析,实际上分别将女性、男性、垃圾桶所在位置关系进行了部分"恢复",最后将这些分析"拼合"在一起,就可以展示出枪击发生时女性、男性、枪支、垃圾桶等的位置图景,对侦查人员查清事件经过来说是必经的步骤。

3. 犯罪嫌疑人特征刻画应用举例

无论是传统的对犯罪嫌疑人的一般刻画,还是现代成系统的犯罪心理画像,都是将"拼图"原理应用于确定人物特征的描绘,最终全面确定犯罪嫌疑人特征。"犯罪心理画像的目的,是帮助确定犯罪人的核心特征,以便将他们和一般人群区分开来。"[15]而如果要将犯罪人和一般人群区分开来,那么对其行为特征"拼图"越全面,其独特性就越强,就越能将其和一般人群加以区分而进行个体辨识。而且,随着大数据及人工智能的广泛应用,将行为者的大数据进行深度挖掘,并确定行为者的特征,实际上是"拼图"原理确定犯罪嫌疑人特征的

---

⑭ 编译自 Gardner, R. M. and Bevel, T., *Practical Crime Scene Analysis and Reconstruction*. Boca Raton: CRC Press, 2009, pp. 37 – 72。

⑮ Turvey, E. B., *Criminal Profiling: An Introduction to Behavioral Evidence Analysis*, 4th ed., Academic Press, 2012, p. 405.

升级版。

美国著名的炸弹狂人 George Metesky，在 20 世纪 40 年代到 20 世纪 50 年代的大约 16 年间，在纽约的机场、剧院、电话亭、图书馆、办公楼等地点投放了 33 次炸弹，其中有 22 次爆炸成功，给纽约市民带来极大的恐慌。纽约警方绞尽脑汁历时 16 年，却在心理学家 David Brussel 博士对其行为特征的刻画的帮助下，才得以将其抓获。心理学家对 Metesky 的"拼图"如下：

男性，因为历史上大多数投炸弹者都是男性。身材匀称、普通身材，根据对住院的精神病人的研究。40~50 岁，因为有妄想症的缓慢发病症候。精确、整洁，根据其所写恐吓信和炸弹的工艺。模范员工，因为守时和行为有规律。斯拉夫人，因为炸弹有中欧风格。天主教徒，因为大多数斯拉夫人是天主教徒。有礼貌却并不友好。

受教育良好却可能没上过大学。在外国出生或者生活在外国人的社区里——语气和其老派的遣词造句对 Brussel 博士来说，好像信件是用外语写的，之后翻译成英语。根据手写圆体字母"w's"，被认为是代表着乳房，以及划破剧院的座椅和暴露的填充物。Brussel 博士认为某些与性有关的事物在困扰着投弹者，可能是俄狄浦斯情结——恋母或仇父以及仇恨其他权威人物。

独居，没有朋友，对女性不感兴趣，可能是处男。未婚，可能与年长女性亲属同住。可能住在康涅狄格州，因为康州聚居了许多斯拉夫人，并且投弹者写的许多信都发自威切斯特县，处于康州和纽约之间。⑯

从以上刻画可以看出，Brussel 博士是根据许多零散的信息、线索或证据，结合心理学、文化、精神病学、民俗、地理等知识，推测了

---

⑯ Wikipedia, "George Metesky", Accessed July 1, 2014. https://en.wikipedia.org/wiki/George_Metesky, May 3, 2019.

Metesky可能的特征。如果孤立地看这些特征,没有一项可以完全代表 Metesky,但是当把这些特征"拼合"在一起的时候,我们几乎可以真切地感受到炸弹狂人的真实面目。这正如将许许多多的碎片,根据图案、颜色、线条之间的连贯性,拼合成一个近乎完整的画面。

4. 因果关系应用举例

侦查认知的推理,本来就是回溯性的推理,也即从现象追溯导致现象之原因的推理。但是,在侦查中仅仅完成某一单独的、原子层次"因—果"环节的回溯性推理,常常并不足以完成对某一事件因果的重建。所以,侦查中的因果关系的回溯证明既具有起点离散性又具有层次性。所谓起点离散性,是指侦查中的回溯证明并不是严格的连续推理,而是在某些起点上需要推理者适用穷举法找到可能的推理起点,而不是找到一个起点之后就可以找到所有起点;所谓层次性,是指在找到起点之后进行的溯因推理,极有可能导致下一环节的进一步溯因,以此类推,达到终点,这一点在前面的 K(PHD)模型的应用中已经有充分的描述和体现。

"拼图"原理应用于侦查认知中的因果关系的发现与证明,主要是基于侦查中的因果关系起点离散性。[17] 比如,在一份共 5 页的纸质打印文件中,证明是否有某一页被犯罪嫌疑人替换过,经过对该文件仔细检验之后,发现如下现象:

(1)第 1、3、4、5 页左上角有二次装订痕迹,而第 2 页上仅有一次装订痕迹;

(2)第 1、3、4、5 页纸张纤维与第 2 页纸张纤维网纹不一致,纸张纤维种类不一致;

---

[17] 虽然,对"拼图"原理应用的有效性来说,信息资料的连续性更具有价值,或者更主要的基于信息资料的连续性,但是对于离散性的信息资料来说,穷举法也是保证"拼图"原理可以有效应用的途径。因为,穷举法将所有可能选项都列举出来,确保不遗漏可能选项,在这样的条件下,"拼图"原理同样可以成功应用。

(3)第1、3、4、5页上相同字迹打印细节特征一致,第2页上与其他页相同字迹打印细节特征不一致;

(4)第1、3、4、5页上打印字迹与第2页上打印字迹红外图谱不一致,说明第1、3、4、5页上打印字迹物质成分不一致;

(5)第1、3、4、5页打印排版特征与第2页不一致。

从各自的属性可以看出,现象(1)、(2)、(3)、(4)、(5)之间并不存在彼此可以相互推出、证明的关系,它们之间的关系不是连续的,而是彼此独立的。要发现这些现象,必须观察者运用穷举法去逐一发现和考证。所以,现象(1)、(2)、(3)、(4)、(5)之间的关系是离散的。

我们可以把每一个现象视为一种结果,通过溯因推理,其中任何一个结果都无法充分地推出所需要确定的原因,即其中一页被犯罪嫌疑人替换过;但是,如果从"拼图"原理的综合角度来看,所有现象都可以为第2页被替换过所解释。而且,如果孤立地看每一个现象(结果),几乎每一个现象(结果)都可以找到一个替代性解释(原因)。现象(1)替代性解释:可能是初次装订时第2页被遗漏,后来又重新拆散再装订。现象(2)替代性解释:在打印纸中碰巧混入了不同种类的纸张。现象(3)替代性解释:打印漏掉了第2页,临时在另一台打印机打印了第2页。现象(4)替代性解释:打印漏掉第2页,同时碰巧原有墨盒用尽,更换墨盒再打印。现象(5)替代性解释:打印遗漏的同时,发现有输入错误,又重新进行了排版。

但是,如果我们将这些现象(结果)都"拼合"在一起,就很容易发现,这些替代性解释要同时成立,是极小概率的事件。打印遗漏、装订遗漏、更换墨盒、更换打印机、重新排版这些情形几乎不可能同时发生。唯一极为可能的原因或极为合理的解释是,第2页被替换过。

所以,从这个意义上来看,"拼图"原理在因果关系的发现与证明中的应用,实际上具有归纳推理的特点。

5. 综合应用举例

在时间序列、空间位置、犯罪嫌疑人特征、因果关系等方面都可以应用“拼图”原理。但是,侦查认知的过程,其实是犯罪事件重建的过程。所有关于时间序列、空间位置、犯罪嫌疑人特征、因果关系的分析,最后都服务于一个最终目标——对犯罪事件的全面重建。那么,对犯罪事件的全面重建,实际上是对“拼图”原理的综合应用。所谓综合应用,实际上可能全面或部分包含有时间序列、空间位置、嫌疑人特征、因果关系分析等方面。此处以某市的一起爆炸案件为例:

1998年5月10日上午11时55分,一辆车号为“×××××”的黑色“帕萨特”牌轿车沿W市J区自治街向J路方向行驶途中发生爆炸,驾驶该车的W市X银行行长鲁×(男,45岁)被当场炸死,轿车被炸毁。由于爆炸之后轿车起火,消防人员用高压水龙头灭火,导致爆炸装置残骸以及爆炸残留物全部灭失。侦查一度陷入困局。

侦查人员提出假设:既然该车是在行驶中发生爆炸,则一定是延时装置或者遥控装置引爆,但是一定需要安装爆炸装置的时间,在此期间车辆一定处于停放状态,而且可能是最近停放期间安装爆炸装置。于是,以此假设为指引,迅速找到该车前夜停放的位置(E1)。在停车的位置,侦查人员幸运地发现了一把剪刀、一卷胶带、一个塑料袋(E2)。谨慎的侦查人员认为,在使用塑料袋安装爆炸装置的时候,不可能戴着手套,而只能裸手安装,这样胶带、剪刀、塑料袋上面很可能有手印。果然,经过显现,成功地在塑料带上找到一枚残缺掌印(E3)。据此,成功锁定了嫌疑人。但是,爆炸装置如何引爆,仍然没有答案。侦查人员再度检验了爆炸汽车的排气管,发现排气管上残留有胶带,此胶带与停车场发现的胶带系同一物品(E4)。侦查人员再度假设:是不是利用排气管热量引燃了爆炸装置?侦查实验证明,在同类型轿车排气管不同位置绑上火柴头、导火索,发现在排气管靠近发动机处的部位可以成功引燃导火索，与现场车辆情况一致（E5）。这一方法，通过嫌疑人口供得到印证（E6）。

至此，通过前面发现的信息"碎片"E1、E2、E3、E4、E5、E6，可以根据它们的逻辑、经验关系，结合科学原理，得到一幅关于事件的完整的"拼图"：事件发生前夜，犯罪嫌疑人携带剪刀、胶带、爆炸装置（塑料袋包装，检出炸药残留物）（E2、E3），前往被害人轿车停放地（E1）。在被害人轿车底盘排气管靠近发动机部位缠绕导火线和火柴头（E4），固定爆炸装置，后离去。第二日，被害人驾驶轿车离开停车场，行驶途中，排气管温度升高，引燃火柴头和导火线，爆炸装置爆炸（E5、E6）。⑱

本案中有关于时间序列的"拼图"：实际上本案是从事件发生的过程溯因推理，从而发现和证明了事件的过程；有关于空间的拼图：如整个事件发生的现场位置的确定；也有关于嫌疑人特征的拼图：与被害人的关系、指印、了解汽车发动机知识及制作爆炸装置的技能；还有因果关系的拼图：汽车行驶大约 20 分钟，排气管靠近发动机的部位发出的热量引燃火柴头，或火柴头引燃导火线，最后引爆装置。所以，这是一个依靠现场和物证分析得到侦破的传统案例，也是一个综合运用"拼图"原理的典型案例。

四、发现与证明的局限

（一）溯因推理的盲区与假说演绎推理的局限

溯因推理是在多种可能的解释中，寻找最优、最合理的解释，并视之为暂时有效的解释。但是，显而易见，侦查人员未必能够穷尽所

---

⑱ 本案例是作者与前公安部特邀刑侦专家郑道利先生访谈时，郑道利先生提供案情及有关资料并详细口述了侦查经过，作者在有关资料和郑先生口述的基础上整理而成。在此向郑道利先生致以诚挚谢意。

隐性知识常常具有更大的亲切感,是每个客观世界的结构最直接的反映。但是,对于我们要追求知识可靠性的偏好来说,隐性知识最大的问题是它的“隐性”。首先,它具有极强的个体属性。每个个体所拥有的隐性知识是不同的,每个个体获得隐性知识的能力也是不同的。其次,隐性知识很难或者尚不能用语言加以表达,缺乏明确的系统性,甚至拥有者无法明确意识到它的存在。所以,隐性知识的传递、存储、审查、修正、进化都很难。最后,隐性知识在个体知识库中的存量其实远超显性知识。而隐性知识却在无意间指导我们定义问题,形成问题解决假说和解决方案。和显性知识一样,隐性知识也有它的两面性。隐性知识因为其个体属性,一些获取隐性知识能力超强的个体,其问题解决能力可能是超强的,但对隐性知识获得能力较弱的个体,其问题解决能力可能并不那么强。并且,隐性知识无法形成有效处理的知识库,没有明确的外部监控与审查机制可以决定隐性知识所定义的问题一定是对侦查有益的问题,更没有办法审查其问题解决的策略是否有效。所以,某些侦查人员或许因为有更多的隐性知识,从而拥有更强的侦查认知能力,但是却也意味着更高的犯错误风险。并且,这些错误风险可能无法规避、无法预防。

对问题的定义,也同样跟知识的性质密切相关。问题解决心理学认为,问题的解决常常跟问题的定义密切相关。根据问题定义的明晰程度,可以将问题分为定义明确(well - defined)的问题和定义不明(ill - defined)的问题。对于定义明确的问题,可以分解为更小的问题,并且这些问题都可以找到具体的问题解决步骤;对于定义不明的问题,是无法分解为更小的问题的,或者这些问题无法找到具体的解决步骤。其实,与显性知识有关的问题,常常都是可以明确定义的问题,也可以找到具体的问题解决步骤。而与隐性知识有关的问题,常常是无法明确定义的问题或者定义不明的问题。侦查中的问题,从大的方面来说,常常是定义明确的问题,比如“A是谁杀的”,并且根据 7W 要素,可以进一步把这个问题分解为小问题,并且可以多层次划分。但是侦查中的某些“小”问题,却有可能是无法明确定义的,比如侦查人员对犯罪嫌疑人是否说谎有直觉,但是却无法拿出具体的证据;或者侦查人员通过在现场的静态观察,就能发现一些线索,但是却没有可以明确表达的论证过程。对于这样的问题来说,其问题的解决步骤并不清楚,问题是否得到解决有些时候也是没有实际可以依赖的标准。所以,假设的提出以及问题的后续解决方案,都存在着很大的不确定性。

(三)“拼图”原理应用的局限

“拼图”原理的应用条件有二:信息碎片和组合方式。信息碎片是“拼图”的材料;组合方式是信息碎片的“拼合”形态。拼图原理的应用是否成功就取决于信息碎片是否全面,组合方式是否能得以有效发掘。

侦查认识活动本质上是探索活动,通过探索,信息碎片的数量逐步增多。但是在信息碎片的收集过程中,会出现两种不利于拼图的情况:一是关键的信息碎片遗漏、缺失;二是信息过载。第一种情况是因为其隐蔽性或者收集者能力的局限或者疏忽大意,关键的信息碎片被遗漏,有些时候遗漏、缺失的甚至是关键的信息碎片。这样“拼图”的过程必然会失败。第二种情况是有用的信息碎片混杂在大量无用信息碎片之中,侦查人员面对的不是缺乏信息碎片而是信息碎片过多,必要的信息碎片被信息噪声所干扰、所掩盖。特别是在这个网络信息时代,信息碎片数量极其庞杂,侦查人员需要用大量的资源甚至强大的工具,才能从信息碎片的海洋中提取有价值的信息碎片。并且,信息过载也很可能导致必要的信息碎片遗漏、缺失。所以,由于信息碎片的缺失和遗漏,加上信息过载,使得完成“拼图”所需的、必要的信息碎片无法找到,那么“拼图”当然也就无法完成。

我们知道,作为游戏的"拼图"实际上需要有一个参照物,也就是拼图者需要有一个"样板"作为参照,按照这个"样板"的颜色、线条、形状、内容等将一堆碎片拼合在一起。这个"样板"图片其实就是信息应然组合方式。也就是说,在作为游戏的"拼图"中,组合规则其实是应然的组合方式。但是在侦查认识活动中,每一个具体的案件,侦查人员并没有一个自己可以对照的"样板"。也就是说,信息碎片的应然组合方式,是侦查人员通过科学知识、逻辑、经验法则逐步建立起来的。这样,在"拼图"原理的应用过程中,可能存在着一个循环推理的过程:通过部分信息碎片之间的科学知识、逻辑、经验法则"拼合"出了一个"样板拼图"轮廓,然后又以这个"样板拼图"为指引或根据去搜寻和挑选新的信息碎片,进而又将符合这个"样板拼图"组合方式的、新的信息碎片"镶嵌"到"样板拼图"中去……如此反复多次,直至"拼图"完整为止。这个过程之所以有一些循环推理的特点,其原因是,部分新信息碎片的选择是以"样板拼图"为根据,而"样板拼图"的形成又是依靠信息碎片来获得。所以,要保证"拼图"的真实性,最为关键的是最初的信息碎片形成的所谓"样板拼图"必须是犯罪事件原貌之一部分。可是,在这个阶段,侦查人员其实并不知晓犯罪事件的原貌,所以此时的"样板拼图"其实存在着多种可能的样态,但真实的样态却只有一个。所以,"拼图"是否成功,在一定程度上是要看运气了。

所以,信息碎片的遗漏、缺失,无用信息的干扰,信息碎片的组合方式并非事先存在,使得"拼图"原理的应用存在着失败的多种可能性,也使得侦查认知存在遭遇挫败的多种可能性。

第二节 证人的认知与决策行为

根据 Saks 和 Koehler 对美国"无辜者援助计划"(the Innocence

Project)数据资料的研究发现,86 起依靠 DNA 证据得以纠正的刑事错案中,致错因素贡献比最高的是目击证人的错误,其比例高达 71%。[20] 可见对证人包括被害人在内的认知与决策行为研究,对于侦查错案错因探究及错案防治,其意义也是十分重大的。

由于,刑事案件的侦查中,证人的认知与决策行为主要是其观察、记忆及对记忆内容的抽取。证人通过对犯罪事件信息的接收、编码、存储、抽取,实现对犯罪事件信息的转移和传递。所以,其核心的认知行为其实主要是记忆。所以,证人的认知过程本身并不复杂,仅有记忆这一环节。但是,对于证人对信息的接收、编码、存储和抽取的影响因素却很多,所以本研究分析证人的记忆各个阶段的表现,而主要分析影响证人记忆及对记忆的表达的认知因素。

Wells 等人把对影响证人认知的因素可以分为两大类:估计者变量(estimator variables)和系统变量(system variables)。[21] 估计者变量,其实是关于证人自身个体特点或者环境因素的变量,比如证人从目击犯罪到辨认或做证的时间间隔的长短,证人的年龄、性别、种族,对象特点等因素。系统变量则是警察或刑事司法系统使用的辨认操作程序,或者其制度规则等因素。所以,估计者变量是出现在证人或者其环境中的,而系统变量则是出现在刑事司法系统中的。部分估计者变量可以通过对证人自身和对象条件的改变得到临时修正,而系统变量则无法在短时间内临时改变。Wells 等人提出估计者变量和系统变量的概念,并对二者的内容进行了初步探究,后来一些学者又进一步对内容进行了丰富,结合本人对这一概念框架体系的理解,总结如下:

---

[20] Saks, M. J., and Koehler, J. J., "The coming paradigm shift in forensic identification science", *Science* 309, 2005, pp. 892 – 895.

[21] Wells, G. L., "Applied eyewitness – testimony research: System variables and estimator variables", *Journal of Personality and Social Psychology* 36, 1978, pp. 1546 – 1557.

一、估计者变量

估计者变量一般包括证人稳定因素、证人易变因素、信心水平、目标稳定因素、目标易变因素、事件因素。

(一)证人稳定因素

证人稳定因素,是指在短时间内证人不易发生变化的但可能影响证人认知的属性。一般来说,证人的智力、性别、种族、年龄等属性,属于证人稳定特征。但这些稳定特征对于证人的认知影响程度并不相同。一般认为,证人的智力、性别、种族、年龄可能都会影响其认知。比如智商高者学习能力强,更容易记住或者理解智商低者所不能记住或理解的事物;男性和女性的认知偏好通常有差异;种族认知差异常常被认为源于其文化差异;不同年龄段的人认知必然有所区别。的确,从普通的认知与决策行为来看,以上差异都是存在的。但是,实际上对于证人对犯罪行为的认知来说,这些变量与认知效能之间的相关度是有差异的,也即这些属性对证人的影响程度是有差异的。证人的智力、性别、种族对证人辨认准确性的影响并不显著。而证人的年龄却会影响证人的辨认能力。在某些条件下,儿童比成人记住的东西更少并且在回忆时会犯更多的错误。但在证人辨认方面,Pozzulo 和 Lindsay 对已有文献的元分析发现,5 岁以上的儿童正确辨认方面与成年人相比,没有显著差异。然而,在没有安排犯罪人出现的辨认组中,儿童却倾向于做出一项选择。[22]

(二)证人易变因素

易变因素有酒精与药物、情绪等因素。英国的警察官员认为半

---

[22] Pozzulo, J. D. and Lindsay, R. C. L., "Identification accuracy of children versus adults: A meta - analysis", *Law and Human Behavior* 22, 1998, pp. 549 - 570.

数的犯罪都与酒精有关。[23] 但是，由于伦理和实际操作问题，酒精对证人认知的影响，极少进行研究。Dystart 等人发现血液中酒精含量水平较高时，对没有嫌疑人参与的辨认可能导致虚假辨认。[24] 但是，现有的文献关于酒精、药物对证人认知影响的研究是远远不够的。至于情绪，主要是集中在压力对证人认知的影响。Yuile 等人在一次模拟拦截搜查的实验中，两周以后对有压力的参与者和无压力的参与者进行了比较，发现前者比后者提供的信息少。但是 12 周以后，却发现后者提供的信息比前者更准确。[25]

（三）信心水平

按照一般的生活体验，证人的自信程度常常和证言的准确性密切相关：证人越自信，似乎证人的证言就越准确。我们对于生活的一般体验告诉我们：言之凿凿、表达流利的陈述，似乎有一种不可辩驳的力量；言辞闪烁，语焉不详的陈述却颇令人怀疑。而狡猾的陈述者也明白这个道理：如果言语表达上不表现出一种高度的自信，则常常会遭到怀疑。这一现象不仅仅是在证人中间有所体现，甚至各个行业的专家在面对法庭、面对公众时，也是如此。因为他们希望给受众留下专业、权威、可信赖的印象，"一位名至实归的专家需要表现出很高的自信程度"[26]。但是，自信满满的说话人和他们所说内容的真实性之间有关联吗？答案颇令人失望。"有项研究，是将重症加护病房

㉓ Tong, S., Bryant, R. P. and Horvath, M. A. H, *Understanding Criminal Investigation*, Chichester: Wiley, 2009, p. 98.

㉔ Dysart, J. E. et al., "The intoxicated witness: Effects of alcohol on identification accuracy from showups.", *Journal of Applied Psychology* 87(1), 2002, pp. 170 – 175.

㉕ Yuille, J. C. et al., "Eyewitness memory of police trainees for realistic role plays", *Journal of Applied Psychology* 79, 1994, pp. 931 – 936.

㉖ [美]丹尼尔·卡尼曼：《思考，快与慢》，胡晓姣、李爱民、何梦莹译，中信出版社 2012 年版，第 237 页。

死亡者的验尸报告和医生在死者生前提供的诊断进行比对。医生也表现了他们的自信，结果是：对病人临死前的诊断‘完全正确’的临床医生中有 40% 的诊断是错误的。”㉗即使是专家在法庭做证时，他们所表现出的自信，曾经被视为证言可靠的标志。但是，现在人们已经改变看法了。“同样的，专家基于个人职业经验表现出的信心或者同业者之间的合意，就其领域的准确性来说，并不能代替相关研究对错误率的估计。”㉘对于一般证人的信心与证言的准确性之关系，研究结果也与我们对生活的一般体验不一致。Sporer 等人发现信心与准确性的关系在证人做了肯定辨认时，二者关系较强，而如果做了否定辨认，二者关系较弱。㉙ 能够为研究者们普遍接受的观点是，信心水平和准确性之间的关系其实是不确定的。比如，被重复询问的证人的信心水平会上升。预先告知证人即将被提到的问题，也可能会提升其信心水平。如果得到他方证实或反馈其辨认结果，信心水平同样会上升。

（四）目标稳定因素

目标稳定因素主要是指证人所感知、记忆或描述对象不易改变的特征。能够影响证人感知、辨认或描述对象不易改变的特征，主要是嫌疑人的面部特征。嫌疑人的面部特征如果较为普通，那么证人其实是较难以记住的，在后期的辨认中也较难辨认出来。如果嫌疑人面部特征很独特，就很容易记住并且很容易辨认。但是，对于面部特征独特的嫌疑人，很难组织一次“公平的”辨认。如果嫌疑人脸上

㉗ 同上。

㉘ PCAST's Report, *Criminal Courts: Ensuring Scientific Validity of Feature - Comparison Methods*, 2016, p. 54.

㉙ Sporer, S. L. et al., "Choosing, confidence, and accuracy: A meta - analysis of the confidence - accuracy relation in eyewitness identification studies", *Psychological Bulletin* 118, 1995, pp. 315 - 327.

有大块的疤痕,那么侦查人员几乎无法找到有类似疤痕特征的人作为陪衬参与混合辨认。Brigham 等人的研究发现为这一假设提供了佐证。[30]

（五）目标易变因素

虽然面部解剖特征或者生理特征（肤色、疤痕）在一定程度上是稳定的特征,但是事实上很大一部分外貌特征是容易改变的。衣着、发型、面部装饰等特征都是容易改变的,这些特征就是目标的易变特征。如果用帽子、假发、眼镜、面具等加以伪装,这些改变将严重影响证人的感知和辨认的准确性。而且,即使是对于外貌特征的感知,证人对注意力的分配也是不均匀的。人们常常给那些更大、更醒目、更容易吸引人的特征分配更多的注意力,而对那些较小的、普通的特征分配注意力较少。Shepherd 和 Ellis 发现,当要求证人描述被观察对象头面部特征的时候,最容易记住的是发型（占比 27%）,其次是眼睛（14%）、鼻子（14%）、脸型（13%）。[31]

（六）事件因素

事件因素包含的内容较多。犯罪严重程度、差异效应、感知时间、事后信息等都是对证人的辨认和陈述会发生重大影响的方面。犯罪的严重程度与证人的感知和记忆准确性有密切关系。Leippe 等人早在 1978 年就进行过相关研究:如果告诉被试被偷窃的财物比较

---

[30] Brigham, J. C., Wasserman, A. and Meissner, C. A., "Disputed eyewitness identification evidence: Important legal and scientific issues", *Court Review* 36, 1999, pp. 12 – 27.

[31] Shepherd, J. W. and Ellis, H. D., "Face recall: Methods and problems." In S. L. Sporer, R. S. Malpass & G. Köhnken (eds), *Psychological issues in eyewitness identification*, Mahwah, NJ: Erlbaum, 1996, pp. 87 – 116.

罪嫌疑人,那么能够记住的内容就应当更多,陈述的细节就更为丰富,辨认就更为准确。这两种体验与实验研究结果也基本一致:Read 等人的研究表明,目击证人对犯罪事件的目击时间越长,在有嫌疑人出现的辨认中其准确率越高。[37] Shapiro 和 Penrod 对文献的元分析发现,目击时间和正确辨认之间呈正向线性关系。[38] Lindsay 的研究表明,在陪审团评判证人目击内容准确性的 25 个因素中,犯罪持续时间或者目击时间名列第 4 位。[39]

但是,我们认为,观察者对对象的观察时间如果无限延长,那么其准确度也并不会无限提升,而是存在着一个极限。如果用曲线来描述时间和准确度两个变量之间的关系,它应该是如图 2.1 所示随着时间的延长而无限接近准确度的极限。但是,关于认知记忆准确度的极限与时间的关系,目前还并没有相关经验研究。

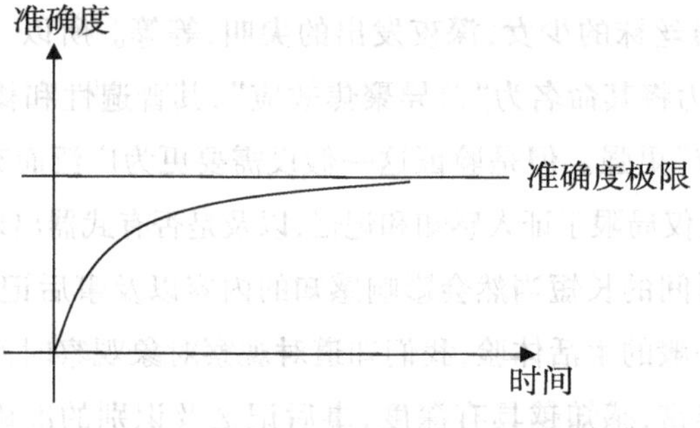

图 2.1　感知时间与准确度的关系

㊲ Sporer, S. L. et al. ,"Choosing, confidence and accuracy: A meta - analysis of the confidence - accuracy relation in eyewitness identification studies", *Psychological Bulletin* 118,1995,pp. 315 - 327.

㊳ Shapiro, P. N. and Penrod, S. ,"Meta - analysis of facial identification studies", *Psychological Bulletin* 100,1986,pp. 139 - 156.

㊴ Lindsay, R. C. L. ,"Expectations of eyewitness performance: Jurors' verdicts do not follow from their beliefs", In D. F. Ross, J. D. Read & M. P. Toglia (eds.), *Adult eyewitness testimony: Current trends and developments*, New York: Cambridge University Press, 1994, pp. 362 - 384.

一般来说,经验丰富的侦查人员在找到目击证人之后,会尽可能不让目击证人之间进行交流,更不会告诉证人一些案件的信息,甚至在证人描述事件的内容时,绝不对任何内容加以明示或暗示的回应。因为,这些信息可能会“修改”证人对事件的记忆,会扭曲证人对事件的判断。这一现象也被认知心理学家所发现,被命名为“误导信息效应”(misinformation effect)。心理学家通过实验证明,事件之后所接触的信息会剧烈地改变证人对事件细节的判断。比如,心理学家让两组被试观看了同一个模拟的暴力犯罪情节,在观看完毕之后,其中一组没有告知任何信息,而向另一组提供了一些干扰信息。之后让这两组被试分别回忆事件的细节,他们描述的案件细节却有很大的差异。[40] 这还是在有意误导的情形下的效果,而事实上,新闻媒体报道、重复辨认的次数、侦查人员无意间的表情等都可能导致证人“修改”记忆,比如在辨认之前如果给证人看过一些人的照片,而在后续的辨认时,如果照片上的人出现在被辨认组里时,证人很可能选择与那些照片一致的人,而并不理会被选的人是否是真正的犯罪人。Loftus 和 Palmer 早在 1974 年的实验中就已证明,即使是警察提问的措辞,也可能会对证人的记忆产生干扰。比如,如果把“两辆车是以多快的速度相接触的”中的“接触”替换为“撞击”“碰撞”“冲撞”。一周以后,对证人提问在现场是否看到有碎玻璃(实际上模拟的事件现场并没有碎玻璃),有 32% 的人在面对“冲撞”提问时,都报告说在地上看到有碎玻璃。[41] 事实上,不仅是警察的提问、态度会改变证人的记忆,甚至证人与朋友、亲属之间的交流,也可能在不知不觉中改变证人的记忆。Meissner、Brigham 和 Kelley 研究了对刺激物语言描

---

[40] Goldstein, A. M., *Handbook of Psychology*, Vol. 11, Hoboken: John Wiley & Son, 2003, pp. 149 – 160.

[41] Loftus, E. F. and Palmer, J. C., “Reconstructions of automobile destruction: An example of the interaction between language and memory”, *Journal of Verbal Learning and Verbal Behavior* 13, 1974, pp. 585 – 589.

述的精确程度是否会与后续辨认能力之间存在关联，他们发现强迫性的回忆（也就是尽可能多地进行回忆）会增加更多的错误信息，并且降低后续辨认的准确性。[42]

二、系统变量

系统变量实际上是司法机关的制度、文化、习惯、环境及其运作效能给证人认知施加的影响。系统变量往往具有一定的刚性，因为系统变量是刑事司法系统运行规则的产物，而刑事司法系统的运行规则不可能在短时间内得到改变，无法通过调整证人的心理或生理变量而调整。但是，系统变量不是天然存在的，也并不具有普遍性。它和估计者变量不一样。估计者变量多数是证人认知的心理运作机制，无论何种制度环境，只要证人是作为认知者，那么估计者变量就一直存在，所以估计者变量具普适性。所以，虽然调整系统变量较难，但是通过制度设计、修改规则、重塑文化可以改变系统变量。系统变量应该包含这样一些内容：时间间隔、询问方式、警方的画像与照片、问题组织、辨认的指令、供辨认对象的构成。

（一）时间间隔

根据艾宾浩斯遗忘曲线，我们知道，人的遗忘其实是迅速的。在24小时内，记忆量仅能保持33.7%。证人从感知犯罪事件到作出陈述之间的时间间隔，也同样受到这一遗忘规律的支配。从遗忘规律这个角度来说，遗忘也算是一种估计者变量。但是，如何在最短时间内找到真正的证人，却是由刑事司法系统的规则和运作效能决定的。如果警察的预警与反应系统效率比较高，就可能在短时间内找到证人；而如果警察的预警与反应系统效率低，那么找到证人所花的时间

[42] Meissner, C. A., Brigham, J. C. and Kelley, C. M., "The influence of retrieval processes in verbal overshadowing", *Memory and Cognition* 29, 2001, pp. 176 – 186.

就较长。当然,能否找到证人偶尔也有运气的成分。但是,总体来说,找到证人的时间间隔很大概率是由警察的预警与反应系统的效率决定的。

(二)询问方式

在解释“误导信息效应”的时候,提到了侦查人员提问的措辞会影响证人的回忆。似乎侦查人员的措辞也是属于系统变量。实际上,侦查人员提问如何措辞,并不是侦查机关的制度所能够控制的,这应当由侦查人员自由选择、自由决定。所以它仍然不属于系统变量。

这里所谓的询问方式,其实是侦查机关用法律或者程序规则加以明确的提问程序、规则、技术要领等。在实践中可以归纳出来的询问方式有一问一答式、少问多答式、自由陈述式等。显然,这些询问方式在不同的刑事司法制度系统中存在,而且不同的询问方式对证人的记忆和陈述也有不同影响。从对证人询问的科学研究方面,已经在学术层面提出了两种询问的方式:认知访谈(cognitive interview, CI)和对话管理(conversation management, CM)。认知访谈的原理基于这样两个理由:一是记忆痕迹由多方面属性所构成;二是唤醒记忆的渠道也是多方面的。基于这样两个理由,认知访谈的技术是帮助证人回忆的技术:恢复情景;不论巨细全面陈述;按照不同的顺序陈述事件;从不同的角度陈述事件。[43] 而对话管理不再将询问(包括讯问)视为侦查人员与证人之间的“问—答”机制,而是把双方都视为对话的参与者。于是侦查人员有意识地将对话进行干预,以实现与各种被询问人之间建立积极的关系,并且把这种积极的关系转化为一种双方都参与的“工作关系”,双方都有共同的目标和各自的任

---

[43] Tong, S., Bryant, R. P. and Horvath, M. A. H., *Understanding criminal investigation*, Chichester: Wiley - Blackwell, 2009, p. 103.

务，在尊重、同情、支持、积极、开放、非审判的态度，直接、对等的对话等要求下展开的询问。[44] 这两种方式都可能被不同的刑事司法系统所采用，那么它对证人的回忆和陈述的影响肯定是不同的。

（三）警方的画像与照片

警方画师通过证人、被害人对犯罪人的口头描述，画出犯罪嫌疑人的头面部特征，或者提供一些照片供证人识别。这些都是侦查实践中的传统做法，几乎成了世界各国警察侦查的惯用制度。但是，警方的画像和提供识别的照片也是影响证人认知的系统变量。如果警察在证人开展正式的辨认之前，让证人参与了对犯罪人的画像活动，那么后续的辨认中，由于其认知的“锚定效应”以及寻求一致的心理机制，使得证人可能在辨认中将与画像相似的人辨认为犯罪嫌疑人，但被辨认者可能却是真正的无关者。由于同样的认知机制，在警察正式辨认之前可能已经给证人看过一些与案件有关的照片，那么证人也会犯同样的错误。

（四）问题的组织

有些时候，目标同样的问题用不同表达方式来提问，其结果却让人出乎意料。丹尼尔·卡尼曼举了这样的例子：

> 评估那些与琼斯类似的病人，专家发现他们在出院后最初的几个月里面对他人使用暴力的概率是10%。
>
> 在100个类似琼斯的病人中，大约有10个人在出院后的前几个月里对他人使用暴力。

对于这样两个事实上等值的陈述，病人对它的反应是不一样的。

---

[44] Shepherd, E., and Griffiths, A., *Investigative Interview: The Conversation Management Approach*, 2nd ed., Oxford: Oxford University Press, 2013, pp. 4 – 31.

看到前者的病人出院概率为41%，看到后者的病人出院概率为21%。[45] 可见，仅仅是问题的组织结构不同，就可能导致不同的选择。导致这一现象的原因，被称为认知的“框架效应”(framing effect)[46]。

因为提问方式的不同而导致选择不同的现象，并非仅仅存在于一般的生活中。对于证人的提问，提问方式的差异也同样可能导致不同的结果。开放性的问题，其回答的准确性可以高达83%，而诱导性的问题则为72%，多项选择式的提问回答准确率为56%。提问是否具体，也会导致回答准确性的差异。[47] 而这些不同的提问方式，有可能在警察日常的侦查行为中格式化、固定化。那么它就成了一个十分重要的系统变量。而且，这一变量还较为隐蔽，产生的后果却常常让人很意外。

(五)辨认的指令

证人常常有这样的想法：既然警察叫我来辨认，那么他们很有可能已经抓住了犯罪人。所以，证人非常希望犯罪人出现在辨认队列中。但是，事实上警察常常需要依赖证人的辨认来确定真正的犯罪人，所以这实际上构成了一个循环求证的过程。由于证人常常抱有这样的想法，会产生这样两种后果：一是侦查人员不够谨慎的指令会给证人带来误导，或者用一些暗示性的指令导致侦查人员所想要的指认结果；二是在并没有真正的犯罪人出现在辨认队列中时，会导致

---

[45] [美]丹尼尔·卡尼曼：《思考，快与慢》，胡晓姣、李爱民、何梦莹译，中信出版社2012年版，第302页。

[46] 即是在思考问题做决定时，参考因素的综合程度。不同数量的参考因素，会导致不同的决定。这一现象就是所谓“框架效应”。参见 Tversky A. and Kahneman D.，“The framing of decision and the psychology of choice”，*Science* 221，1981，pp. 453 – 458。

[47] Wells，G. L. “Applied eyewitness – testimony research：System variables and estimator variables.”，*Journal of Personality and Social Psychology* 36，1978，pp. 1546 – 1557.

错误的指认。所以在这个阶段,科学、审慎地辨认指令就特别必要。在实际的研究中发现,只有48%的辨认者做出了正确的辨认。[48] 所以,在实际的辨认程序中,侦查人员一定要明确提示证人:"真正的犯罪人可能在也可能不在辨认队列中"。

(六)供辨认对象的构成

辨认的组织也常常决定辨认的成败。无论列队辨认还是照片辨认,供证人辨认的对象之间一定要存在一定程度的相似性。如果某一个供辨认的对象过于"醒目",而且证人在辨认前通过一些途径获知了这个供辨认对象的信息,就很有可能将这个本来无辜的辨认者错误地辨认为实际的犯罪人。最为常见的例子就是,在穿浅色衣服的辨认队列中夹杂着一个穿深色衣服的对象,那么这个穿深色衣服对象就很有可能被辨认为犯罪人;在白人为主的辨认队伍中,混杂的黑人就可能被错误辨认为犯罪嫌疑人。在选择供辨认对象时,侦查人员也常常面临着两难的境地:究竟是选择与证人描述相一致的对象呢,还是选择与已有嫌疑人相似的对象?但是,由于辨认毕竟是证人的认知活动,如果选择与已有嫌疑人相似的对象,那么就存在着某一嫌疑人并没有犯罪,却可能面临被错误地指认为犯罪人的风险。如果选择与证人描述一致的对象参与辨认,那么证人之前的错觉,又可能将本来正确的侦查引入歧途。而且,还存在这一个困难,那就是证人所目击的外貌独特的犯罪人,很难找到与其一致的陪衬对象。对此,Wells 等人建议全面综合考虑证人对犯罪人特征的描述,寻找与其一致的陪衬对象。[49] 但是这样会导致可能找不到合适的陪衬对

---

[48] Memon, A., Vrij, A., and Bull, R., *Psychology and Law: Truthfulness Accuracy and Credibility*, 2nd ed., Chichester: Wiley, 2003, p. 120.

[49] Wells, G. L. et al., "Eyewitness identification procedures: Recommendations for lineups and photospreads," *Law and Human Behavior* 22, 1998, pp. 603 - 647.

象。Clark 和 Tunnicliff 则仅建议在没有安排目标对象的辨认中,陪衬者应该与对犯罪者的描述一致,而不是与已发现嫌疑人一致。[50]

除了辨认对象特征的选择,其辨认对象的构成数量也是值得考虑的。如果供辨认对象数量过多,那么真正的犯罪人被辨认出的概率较低;而如果仅有 2 名,则误将无辜者辨认为犯罪人的概率较高。据 Wells 等人的建议,供辨认人数至少应该有 6 名。[51]

三、估计者变量和系统变量对侦查错案探究的意义与局限

估计者变量和系统变量的概念和初步的内容,虽然最初由 Wells 提出来,但是后来的研究者也在不断地对估计者变量和系统变量的内容进行丰富。估计者变量和系统变量这两个概念框架的提出,对深度认识影响证人认知的因素和机制具有十分重要的参考意义。这一概念框架使得对证人辨认、陈述等做证行为深层影响机制的探索有了更有效的切入点,不再是毫无目的的、散乱的现象描述和总结,而是有了初步的理论系统性。并且,在这一概念框架的指引下,对证人的认知与决策行为进行了有深度的实验研究,所积累的研究成果也十分丰富。并且,这些研究资料对一些国家的证人辨认程序的改革,起到了十分重要的推动作用,比如美国的《联邦证据规则》、英国的《警察与刑事证据法》都不同程度地受到了这些研究成果的影响。这些研究成果,也使得人们对证人证言的有效性进行了深刻的反思,使得人们对于证人证言导致侦查错案的可能性和原因有了深刻的认识。

---

[50] Clark, S. and Tunnicliff, J., "Selecting foils in eyewitness identification experiments: Experimental control and real world simulation", *Law and Human Behavior* 25, 2001, pp. 199 – 216.

[51] Wells, G. L. et al., "Recommendations for properly conduced lineup identification tasks", In D. F. Ross, J. D. Read & M. P. Toglia (eds), *Adult eyewitness testimony: Current trends and developments*, New York: Cambridge University Press, 1994, pp. 223 – 244.

但是,估计者变量和系统变量的概念框架体系内部之间的关联还没有进行过研究,所列举的因素之间肯定存在着相互作用、相互影响的机理;而这些机理或关系目前没有得到有效揭示,所以这一概念框架内部仍然呈现出一种离散的状态。这虽然并不严重影响有关法律规则改进,但是从知识体系的完善来看,还需要做更进一步的探索。同时,估计者变量和系统变量对于从一般意义去解释证人的认知与决策行为,是有效的,也是有必要的。有关的法律规则的改进,以此为依据也是合理的。但是,这些一般性的研究,对于具体的证人个体来说,这些研究结论未必完全适用,对于预防侦查个案的错误来说,还应该根据这一概念框架设计可操作的证人认知评价技术,比如量表的研发,这样一些可操作性技术的发展,可以有效弥补这一概念框架在个案中的适用性之不足。

第三节　被害人的认知与决策行为

在一般的犯罪中,被害人和证人其实没有太大的区别,在一定程度上被害人也可被视为证人。但是,在严重的暴力犯罪中,被害人的身心遭受到严重伤害时,他们的认知与普通的证人就显著不同了。他们会经历恐惧、绝望、悲伤、麻木、短暂失忆……这一些复杂的情绪变化,会严重削弱和扭曲被害人的感知。作为案件证据或信息的重要来源,被害人有些时候是最为关键的证人,被害人的认知能力在案件的侦破中具有十分重要的地位。但是,由于刑事侦查的推进趋势其实是"以嫌疑人为导向"的,也就是说,犯罪事件的重建、线索的发掘、证据的分析和关联等都是以发现和证明犯罪嫌疑人为中心任务的,在这种情况下,有些时候被害人陈述的证据意义并未受到重视。更有甚者,被害人的权利也遭到了严重漠视,甚至身心再次遭受伤害。所以,有些时候,被害人受到的伤害其实是双重的:一方面,他们已经受到犯罪行为的侵害;另一方面,因为司法机关的态度和处置程序不当而再次受到伤害。并且,一般人对被害人的观感存在偏差:他们有些时候被认为是毫无瑕疵的、绝对无辜的;而有些时候又被认为对所发生的犯罪具有诱发作用,应当为他们所遭受的不幸承担后果。这些看法,都有失偏颇。并且,由于在实践中并没有严格的法律程序来保护被害人的权益,轻视被害人权益保护的态度从实践部门蔓延到了学术界,导致我国对于犯罪被害人的研究领域,目前几乎是一片荒芜而毫无建树。

对于侦查来说,被害人的证据意义其实十分重大,他们常常是犯罪行为的"镜子"。一般来说,对于间接推知犯罪人的特征来说,被害人所具有的一些特征常常是有价值的,如被害人的生理特征(种族、身高、体重、肤色、发型、体态等)、职业或工作场所、受教育程度、有无犯罪经历、日常活动规律、家庭及社会关系、病史、经济状况、居住场所、通信工具的联络情况、最近的活动情况等。在侦查中,最好利用一切可能的条件,建立起被害人在被侵害前 24 小时活动的时间线。[52]通过这些特点,我们其实可以了解被害人被侵害的可能性和条件,与被害人接触的人群,犯罪人的偏好以及犯罪人的行为规律。这些方面也可以用来评估被害人的认知与决策行为特点,用于进一步评估被害人证言的真实性。

当然,影响被害人认知的主要是侵害行为对身心的巨大冲击,以及在受到伤害以后的生理、心理反应。所以,被害人受到侵害的心理演变阶段以及创伤后应激障碍,这两方面是影响认知的重要因素。

一、被害人心理演变过程

一般来说,遭遇严重人身侵害的被害人其心理会经历这样三个

---

[52] Turvey, B. E. and Petherick, W., *Forensic Victimology*, Burlington: Academic Press, 2009, p. 93.

阶段:冲击阶段、退缩阶段、修复阶段。[53]

冲击阶段,是被害人面临正在进行或者刚刚结束的侵害的阶段。冲击阶段的被害人惊恐、慌乱,甚至短暂丧失进行复杂思考的能力,或者相反,可能迅速逃离现场,或者加害者的控制的能力短暂增强。但是,由于个体之间的差异,也可能有一部分被害人表现得比较平静。Gale 和 Coupe 对街头抢劫犯罪被害人在事件发生时的情绪反应的统计研究中,发现有 14% 的被害人情绪表现比较平静,而 80% 以上表现非常焦虑甚至受到惊吓;当然也存在性别差异,其中女性感觉受到的惊吓更为严重。[54]

退缩阶段,是被侵害之后的一段时间内被害人对侵害产生生理、心理伤害的应对。这一阶段的情绪表现为悲伤、愤怒、恐惧,或者还有自责和负罪感。在这个阶段,被害人可能会努力修复创伤,找到被侵害之前的心理感觉。在被街头抢劫侵害之后的 3 周内,许多被害人仍然觉得有心理障碍。对这些街头犯罪被害人在访谈时用"一般健康问卷调查"(General Heath Questionnaire, GHO)评估显示:50% 的访谈对象得分在 5 分以上,这意味着他们被认定为有精神问题的"案例";28% 的对象分数在 10 分以上,表现出严重的精神障碍。一些临床证据显示,一部分被害人有严重焦虑、失眠,甚至社交功能性失衡。而事件影响量表(Impact of Event Scale, IES)调查显示:37% 的街头被害人有中度的创伤后精神障碍,40% 有严重的精神障碍。[55]

修复阶段,被害人被侵害之后较长的时期里(一般 9 个月以后),心理逐渐恢复健康,精神障碍逐渐减轻,前两个阶段的心理障碍症状逐渐消失。相当一部分被害人逐渐恢复到正常的生活状态,但是也

---

[53] Hunter, R. D., "Crisis Reaction Repair Cycle", in B. S. Fisher et al eds, Encyclopedia of Victimology and Crime Prevention, SAGE, 2010, pp. 241 – 243.

[54] Gale, H. and Coupe, T., "The behavioral, emotional and psychological effects of street robbery on victims," *International Review of Victimology* 12, 2005, pp. 1 – 22.

[55] 同上。

有一部分人无法跨越这个阶段。大概有1/3的人,其一般健康问卷调查得分在5分以上,仍然有焦虑、失眠、社交障碍等问题。事件影响量表对创伤后的障碍评估显示:74%的被害人健康得到了改善,有4%的男性对象保持不变;而女性无法得到完全恢复的比例较高,高达18%。[56] 在此之后,被害人的行为模式可能会有重大改变,改变的主要方面是被害人约束自己的行为,提高了预防措施。甚至会改变社交行为模式,产生一些逃避行为。

二、被害人创伤后应激障碍

创伤后应激障碍(PTSD),并非是仅仅描述犯罪行为侵害导致被害人创伤并进而导致精神疾病的概念。PTSD本是用于一切创伤后继发的精神障碍症状,比如经历过情感、战争、自然灾害、交通事故等创伤事件之后的精神疾病。PTSD的主要症状包括噩梦、性格巨变、情感分裂、麻木感、失眠、逃避会引发创伤回忆的事物、易怒、过度警觉、失忆和易受惊吓。早在古希腊就有关于PTSD的描述,但是在近现代战争中逐步被人关注乃至引起重视。第一次世界大战后被称为“炸弹休克”(shell shock),第二次世界大战后又被称为“战争神经症”(combat neurosis),越战后对受伤士兵的诊断使用了“创伤后应激障碍”这个词,后来被美国精神病学会正式认可。美国《精神障碍诊断与统计手册(第3版)》(DSM - Ⅲ)也正式认可这一症状,并有严格的专门诊断标准。[57] 有关创伤后应激障碍可以参考最新版《精神障碍诊断与统计手册(第5版)》(DSM - Ⅴ),此处仅讨论犯罪被害人经历PTSD后的认知改变。

在强奸犯罪、持续性人身虐待犯罪、暴力攻击等行为之后,被害

---

[56] 同上。

[57] Wikipedia,“Posttrumatic stress disorder”, https://en.wikipedia.org/wiki/Posttraumatic_stress_disorder,Mar 10,2019.

人可能出现 PTSD 症状。而且,女性患病概率高于男性,成年人高于儿童。特别是在有目的性的人身攻击之后更容易出现,而自然灾害之后 PTSD 发病率并不高。PTSD 对犯罪被害人最为显著的影响是扭曲或者摧毁了被害人的认知机制。因此,PTSD 发病之后常常要进行认知治疗。被害人的 PTSD 会导致侦查中对被害人取证的困难,主要困难表现为如下几方面:

(一)对犯罪情景无法有效陈述

由于在 PTSD 症状期间,被害人常常回避引发创伤的回忆,但对于案情的陈述又常常需要被害人对案情进行回忆。所以,一旦向被害人提起被伤害、被攻击的情景,被害人可能无法记起当时的情景,或者有意无意地不愿提及当时的情景。如果提问方式不当,可能导致被害人情绪失控,无法继续进行交谈。对于适用一般证人的认知访谈等技术,如果运用于有 PTSD 症状的被害人,可能会导致十分严重的后果;因为,认知访谈技术要求陈述者对事件所有内容进行全方位回忆,这对受过严重侵害导致身心严重创伤的被害人来说,身临其境般的回忆可能会导致被害人严重的心理障碍,甚至精神崩溃,而其结果也可能是不可信的。

(二)无法进行有效辨认

在 PTSD 症状期间,被害人受到犯罪人的惊吓或攻击,对犯罪人或者犯罪工具的辨认,同样会引起被害人对被攻击期间的痛苦回忆。但是,由于辨认陪衬者与犯罪人常常具有相似性,所以,即使是没有安排被害人混杂其中的辨认,也很可能导致错误的辨认,同时也可能导致被害人的惊恐。所以,对于有 PTSD 症状的被害人,在安排辨认时一定要十分谨慎。

（三）无法与侦查人员进行良性互动

有 PTSD 症状的被害人，已经很难与他人进行正常沟通。因为有过度警觉、麻木、失忆、逻辑混乱等症状表现，所以被害人无法准确回忆、辨认和交谈。侦查人员可能从其只言片语中发现一些有用的侦查线索，但是一般无法获得成体系的、完整的证言，即使是只言片语中有价值的线索，也要侦查人员利用其他证据充分加以佐证。由于 PTSD 症状的病人可能出现幻觉，所以要防止被害人的幻觉误导侦查人员。

三、被害人的认知与决策行为如何导致侦查错案

在每一个有具体被害人的犯罪案件中，被害人是事件发生过程的第一个目击者，甚至还是参与者。由于并非每一起有具体被害人的犯罪案件中都有证人，所以，在这样的案件中被害人对侦查进程有着重大影响；而即使在有具体被害人的案件中有证人，被害人陈述也同样很重要。因此，被害人的认知与决策行为同样会导致侦查错案。

（一）被害人的感知偏差导致侦查错案

在遭受严重侵害时，绝大多数被害人处于极其焦虑或惊恐的情绪状态中，被害人的视觉、听觉、嗅觉、触觉等有可能发生改变，甚至被歪曲。比如被害人对凶器种类、颜色、性能、尺寸等属性感知可能有相当大的差异，有可能对凶器的性能和尺寸的感知有所夸大，进而在后续的陈述中反映出来。前面针对证人提出的所谓“差异聚焦效应”，在被害人身上其作用可能更为显著、剧烈。特别是武器的出现，虽然可能引起证人的惊讶，但是证人并不是危险的直接承受者，而被害人却面临着被武器伤害的极大风险，所以武器的出现，可能会使被害人完全无法感知到犯罪人的体貌特征。那么，在武器感知上存在

着夸大的倾向,而且又可能有严重的“差异聚焦效应”,被害人在描述武器及犯罪人的特征时,极有可能存在感知上的偏差、扭曲甚至盲区。

不同性质的情绪使得被害人对时间感知有差异。“在正性情绪下,人们对刺激物本身的兴趣较高,所以把注意力基本都分配到使自身开心的事物身上,而对时间信息加工的注意资源分配较少,导致较少的脉冲积累,以致对时间低估;而在负性情绪下,人们通常希望不愉快的情感体验早些结束,因此时间的关注较多,分配到时间信息加工上的注意资源较多,较多的脉冲将被积累,所以会导致对时间的高估。”[58]已经遭受严重身心侵害的被害人,多有恐惧、焦虑等负性情绪,那么被害人对时间的感知上也可能存在高估的情形。但是,对于犯罪时间持续本来比较短的情况,这一感知上的偏差可能并不明显,比如飞车抢夺女性首饰、背包等犯罪中,负性情绪是在犯罪已经完成时发生的,所以这类被害人对时间的估计可能并不存在高估。而相反,对于犯罪发生之前或进行之时,即有负性情绪产生的被害人,那么就很有可能对时间有所高估。

同样,不同性质的情绪使得被害人对空间感知也有差异。比如,恐惧感会引起方向辨别差异;愉快情绪会引起对整体知觉的敏感性,而悲伤情绪会引起对局部知觉的敏感性;不同性质的情绪对环境的空间分布知觉也有相当剧烈的影响:情绪愉快者或健康状况较好者观察远处的山会觉得比较平缓并且距离较近,而悲伤者或健康较差者观察远处的山会觉得较陡且较远。[59] 这些因情绪引起的空间知觉机制的变化,同样会发生在充满负面情绪的被害人身上。被害人可能对大范围发生的动作却只看到局部的方面,因为其注意范围由于

[58] 赵启媛、汪凯:《情绪对时间感知的影响》,载《中国精神疾病杂志》2009 年第 12 期。

[59] Zadra, J. R. and Clore, G. L., “Emotion and perception: the role of affective information”, *Wiley Interdiscip Rev. Cogn. Sci.* 2(6), 2011, pp. 678 – 685.

恐惧情绪而收缩。当然，被害人这时可能会对较小的注意范围内发生的细节有较为充分的知觉和记忆。

在这样的情形下，缺少经验的侦查人员，由于对被害人抱有同情心，并且没有意识到被害人的感知偏差的存在，一味相信被害人的所有陈述，则很可能会把侦查引入歧途。

(二)被害人的心理障碍导致做证能力削弱

在找到被害人之后，把握他们能够进行正常而准确的陈述的时机很困难。一方面，被害人的记忆还比较清晰的时候，常常是事件刚刚发生或者之后不久，此时要求被害人对其所感所知进行陈述，可能不会得到有效的配合；因为被害人此时心境还未平复，情绪尚不稳定，很难进行客观、准确的描述。另一方面，被害人经过退缩期和恢复期之后，身心创伤感已经减轻，但是对事件记忆也已经减退，此时可能能够正常表述，但是记忆已经不准确。加之被害人在经历了巨大创伤之后，负面情绪导致的各种认知障碍，使得无论在什么阶段去询问被害人，其对事件细节和犯罪人特征的陈述都可能失真。

被害人的辨认存在极高的错误风险。前面我们已经知道，人们在负面情绪的支配下，对物体、环境等的空间知觉会发生巨大改变。所以，对犯罪人的身高、体态、衣着等的辨认可能会有错误。因为对尺寸感知的误差，使得对犯罪工具的辨认也可能会发生错误。由于恐惧导致注意空间范围的缩小，对有多人参与的犯罪，对于犯罪的非主要实施者的辨认可能无法进行或发生辨认错误。但是，对于主要实施者的面部特征辨认其错误可能性较少。

这种做证能力削弱的情况下，侦查人员如接触被害人的时机选择不当，加之没有适当运用安抚技术，无法得到准确的陈述和辨认，也可能导致侦查错误。而且，因为侦查人员虽然了解被害人因为负面情绪会影响知觉和记忆，却走向另外一个极端，对被害人的任何陈述都持怀疑态度，而又不能找到确切的证据来加以佐证，其结果又常常失去许多重要的、有价值的信息。

（三）对被害人的不恰当对待加剧心理障碍进而导致错案

在控制侦查方面，被害人和执法官员二者之间存在着天然的“权力斗争”。[60] 实际上，世界各国刑事诉讼法其立法目的都是保障犯罪嫌疑人、被告人的权利。所以，由于刑事诉讼法的刚性规定，侦查机关对于犯罪嫌疑人的权利的保障是重视且充分的。然而，刑事诉讼法对被害人应赋予权利及其保障却严重缺位。侦查人员因为常年所见刑案数量较多，所见被害人甚多，对被害人的境遇之敏感性已经迟钝，缺少感同身受的体验，因而被害人的公正待遇常常被有意无意地忽视了。“被害人一贯需要不同层次的协助、辅导、建议、支持信息以及安抚。警察以及公诉部门可能不能或者不愿提供这些服务。而且警察在侦查的前期阶段给被害人的各种保证也很快被遗忘。”[61]“因为刑事司法部门里的一些人无能、无知、冷漠，甚至冲动好斗，其日积月累的效果可能导致所谓的‘双重被害’（double victimization）。”[62]

对被害人的不恰当对待，既加剧了被害人的焦虑情绪，又增加了他们的失望感和无力感，进而丧失了通过侦查机关获得帮助的信心，甚至丧失了与侦查人员合作的动机。这一方面会令被害人本来严重受损的认知能力更加恶化；另一方面，由于与侦查人员之间的冲突引起了被害人的敌意，使得被害人提供的线索、信息、证言等的可信度和真实性都大打折扣。由于所谓的“双重被害”之感，他们甚至有些

---

[60] Goodrum, S., “Victims’ Rights, Victims’ Expectations, and Law Enforcement Workers’ Constraints in Cases of Murder”, *Law and Social Inquiry* 32, Summer, 2007, pp. 725 – 757.

[61] Turvey, B. E. and Petherick, W., *Forensic Victimology*, Burlington: Academic Press, 2009, p. 49.

[62] 同上书，p. 50。

时候会产生一些错觉，将侦查人员和犯罪人等而视之，这也导致其认知上的扭曲。这些不利因素的积累，也可能将侦查进程引入歧途。

第四节 犯罪嫌疑人的认知与决策行为

从实施犯罪到走入审讯室，犯罪嫌疑人所面临的情景是多变的，所采取的认知与决策策略同样不一而足。并且，由于犯罪类型的多样性，犯罪嫌疑人人格的多样性，使得犯罪过程和应对侦查的过程也千变万化。因此，本研究将面临着一个左右为难的境地：一方面，用统一的认知与决策理论模型来概括犯罪嫌疑人所有的认知与决策行为，是不可能的，也是不现实的；另一方面，如果按照犯罪的类型，分别一一将其列举、分析和总结，是本研究所无法胜任的。但是，如果毫无偏见地看，我们不难发现侦查的错案并非与犯罪嫌疑人绝无关系，也并非仅仅是因为侦查人员的过错。所以，如果不讨论犯罪嫌疑人的认知与决策行为，则侦查参与者的认知与决策行为的讨论就不是全面的。

如果我们研究所有的犯罪类型，无论是暴力犯罪还是非暴力犯罪，其实犯罪嫌疑人都有不同程度的欺骗行为。"各种骗局和白领犯罪包含了伪造、假冒、诈骗、贪污、贿赂、盗窃服务和商业秘密、走私、逃税，现在还要加上计算机诈骗。""实际上，所有形式的暴力都涉及欺骗。"[63]而在侦查中，无论犯罪嫌疑人与侦查人员是否正面接触，实际上也都存在一些逃避、隐藏、掩饰的行为，甚至还有故意误导侦查人员的行为，而这些欺骗行为，很大程度上也会引起侦查错误，进而铸成侦查错案。所以，欺骗行为应该作为犯罪嫌疑人认知与决策机制研究的重要方面。

---

[63] Hall, H. V. and Poirier, J. G., *Detecting Malingering and Deception: Forensic Distortion Analysis*, Boca Raton, FL: CRC Press, 2001, pp. 1 – 2.

同时,我们也应该看到,除了犯罪嫌疑人有意的欺骗行为,犯罪嫌疑人认知和决定能力的缺陷也可能导致侦查错案。其中,最为常见、最为典型的是犯罪嫌疑人的暗示感受性(suggestibility)。由于暗示感受性的程度不同,所以犯罪嫌疑人也可能对侦查人员的言行理解出现偏差,所以也可能导致错误认知和错误决定。

基于以上理由,本研究对犯罪嫌疑人的认知与决策行为的探讨,仅仅聚焦于犯罪嫌疑人的欺骗行为和暗示感受性这两方面。

一、欺骗:善行还是恶行

欺骗,是社会生活中很常见的现象。“欺骗是人类社会生活中正常的部分,一些研究表明大多数人一天中会撒谎数次。”[64]并且,在幼年时期我们就学会了撒谎。虽然具体在幼年期哪个年龄段学会了理解和实施欺骗行为多有争议,但是人们在幼年期就学会了欺骗,这个是不争的事实。而且,幼年期习得的欺骗能力,在青少年期会持续增强而不是减弱。而且,无论是哪个阶层的人都会撒谎。撒谎的对象并不限于陌生人、竞争者、敌人,甚至对与自己关系极为密切的人,我们也可能说假话。即使是道德高尚的人,也难免会撒谎。

我们一般对“欺骗”一词有不好的观感,觉得它传递的价值观和情感是负面的,因为没有谁喜欢被欺骗。但是,欺骗本身其实是一个道德无涉的行为。因为,欺骗朋友在道德上是不好的;而欺骗敌人则应当受到赞扬。如果诸葛亮在草船借箭时怕骗了曹丞相,给他事先打个招呼,那么谁都会骂他是“叛徒”“汉奸”“吃里爬外”,所以骗得有理。但是,如果诸葛亮在刘备去世后就废阿斗而代之,那就是彻头彻尾的骗子了。所以,孤立地看,欺骗本身是无所谓好坏的,关键是在什么条件下,对象是谁,目的是什么。其实,如果把“欺骗”解释为

---

[64] Wright, C. and Wheatcroft, J. M., “Police officer's beliefs about, and use of, cues to deception”, *J. Investig. Pschol. Offender Profil* 14, 2017, pp. 307 – 319.

扭曲信息的行为,似乎就好接受多了。

欺骗,是一个不好定义的词。《现代汉语词典》对"欺骗"的解释是"以虚假的言行掩盖事实真相,使人上当"。而欺骗心理学对欺骗的定义有多种。"欺骗是试图从沟通对象获利的虚假沟通行为"[65],"试图使他人相信和理解而欺骗者自认为虚假内容的行为"[66],"一种故意实施的行为,实施者为了使接受者相信与自己所了解真相相反的内容,并使接受者处于不利地位"[67],"一种成功或不成功的企图,未经提醒而使他人相信信息提供者认为不真的东西"[68]。欺骗行为,其实不需要明示或暗示,也并不需要面对面的信息沟通。

二、以信息处理视角审视敌意欺骗行为

现代认知科学采用的是信息处理的视角,因此从信息处理的视角考察敌意欺骗行为(为行文简洁,以下仍称欺骗行为),实际上也就揭示了欺骗行为的认知与决策机制。所以,从信息处理的视角考察欺骗行为,是揭示欺骗行为认知与决策行为的恰当路径。从信息处理的角度来看,所有的欺骗行为,其实都可以分为两个层次:第一层次是信息的扭曲行为;第二层次是通过信息扭曲而是实现诱导的行为。有些时候,欺骗行为仅仅是不希望被欺骗者获得真实的信息,这

---

[65] Mitchell, R. W., "A framework for discussing deception", In R. W. Mitchell & N. S. Mogdil (Eds.), *Deception: Perspectives on human and nonhuman deceit*. Albany: State University of New York Press, 1986, pp. 3 – 40.

[66] Krauss, R. M., "Impression formation, impression management, and nonverbal behaviors", In E. T. Higgins, C. P. Herman, & M. P. Zanna (Eds.), *Social cognition: The Ontario Symposium.* Hillsdale, NJ: Erlbaum, Vol. 1, 1981, pp. 323 – 341.

[67] Burgoon, J. K., and Buller, D. B., "Interpersonal deception: III. Effects of deceit on perceived communication and nonverbal dynamics", *Journal of Nonverbal Behavior* 18, 1994, pp. 155 – 184.

[68] Vrij, A., *Detecting Lies and Deceit: Pitfall and Opportunities* (2nd edn), Chichester: Wiley, 2008, p. 15.

是属于第一层次的行为,有时欺骗者仅达第一层次即止步,其实我们也可以把这个层次的行为视为消极的诱导行为;而有时欺骗者还希望被欺骗者的行动按照自己预定的方向发展,所以这就是第二层次的诱导行为。《孙子兵法·始计》中对军事谋略的欺骗本质进行了精彩的概括:

“兵者,诡道也。故能而示之不能,用而示之不用,近而示之远,远而示之近;利而诱之,乱而取之,实而备之,强而避之,怒而挠之,卑而骄之,佚而劳之,亲而离之。攻其无备,出其不意。此兵家之胜,不可先传也。”

其实,孙子不但揭示了军事谋略的本质,而且还在无意中揭示了欺骗行为的层次性。“能而示之不能,用而示之不用,近而示之远,远而示之近”,这实际上是属于第一层次的信息扭曲行为。“利而诱之,乱而取之,实而备之,强而避之,怒而挠之,卑而骄之,佚而劳之,亲而离之。攻其无备,出其不意。”这实际上是属于第二层次的诱导行为。当然,由于孙子时代人们对于现实世界的可能性理解还不那么精细和深刻。所以,“能”与“不能”、“用”与“不用”、“近”与“远”这些可能性范畴显得有些简单和极端,事实上在这些极端概念之间还存在着大量的中间地带,那么欺骗行为对于信息的扭曲就不仅仅是在极端的可能性之间选择,而是在无限连续的可能性中选择。

由于欺骗行为的层次性,要达到成功欺骗的目的,任何欺骗行为在信息处理上都要满足以下条件:

(一)能够了解被欺骗者的需要

被欺骗者的需要,是欺骗成功的首要条件,也是欺骗者行动的目标。没有被欺骗者的需要,欺骗者将不知道自己该如何搜集、评估信息,也不知道如何控制对被欺骗者信息的传播。不了解需要,欺骗者将不知道如何扭曲信息,也更谈不上如何诱导被欺骗者的行动。所以，所有欺骗成功的关键，都在于被欺骗者存在着需要。而一般性的可替代需要，还不足以构成一个必然成功骗局的基础，只有刚性的、不可替代的需要，才是欺骗成功的首要条件。所以，一个高明的骗子，一定会去深入研究被欺骗者的需要，在找准被欺骗者最为核心的需要之时，只需顺水推舟，就可达到目的。只要我们稍微研究一下这些年到处泛滥的网络诈骗，我们就可以发现，上当受骗者都是因为骗子掌握了他们的需要，并且这些需要还很强烈而可替代性较低。相反，一些拙劣的骗术，没有深入研究被欺骗者的需要，而仅仅停留浅层次的需要而加以劝说的层面，这样当然很难成功。所以，所谓"无欲则刚""苍蝇不叮无缝的蛋"的俗语，说的就是了解需要在骗术中的重要性。

（二）能够评估所掌控信息的真值

能够评估所掌控信息的真值，其实际意思是欺骗者要能判断自己即将操弄、控制信息的真假。欺骗者自己必须明了自己所获得、控制的信息是否是真的。如果信息本来是假的，他却误以为是真的，那么他向被欺骗者传播而导致的后果，很难说是否为欺骗行为。如果信息本来是真的，他却误以为是假的，从而向被欺骗者传播，其欺骗行为是否能成功也是很成问题的。所以，高明的欺骗者一定要能够评估信息的真值。比如，卖假药的一定要知道自己卖的药的真实成分，至少知道主要的成分是什么，如果不了解，那么他很难将假药与特定病人联系起来，对他们需要的满足程度也就不清楚了。卖假药的人，一般不会希望自己的药毒死人，所以他至少要了解假药中间是否有有害成分及其含量，那么这个有害成分及其含量其实就是假药信息的部分真值。所以，高明的骗子，一定是要研究自己所占有的信息的真值，否则他很难有效实现第一层次的信息扭曲行为，更难实现第二层次的诱导行为。

是无害的;应当让被欺骗者认为,这样的博弈即使结果自己一无所获,但至少是没有任何损失。所以,欺骗者必须通过一定真实成分的信息,隐藏自己的真实意图。如果欺骗意图的伪装或隐藏不当,那么无论其他条件多么完备,欺骗行为也无法成功。从被欺骗者来说,要判断自己所面对的是不是骗局,最恰当、最有效的策略是判断对方的行为意图。

三、犯罪嫌疑人的欺骗行为与侦查错误

欺骗行为可以分为两个层次:一是扭曲信息的行为;二是利用扭曲信息的诱导行为。所以,犯罪嫌疑人的欺骗行为也一样分为这两个层次。扭曲犯罪信息的行为,一般表现为犯罪嫌疑人通过对现场、证据的"改造",从表面上切断自己与犯罪事件的逻辑联系,或者通过谎言表明自己与犯罪事件无关。而利用扭曲信息的诱导行为,则表现为犯罪嫌疑人不但通过对犯罪信息的改头换面,掩盖自己与犯罪事件的逻辑联系,而且还制造一些现场假象和证据假象,将侦查人员对犯罪事件的判断引向其他方向。一般来说,单纯消除现场痕迹的行为也可以视为广义的扭曲信息的行为。但是,在侦查实践中,扭曲犯罪信息之后也往往可能会将侦查方向引向其他方向,但是这可能并不是犯罪嫌疑人刻意追求的结果。

犯罪嫌疑人的欺骗行为一般出现在三个阶段:犯罪现场阶段、逃避阶段、侦查讯问阶段。犯罪现场阶段的欺骗行为,一般是对犯罪现场的伪装(crime scene staging)。"伪装的犯罪现场,是物证被有意改变的现场,其目的是误导侦查机关或者侦查行动。"[69]关于犯罪现场的伪装,中外均有较早的文献论及或记载,宋慈在《洗冤集录》中对疑难案件以及"被打勒死假作自缢"的描述,都有对自杀伪装为他杀,勒

---

[69] Chisum, W. J. and Turvey, B. T., *Crime Reconstruction*, San Diego, CA: Academic Press, 2007, p. 443.

死伪装成上吊自杀等伪装的手法及发现方法均有提及。[70] 汉斯·格罗斯在1924年版的《犯罪侦查》中也提出了关于犯罪现场伪装的现象,如自杀伪装成他杀以讹人钱财,他杀伪装成自杀以脱罪,意外死亡被伪装成自杀而掩盖看护者的失职等。[71] 可见,犯罪现场的伪装其实是一种犯罪中常见的欺骗行为。在伪装犯罪现场,可能会出现这样一些迹象:表面看起来为入室盗窃案件,但从现场带走的却是一些不必要的物品;进入现场的路径和方式可能不合常理;犯罪实施的条件对犯罪嫌疑人来说可能风险很高,比如犯罪在人多、白天的时候发生;受伤状况与犯罪情况不一致;证人或者幸存者的证言与物证鉴定的意见不一致,比如声称淹死者却在却未见眼睑及口腔皮下出血点;有时会有纵火现象;死者可能有巨额保险;重要亲属受致命伤害,但自己却受轻伤或未受伤;犯罪嫌疑人没有最先针对对其最有威胁的人,而最有威胁的人却受伤最小……所有这些伪装手法,都可以看作犯罪嫌疑人扭曲信息误导侦查的行为。这些伪装手法的迹象如果不能被侦查人员识别,侦查必然会走向错误的方向。同时,我们又必须明白:以上所提到的这些迹象与伪装之间仅仅是先验概率较高而已,而实际的具体案件中,这些迹象发生的实际概率与先验概率也是不同的。所以,这些迹象并不必然与伪装发生关联。侦查人员在解读这些迹象的时候当然也存在错误解读的可能。

逃避阶段的欺骗行为,一般是向他人或者侦查机关有意掩盖动向的信息,或传递伪装动向的信息。这种情况一般是被侦查机关重点关注的犯罪嫌疑人所实施的欺骗行为。在这种情况下,由于侦查机关已经对其通信、行踪、住所、社会交往进行密切监控,而犯罪嫌疑

---

[70] 参见(北宋)宋慈:《洗冤集录(卷一)·疑难杂说》及《洗冤集录(卷三)·被打勒死假作自缢》。

[71] Gross, H., *Criminal Investigation*, London: Sweet & Maxwell Ltd., 1924, pp. 437–440.

人借助这样的条件传递欺骗信息。电话或其他信息中故意透露自己最近的计划和行踪,故意改变起居、行走、驾驶规律,伪装住所通道、窗户、灯光,与并不认识的人有较长时间交谈造成比较熟悉的假象,通过社交媒体伪装社会交往关系。由于逃避阶段的欺骗行为,侦查人员可能对其通信、行踪、住所环境及外观、社会交往关系解读错误。

实际的犯罪行为人,在侦查讯问阶段的欺骗行为几乎是必然的。侦查讯问阶段的欺骗形式是虚假供述。虚假供述的心理机制比较复杂。根据 Zukerman、Depaulo 和 Rosenthal 的研究,撒谎的心理机制中不但有认知因素,还有情绪因素和行为控制因素。[72] 撒谎时的认知特点是,撒谎时会加重认知负担。因为被讯问人要编造谎言使其显得可信,就必须使自己的陈述内容在逻辑和事实上保持一致,比如与自己先前的陈述一致,要与自己能够想象得到的主要事实及关联事实一致,避免出现让人怀疑的线索。除了这些内部的一致性安排,还要随时观察和评估讯问者,看讯问者是否已经将注意力转移到别处。在撒谎的同时,还要掩盖事实真相。要在极短的时间内同时完成这些任务,其条件是相当苛刻的。所以,撒谎的认知负担很重,是不容易的。

撒谎可能在一些情绪背景中展开,也可能产生一些新的情绪。因为有负罪感,害怕惩罚,或者因为警方的强制讯问策略所以撒谎。但是,撒谎会带来一些新的情绪反应。比如,撒谎会带来进一步的负罪感,因而产生恐惧感;有些撒谎成习的撒谎者,可能撒谎还会给其带来快感、兴奋感;有些报复性的撒谎者也可能有类似的情绪反应。情绪反应也会影响认知和行为控制。

撒谎者要使自己的言语可信,在肢体、表情、声音等方面要加以操控,这就是行为控制因素。行为控制当然很难,因为在日常生活

---

[72] Zuckerman, M., DePaulo, B. M., and Rosenthal, R., "Verbal and non - verbal communication of deception", In L. Berkowitz (Ed.), *Advances in experimental social psychology*, volume 14, New York: Academic Press, 1981, pp. 1 – 57.

中，由于缺乏肢体、表情、声音的反馈，所以人们并不知道自己在各种情绪状态和表达情景中的肢体、表情、声音的变化规律，更多地将注意分配到说话的内容上面，对于自己的这些行为特征认识并不那么深刻，实际上对于这些方面行为的控制力是比较弱的。所以，在撒谎时难免会出现抿嘴，逃避视线接触，声带颤抖，言语迟疑停顿、错误，等等。这个过程中，除了要分配认知资源用于监控陈述内容的表面真实性，同时还要分配认知资源用于监控行为特征，并且要抑制情绪对于认知和控制的干扰。

犯罪嫌疑人在认知、情绪、行为控制这三方面协调状态很好的时候，侦查人员对撒谎的识别难度当然会增加，在缺少证据佐证并且在虚假供述诱导下，侦查人员很容易对案情的判断出现错误。

四、暗示感受性与侦查错误

暗示感受性(suggestibility)是一种认知与决策能力弱化行为，一般是指容易接受暗示信息并且在行动中实际按照暗示信息的指示行事。部分侦查错误与犯罪嫌疑人的暗示感受性有关，虽然有些犯罪嫌疑人并没有实施犯罪，但是由于这种认知缺陷，竟然在面对侦查人员的提问时，错误供述为有罪。

虽然这看起来与直觉相左，但这是实际存在的现象。Gudjonsson在其代表作《审讯与供述心理学手册》一书中，对暗示感受性被心理学所关注、研究的过程进行了较为清晰的梳理，但是他对之前的研究者提出的暗示感受性的分类和定义都不甚满意。他觉得侦查讯问中的暗示感受性，与一般社会情境中的暗示感受性是不同的。他认为，侦查讯问是一个封闭的社会互动过程，暗示感受性是在提问中产生的，这种提问可能带有一定的暗示性，因此对这种暗示性会有不同程度的回应。所以，他对暗示感受性的定义是"在一个封闭的互动情景中，被正式提问的人接受信号的程度，及其结果他们随后行为回应受影响的程度”。[73]

Gudjonsson对暗示感受发生的心理机制进行了深度研究，与Clark一起提出了暗示感受性的理论模型。这个理论模型表明：侦查讯问中的暗示感受性是一种独特的类型；暗示感受性是一个动态强化的过程，特别是提问者对回答的负反馈过程中，暗示感受性是变化的，但是这个过程会因为认知和人格因素而变得稳定；对回答是否正确的不确定性、人际信任和预期是暗示感受性的三个重要组成部分；在讯问中的应对策略也会影响暗示感受性的水平；特别重要的是，记忆力不佳或者智能较低者，与认知能力较强者相比，具有较高暗示感受性；暗示感受性与自尊、焦虑倾向、缺乏自信、害怕负面评价等人格变量因素相关等。[74] 不仅深度揭示了暗示感受性发生的认知与人格机制，Gudjonsson还开发了暗示感受性量表1、2（Gujonsson Suggesstibility Scale，GSS1和GSS2），用于测量被询问者的暗示感受程度。[75]

应当说，Gudjonsson对于侦查讯问中的暗示感受性研究贡献良多。暗示感受性在本质上是犯罪嫌疑人的一种认知能力上的缺陷，由于每个人对诱导性提问的免疫或抵抗能力不同，所以暗示感受能力也有差异，但是由于这种认知能力的缺陷，可能导致两种后果：一方面，侦查人员的暗示提问导致了犯罪嫌疑人的肯定性回应，那么此种情况下，侦查人员对案情和其他证据的判断信心增加，但犯罪嫌疑人提供的是非自主的虚假陈述，因此而导致错误；另一方面，侦查人员有意使犯罪嫌疑人入罪而进行诱导性提问，而此时加上犯罪嫌疑人的肯定性回应，正好给侦查人员故意入罪行为提供了机会。所以，这两种错误结果都是由于犯罪嫌疑人的认知能力存在缺陷导致的。

---

[73] Gudjonsson, G. H., *The Psychology of Interrogations and Confessions: A Handbook*, Chichester: Wiley, 2003, pp. 332 – 359.

[74] 同上。

[75] 同上书，pp. 360 – 414。

第三章 启发法、认知偏差与侦查错案

揭示侦查中的认知行为，是对侦查人员、证人、被害人、犯罪嫌疑人的认知框架及其功能进行探究，以利于进一步揭示认知结构或框架在正常运行时可能导致侦查错案的条件和可能性。除了这些认知结构和框架在正常运行时可能导致侦查错案，其实人类认知的一些常见“快捷方式”——启发法和认知偏差也可能导致侦查错案。其实，启发法是人类认知机制的优势之一，很多时候启发法是人类创造力的体现，只是因为客观世界的不确定性，以及作为信息处理的认知行为只能在有限的理性下展开，所以，启发法会带来负面的效果。然而，认知偏差就完全不同了，认知偏差是人类认知的陷阱，它是改善认知所必须加以克服的。所以，对于启发法在侦查中的运用，侦查人员保持警惕，可以在相当大的程度上减少错误；而对于认知偏差，侦查人员不但要保持警惕，而且还需要一些制度和技术上的安排，才能有效防止。本研究列举了三种启发法：代表性启发法、可得性启发法、锚定效应，四种认知偏差：确证偏差、情景偏差、角色效应、群体迷思。实际上，启发法的种类很多，由于这三种启发法研究得最早、最为充分，也最具有典型性，所以本研究只选取了这三种。认知偏差也很多，但是在侦查中表现得更多的，与侦查中的认知行为更密切的也只有这四种偏差。在列举这些启发法和偏差时，解释了它们的含义以及在一般认知行为中的表现，并分别分析了它们如何导致侦查错误。

第一节　启发法与侦查错案

行为经济学家、诺贝尔奖获得者丹尼尔·卡尼曼(Daniel Kahneman),根据心理学家 Keith Stanovich 和 Richard West 提出的观点认为,人脑有两套系统,他把这两套系统分别命名为系统 1 和系统 2,系统 1 和系统 2 分别负责各自的决策任务,且有各自的特点:

系统 1 的运行是无意识且快速的,不怎么费脑力,没有感觉,完全处于自主控制状态。

系统 2 将注意力转移到需要脑力的大脑活动上来,例如复杂的运算。系统 2 的运行通常与行为、选择和专注等主观体验相关联。①

如果所谓系统 1 和系统 2 真的是人脑中存在的两套系统的话,那么侦查人员也毫无疑问具有这两套系统。事实上,侦查作为一种决策行为,有其独特性。侦查的决策常常具有时间迅速,资源紧张,无法进行概率演算,无法用理性选择理论加以模式化等特点。侦查人员所进行的决策,是在日常经验的框架下展开的。很多时候,侦查人员并未明显意识到自己在进行决策,他们所采取的各种行动看起来是“自然而然”的,而有些时候又进行着“艰难的”左右权衡。可见侦查人员大多数时候都是在运用系统 1 进行着决策,而系统 2 在案件侦查初期、侦查进程受阻、案情线索复杂的情形下启动。

而所谓的启发法,其实是一些决策的“快捷方式”。它们并不是深思熟虑的系统 2 所运行的模式,实际上是快速且轻松的系统 1 的运行模式。侦查人员也有这些“快捷方式”,它们很多时候是很有用的,但是有些时候会导致致命的错误。

---

① [美]丹尼尔·卡尼曼:《思考,快与慢》,胡晓姣、李爱民、何梦莹译,中信出版社 2012 年版,第 5 页。

一、启发法探微

启发法(heuristic)来自古希腊语 heuriskein,拉丁语为 heutisticus,它的意思是“发现”。《韦氏英语词典》中对“heuristic”的定义是“involving or serving as an aid to learning, discovery, or problem - solving by experimental and especially trial and error methods”,意即“通过实验,特别是试错的方法辅助学习、发现或者解决问题”。然而,启发法不应该仅仅局限于正式的学习或问题解决,本质上也可能并不完全依赖实验。但是启发法具有试错(trial and error)的属性这是没有疑义的。

启发法其实是将复杂问题“简单化”处理的过程。启发法是将问题的复杂因素加以剔除而保留其核心要素并加以探究和解决的过程。骑自行车的过程就是一个运用启发法的过程。如果用数学、机械、运动学、心理学、生理学、神经科学等多个学科的知识来描述和解释骑自行车的过程,并且用文字表达出来,那一定是篇幅颇长的著作。如果真有这样的著作的话,一个好学的自行车学习者对它进行了潜心研读,并且他不去实际尝试如何骑车的话,那么,不幸的是,这个读者永远也学不会骑自行车。而一个真正试图学会骑自行车的人,根本不需要去了解那么多门类复杂的知识,他只需要找一辆自行车反复地练习如何保持平衡和踩踏板,尽管开始时动作僵硬、别扭、吃力,还会经历无数次的摔倒,但经过一个会骑自行车的陪练的简单指点,慢慢地,他就一定会学会轻松自如地骑自行车。所以,学习骑自行车的过程,就是一个不断反复试错的过程,把一个看起来很复杂的过程进行“简单化”处理的过程。所以,启发法之所以能够成为一种认知和决策的“快捷方式”,一定是对问题的简单化处理。侦查人员常常面临复杂的信息,有些时候根本来不及将所有信息进行全面梳理、整合,进而做出一个周全的判断和决定,而只能是使用自己长时间积累的问题解决“工具包”来简化信息，以便于快速做出决定。

启发法应该是快速的。启发法不是对问题的全部因素加以分析之后的处理过程，它有些时候甚至是忽略了问题的初始条件，直接奔向问题解决的结果。当乒乓球飞到击球者一方时，他毫不犹豫地击出球拍并且实现了有效回击。这个过程，熟练的击球者根本不会去思考自己的应对动作，也根本来不及思考。相反，如果乒乓球员需要对每个击球动作进行反复斟酌的话，他一定是一个蹩脚的球员。所以，有些时候如果对决策过程进行周密思考，是会降低决策效能的。而这个时候常常是系统 1 在发挥作用。侦查人员做判断、决定的时间资源常常是有限的，除了法律有明确的时间规定，从侦查破案的效能来看，犯罪现场、犯罪嫌疑人、被害人、各种证据能够有效存留的时间也十分短暂，所以他们必须在极为有限的时间内完成判断、决定，因此他们也必须使用启发法。

启发法是依赖情景的。虽然 Tversky 和 Kahneman 归纳出了人们一般拥有的几种“通用型”启发法②，如代表性启发法、可得性启发法、锚定效应等，但是，绝大多数启发法由问题情景所决定，需要问题的背景知识。比如骑自行车的启发法只能在操纵自行车的过程中产生，并且仅仅对操纵自行车发挥作用；打乒乓球的启发法只能在挥动球拍接发乒乓球的过程中产生，并且仅仅对打乒乓有效；指挥消防灭火的启发法只能是在观察火场形势并且不断做出判断和决定的过程中产生，并且仅仅对消防灭火有效……所以，虽然的确存在一些“通用型”的启发法，但是绝大多数启发法是专属于某一类问题的，是与问题的种类、性质紧密联系在一起的。它有自己的专门属性，它构成了某一特定问题领域的专门经验，是专家解决特定问题的专属“快捷方式”。即使是存在一些“通用型”的启发法，这些所谓“通用型”的

---

② Tversky, A. and Kahneman, D., “Judgment under uncertainty: heuristic and biases”, *Science*, 185, 1974, pp. 1124 – 1131.

启发法其实可以看作问题解决的“算法”框架,而真正能够让“算法”框架起作用的,是在框架中填入的材料——问题的情景条件和背景知识。骑自行车、打乒乓球、指挥消防,都可能用到代表性启发法,但是在代表性启发法中还要“输入”自行车操纵、接发乒乓球、火场形势等具体的问题情景和背景知识,然后才能做出快速的判断。对于侦查中的判断和决策来说,也同样如此:侦查人员也运用代表性启发法,但是他同时要面对的是犯罪现场的状况、被害人受到的伤害、犯罪人的去向、当前可利用的线索及潜在线索的来源……这些都是侦查中运用启发法的问题情景,缺少了问题情景,仅有“通用型”的启发法是无法破案的。

通过启发法的判断和决定,是不精确的。我们已经知道,启发法属于系统1。系统1的运行并不需要全信息输入,仅有一些零星的、残缺不全的信息片段就可以运行。所以,通过启发法的判断和决定,并不是纯粹的理性选择(rational choice)过程,它不追求预期效用(expected utility)与决定的实际结果完全相符合(事实上,在这样的问题情景下很多时候做不到)。通过启发法的决定,与 Walton 所描述的“似真推理”(plausible inference)颇为相似:

> 所有这些推理都是基于这样的一些假定:我们对日常所遇的情景及其所作所为是熟悉的,并且知晓如果事情按往常一样办,那么结果可能会是一般所期望的样子。没有一个这样的推理是结论性的(conclusive),而完全是猜测。它们代表着某种推理,在这种推理中如果前提可以接受,有少许证明力的证据就可以使结论被接受。③

虽然 Walton 是从逻辑和证明的路径来陈述似真推理,而启发法的概念就是这样的路径,但是,似真推理却从另外的视角对启发法做

③ Walton, D. N., *Legal Argumentation and Evidence*, University Park, PA: Pen. S. U. Press, 2002, p. 104.

出了更为准确和详尽的诠释。尽管启发法很多时候并不完全等同于推理,但是它几乎就是按照 Walton 对似真推理所描绘的样子在判断和决定中发挥作用。

侦查中运用启发法做出的判断和决定,也是不精确的。侦查人员经常面对的是自己熟悉的事件,运用的是自己惯常的方式来对事件进行判断,并且对侦查进程的发展趋势几乎会按照一贯的方式和自己所期望的样子推进。至少在侦查的前期阶段,所做的判断和决定都是不精确的,也不是结论性的,很大程度上有猜测的成分。它的最后结果往往都是许多由证明力不完全的证据所得到的。所以,"有些人下结论说,启发法导致的是非理性的判断,最多是次优的选择"。④

启发法的习得需要反馈。启发法并不是凭空产生的,也不是有机体在进化中自然产生的,而是在不断地做出判断和决定,并对判断和决定的正误有报告或确证,从而慢慢习得的。如果没有适当的反馈,则根本无法形成有效的启发法。可以想象,如果将学打乒乓球者眼睛蒙起来,只让他挥动球拍,并且有意让球拍接触到球,无论他进行多少次尝试、训练,他也不可能真正掌握打乒乓球的技术。因为蒙上眼睛等于切断了反馈循环,打球者无法通过试错的方式强化正确动作,也无法纠正错误动作。启发法的获得,最为高效的是社会学习(social learning),也就是通过观察和模仿他人而习得。因为通过模仿和观察,可以大幅节省有用信息的筛选成本,以利于快速建立完整的反馈循环。

启发法的种类繁多。我们已经知道,启发法依赖问题情景和背景知识,有多少类问题就有多少种启发法,所以我们没有办法穷尽所

---

④ Gigerenzer, G., "Fast and Frugal Heuristics: The Tools of Bounded Rationality", in *Blackwell Handbook of Judgment and Decision Making*, edited by D. J. Koehler & N Harvey, Malden, MA: Blackwell Publishing, 2004, p. 67.

有的启发法,但是我们可以研究一些常见的"通用型"启发法,探究他们在侦查中的运用,以及它们如何导致侦查错案。根据 Tversky 和 Kahneman 的研究,通用型的启发法有这样一些:代表性启发法(representativeness heuristic)、可得性启发法(availability heuristic)、锚定效应。⑤ 我们在侦查的认知与决策中,也发现了这些"通用型"启发法,虽然它们无法被侦查人员所放弃,却也可能带来侦查错误,甚至导致侦查错案。

二、代表性启发法

人们常常把事物的典型特征作为判断事物之间关系的基本根据。当看到一件作者未知的美术作品时,它的艺术风格和某一个艺术家的创作风格很相近,常常可以较为准确地识别出这件美术作品的作者;当听到远处某人的说话声,根据嗓音特点及语音习惯,也十有八九可以识别出说话人是谁;当人们相互交谈时,根据对方的言语、表情和姿态,也基本可以了解对方的心理活动;经常喝酒的人很容易判断出酒的品质好坏,甚至有些人还能判断出酒的产地;经验丰富的侦查人员可以根据犯罪现场的痕迹轻松推断犯罪手法(Modus Operandi)……像这样根据事物的典型特征来判断事物之间的关系,就是代表性启发法。Tversky 和 Kahneman 如是描述代表性启发法:

人们经常关心的许多概率问题,属于下列类型中的某一种:事物 A 属于种类 B 的概率有多大;事件 A 源于过程 B 的概率有多大?过程 B 导致事件 A 的概率又有多大?要回答这样的问题,人们通常依赖代表性启发法。代表性启发法的概率是根据 A 代表 B 的程度来评定,也就是根据 A 与 B 的相似程度来评定。例如,如果 A 能高度

⑤ Tversky, A. and Kahneman, D., "Judgment Under Uncertainty: Heuristic and Biases", *Science*, 185, 1974, pp. 1124 - 1131.

代表 B，那么判断 A 源于 B 的概率高；相反，如果 A 与 B 不相似，判断 A 源于 B 的概率低。⑥

并且 Tversky 和 Kahneman 还举出根据某个人的性格特征来判断某个人从事的职业的例子来说明什么是代表性启发法。比如某个叫 Steve 的人，他性格腼腆，寡言少语，乐于助人，却对现实世界缺少兴趣，他谦恭有礼，做事井井有条，中规中矩，关注细节。那么 Steve 应该是农民、飞行员、售货员、图书管理员还是医生？于是，一般人都判断 Steve 是图书管理员。⑦ 其实，人们就是根据 Steve 的性格特征与图书管理员职业行为特征的高相似度来做判断的。

代表性启发法在现实生活中运用很普遍。虽然，不可能人人都能成为统计学家，也不可能在每一件事情的判断上都运用统计学进行精确演算，但是我们多数情况下是根据事物之间的相似性来判断事物的关系。并且，在事实上我们对代表性启发法的运用，在多数情况下都很成功，也没有遇到大的问题。现实生活中绝大多数决定，都是无关紧要的小事，即使代表性启发法运用失败，也并不会带来严重后果。所以，代表性启发法是很常见的一种启发法。

从逻辑上分析可以发现，运用代表性启发法的过程其实是类比推理。对事物之间相似度的评估，其实就是对事物之间特征的类比：

对象 A 和 B 都具有特征 $a_1, a_2, a_3 \cdots a_n$

A 还具有特征 a_{n+1}；

所以，B 也具有特征 a_{n+1}。

类比推理本质上是归纳法。我们知道，归纳法是从有限数量相似现象的重复，来推论必然有无限数量现象如此。比如从一次、两

---

⑥ 同上。
⑦ 同上。

次、三次……看到的天鹅是白色的，因此而推断所有的天鹅是白色的。“一般把这样一种推理称作‘归纳的’，假如它是从单称陈述……过渡到全称陈述。”[8]同样，归纳法在生活中也没有大问题，但是它存在使归纳者犯错误的可能性。因为“从逻辑的观点来看，显然不能从单称陈述（不管它们有多少）中推论出全称陈述是正确的……不管我们已经观察到多少只白天鹅，也不能证明这样的结论：所有天鹅都是白的”[9]。

各种事物属性的获得，多是因为人们对事物属性的归纳。对图书管理员的职业特点的把握，是经过很多人的观察之后归纳所得到；对 Steve 的性格的描述也是对 Steve 的日常行为的归纳。二者之间进行的对比，也是从有限数量特征的比较，到全部特征的比较。完全符合从“单称陈述”向“全称陈述”跳跃的模式。

所以，既然归纳法可能导致错误，那么代表性启发法也可能带来错误。从逻辑上看，代表性启发法也常常把有限现象外推为普遍真理，从而常常带来错误。而且，Tversky 和 Kahneman 认为代表性启发法带来致命错误的缘由还有这样一些：对先验概率不敏感、对样本大小不敏感、误解机会、对可预测性不敏感、效度错觉、误解回归性。[10]对先验概率不敏感，是对判断中的某个因素成立的既有概率不敏感，比如判断 A 属于 B 或 A 源于 B，但是常常忽略 B 发生的总体概率。对样本大小不敏感，是对判断中某个因素所在样本的规模不敏感，比如判断 A 属于 B，但是对于 A 所在样本的数量未加以考量。误解机会，用部分事件序列代表全部事件序列，进而对即将发生的事件做出错误判断。事物的某些属性可以用于预测，而某些属性无法用于预

⑧ [英]卡尔·波普尔：《科学发现的逻辑》，查汝强、邱仁宗、万木春译，中国美术学院出版社 2008 年版，第 3 页。

⑨ 同上。

⑩ 同上。

测,如根据某人的童年的性格来预测其30年后某一年的成就,这时童年的性格不可用于预测,这就对可预测性不敏感。效度错觉,当A与B相似特征数量较高时,会对A属于B或源于B的确信感会增强,这其实是归纳法带来的确信感,但是这种确信感是一种错觉,因为有可能忽视了先验概率和样本大小。B有时可以导致A,有时不会导致A,但是B导致A在一定时期里有平均数,尽管有B不导致A发生的时候,但是B一定会有导致A的时候,这种现象是回归现象。误解回归性,是没有认识到一定时期里B导致A的平均数,单纯只认为B一定会导致A或B,一定不会导致A。

三、代表性启发法如何导致侦查错误

代表性启发法是人类普遍使用的一种判断和决策的机制,它很常见,也很有用,但常常会带来致命错误。对于侦查人员来说,也常常运用代表性启发法在侦查中做判断、决定,虽然常常也很有用,也同样会带来致命错误,铸成错案。

(一)代表性启发法在侦查中的运用

侦查人员是否有经验的标志,是他们从事侦查工作时间的长短、对事件信息的敏感程度、是否能够迅速解读现场现象和证据信息、是否能迅速判断事件过程和性质并且做出确定侦查方向的决定。这些在较长时间里积累的,在侦查过程中能够迅速解读现场信息和做出相关判断、决定的机制,其中有一部分是代表性启发法。

我国古代所谓"五声听讼狱"或"五听"制度,是为"辞听""色听""气听""耳听""目听"。[11] 郑玄对"五听"作如是解:辞听是"观其出言,不直则烦";色听为"查其颜色,不直则赧";气听是"观其气息,不

---

⑪ 《周礼·秋官·小司寇》。

直则喘”;耳听是“观其聆听,不直则惑”;目听是“观其眸子视,不直则眊然”。[12] 如果把这种“五听”制度和代表性启发法进行对照,我们可以发现“五听”符合代表性启发法基本特征。司法官员预先已经认为“言烦”“色赧”“气喘”“聆听惑”“眸子眊然”和“不直”之间存在一定相关性。当司法官员对嫌疑人进行审讯(当时的主要侦查手段)时,若发现嫌疑人具有“言烦”“色赧”“气喘”“聆听惑”“眸子眊然”这些特征时(发现相似性),则判断嫌疑人在说谎,即这些特征是由说谎所引起的。

这些在中国断狱审案中经常实践的“五听”之法,在现代侦查实践中也并没有完全被抛弃。在没有测谎技术辅助的情况下,侦查人员也常常通过犯罪嫌疑人的表情反应、生理变化、陈述内容逻辑关系来判断犯罪嫌疑人是否说谎。即使是在西方国家,也有类似的实践,只是不叫“五听”而已。

代表性启发法除了在讯问中得到运用,在现场勘查中也常常用到。在现场勘查中分析被害人的身份特征,确定犯罪嫌疑人的特征。确定被害人衣着、随身携带物、生理病理特征、现场环境等方面特征,可以为被害人的身份判断提供依据,也间接地反映了犯罪嫌疑人的行为方式和偏好。侦查人员在一个不知名尸体案件中,根据现场的状况和死者的衣着、生理、病理特征,做了如下推断:

(1)发现尸体的现场是原始现场。因为此处不是最佳抛尸地点,现场不远处有水沟、机井,更适合抛尸。

(2)被害人在被害前在现场有自主活动,后来突然被鞋带缠颈,没有任何反抗,表明她遇害前没有防备。

(3)被害人穿着的衣物较新,头发染色,脚指甲涂有红色指甲油,表明她比较讲究穿衣打扮;从衣服、鞋子、皮包的市场价格看,被害人

---

[12] (东汉)郑玄:《周礼注疏》。

应有一定的经济收入。

(4)被害人牙齿积存有烟垢,表明她有较长的吸烟史。20岁左右的女孩如果一直跟随父母居住,长期吸烟的可能性不大,因此可以推断她应该是离开父母独立生活一段时间了。综合吸烟、衣着、指甲等情况,分析被害人可能有娱乐、服务行业工作经历。

……⑬

这些推断是根据前提和结论之间特征的相似性、相关性来进行的。推断1判断"现场是原始现场",是基于这样一个"代表性特征":如果抛尸地点不是最佳的抛尸地点,且附近有更适合的抛尸地点,这个现场是原始现场。而现场符合这一特征,所以判断此尸体所在地点必为原始现场。推断2判断"遇害前没有防备",是基于经验:如果在现场有自主活动,则遇害前没有防备。而死者在现场有自主活动的特征,这一特征符合经验的特征,所以判断死者遇害前没有防备。推断3判断"被害人应有一定经济收入",是发现被害人衣着、头发、指甲油的生活习惯,以及衣服、鞋包的市场价格,与有经济收入应当具备的特征相比较,从而得出被害人有经济收入的结论。推断4判断"被害人可能有娱乐、服务行业工作经历",是发现被害人年龄与牙齿积存有烟垢之间的关系,20岁左右的女孩子只有单独居住才可能吸烟,而被害人具有这样的特征,结合其衣着推断被害人的职业特点……所以,根据这些推断的过程,以及它们隐含的前提,我们不难发现这些推断其实是代表性启发法在侦查中的运用。它们都是对行为、现场、衣着、生理病理特征的"典型性"解释,进而寻找导致这些特征的原因。

不仅侦查讯问和现场勘查在运用代表性启发法,其实侦查中的

---

⑬ 杨玉章:《三定侦查法——犯罪心理画像实证研究》,群众出版社2008年版,第91~93页。

同一认定也在运用代表性启发法。同一认定在本质上也是一个判断与决定的认知过程。同一认定,是确定被寻找的客体与受审查客体是否为同一个客体,或者被寻找客体与受审查客体二者的反映体是否具有同源性。同一认定的基本过程是,"通过对前一时空中出现的客体特征反映体与后一时空中出现的客体特征反映体进行特征比较,从而判断前一特征反映体与后一特征反映体是否为同一客体形成。"⑭进行比较的目的,是发现这两个时空中出现的特征反映体之间特征的异同。如果特征相同,则说明二者所代表客体为同一客体或者二者来自同一客体。证人进行的辨认,是把被辨认的嫌疑人体貌特征与证人记忆中犯罪人的体貌特征进行比较,如果二者相似,那么证人就会判断嫌疑人与记忆中的犯罪人是同一人。对手印(脚印、枪弹、工具)进行同一认定鉴定,是把现场或者物证上遗留的手印(脚印、枪弹痕迹、工具痕迹)与嫌疑手印(脚印、枪弹痕迹、工具痕迹)进行比较,当二者相似特征达到一定数量,那么就会判断现场或物证上的手印(脚印、枪弹痕迹、工具痕迹)与嫌疑手印(脚印、枪弹痕迹、工具痕迹)来源为同一人。可见同一认定的过程,与代表性启发法极为相似,都是通过比较事物之间特征的相似性,以判断二者是否为同一对象或是否来源相同。

可见,无论是古代还是现代,司法官员或侦查人员大脑中都运行着代表性启发法,其使用范围之广泛、使用频率之高,是我们没有意识到的。在生活中,代表性启发法可能带来严重错误,同样在侦查实践中代表性启发法也同样会导致侦查错案。

(二)代表性启发法导致侦查错误

代表性启发法的逻辑推理模式是类比推理,类比推理本质上也

---

⑭ 郝宏奎、杨立云:《同一认定理论地位新探》,载《中国人民公安大学学报》2010年第4期。

的代表性启发法，与对先验概率敏感是相反的。忽视样本规模的代表性启发法恰恰是只注意到先验概率，而忽视了当下所面对的样本规模的大小对实际概率的影响。“人们会认为随机抽取的10位男性的平均身高是6英尺，而这个结果就是由与相应参数（这个参数即是男性人口的平均身高）的相似性得来的。”⑰侦查中的代表性启发法也同样会忽视样本规模，“20岁左右的女孩如果一直跟随父母居住，长期吸烟的可能性不大，因此可以推断她应该是离开父母独立生活一段时间了”。侦查人员虽然注意到了“20岁左右女孩独居吸烟的可能性较大”的先验概率。然而，只有样本数量足够大，才能较为接近“20岁左右女孩独居吸烟的可能性较大”的概率，但是对于被害人来说只有一个样本，因此而判断此被害人独居，当然有较大的错误风险。所以，忽视样本规模的代表性启发法其实是一种“以偏概全”的代表性启发法。

代表性启发法引起效度错觉从而导致侦查错误。无论是侦查人员认为实际犯罪人和犯罪嫌疑人之间关联的先验概率有多高，也无论是认为实际犯罪人和犯罪嫌疑人关联的概率有多么接近先验概率。只要侦查人员发现犯罪嫌疑人和实际犯罪之间的相似特征很多，或者发现现场物证和嫌疑样本之间相似特征很多，那么侦查人员会产生一种高度的确信感。随着相似特征数量由少到多，侦查人员的确信感会越来越强烈。这其实也是归纳法产生的心理效应。但是，心理上是否有较高的确信感与实际的犯罪人是谁，二者之间并没有必然的逻辑联系。即使确信感很强，判断仍可能是错误的。侦查实践中的错案，其实多是侦查人员不自觉地使用代表性启发法带来较高的内心确信感所造成的。

代表性启发法对可预测性不敏感导致侦查错误。利用直觉进行

---

⑰ 同注⑤。

预测,也常常是侦查人员的一种倾向。虽然谨慎的侦查人员知道依赖直觉的预测只能停留在假设层面,但是有很多侦查人员因为多次依赖直觉而做出的决定都被证明是正确的,于是对自己的职业经验颇为自信。许多侦查人员对特定人群的异常行为很敏感,对这些人的犯罪倾向有惊人的直觉,通常借助拦截搜查、审讯、察言观色就可以迅速发现反常情况,甚至有些人认为侦查活动在本质上是要依靠直觉的敏感性。⑱ 然而,直觉所依据的一些基本信息常常不具备可预测性,因为直觉和实际的决定之间可能实际上缺乏关联。如果侦查人员过于信赖自己的直觉,而对其本为侦查假设的实质认知不清,那么就很有可能导致侦查错误。

四、可得性启发法

由于一段时间里经常有陌生的电话打过来给你推销房产,而在某一次很烦恼的时候接到一个陌生电话号码,你可能果断将电话掐断或者接通后直接对电话大喊:“我不需要买房!”然而,不幸的是,这个陌生的电话可能是你的好友打给你的,他换了新手机号码特意打电话通知你。

最近新闻报道流行疯牛病,即使你到正规超市购物,看到牛肉你不由自主地绕道走,因为你不由自主地认为这些牛肉可能感染了疯牛病病毒,然而这些牛肉却可能是安全的。

最近发生的盗窃案中,犯罪手法都是用开锁工具无破坏地进入现场,而当你接手一个新现场时,发现现场门窗也没有被破坏,那么你很可能将其判断为利用开锁工具进入现场,然而这个案件可能是因为事先得到了房主的钥匙而根本无须开锁工具。

---

⑱　各种犯罪文学、推理小说所塑造的推理高手们,吸引读者、观众的既有他们缜密而高超的推理能力,还有他们惊人的直觉天赋。这其实反映了侦查中依赖代表性启发法的现象。

不难发现这些例子具有的共同点:用你最容易想到的原因解释来解决眼前的问题,然而都出现了错误,这就是可得性启发法(availability heuristic)。其中,availability 的字面意思就是“可利用性”“可获得性”。可得性启发法的意思是,通过容易想到的原因、事例来解释某些现象和事件。可得性启发法不在于想到的原因、事例的性质是什么,关键在于这种原因和事例最容易被判断者所想到。可得性启发法本质上产生于记忆提取的顺畅性。人们对自我的评价一般都高于对他人的评价,原因在于:与他人相比,人们对自己的能力、成绩、品行的“闪光点”更容易记住,也更容易发现。

可得性启发法源于联想机制、信息搜寻成本的有限性,注意范围和记忆的有限性,以及归纳法等原因。在联想机制的影响下,人们善于将类似的、相关的,甚至不相关而仅仅是有少许偶然性链接的信息组合在一起,或者由此及彼地引发新的意念、想象。在解决问题或者面对疑问探求原因时,大脑的联想机制就会异常活跃,尤其是在解决新问题或者对新现象探求原因时,联想能力在此时的作用会非常巨大。事实上,很多时候联想缺乏逻辑性,它甚至不是人类理性的表现,但却是创造力的表现。因为其呈现想象、意念的顺畅性、便捷性,而可得性启发法就常常通过联想机制发生作用。然而,联想并不是逻辑推理,而且联想并不讲究证据,所以“天马行空”的联想导致错误的可能性很大。

做判断和决定是建立在信息搜寻机制的基础上的,联想是信息搜寻机制的一部分。信息搜寻需要成本,其中经常支出的成本是时间成本,而时间成本常常是有限的。可得性启发法属于系统 1,系统 1 自主运行,它不会消耗太多的能量和时间。生活中的大多数问题的解决,都不需要消耗太多能量和时间。因此,在时间成本有限的情况下,可得性启发法发挥着更为明显的作用。比如乒乓球的反弹飞行速度很快,要在极短的时间内完成方向、落点、旋转的判断以及如何对对手造形成攻势的决定，其信息搜寻的时间成本极为有限，因此在此过程中只能靠抽取信息便捷的可得性启发法。

我们不可能同时在大脑里呈现不同性质的意念、想象，不同的想象、意念都按照时间序列呈现，此即所谓“意识流”。而且，我们不可能同时从不同的来源抽取信息，此即注意力分配的有限性。在复杂的信息世界中，我们的注意力仿佛一束狭窄的光，它只能照到自己知道的、记得的、熟悉的部分，而对未知的、不记得的、不熟悉的部分，则只能视其为不存在，或者暂时不予搜寻。而正是这种依赖已知的、记得的、熟悉的信息进行的判断和决定，其过程是顺畅的、便捷的，也就正是可得性启发法的用武之地。

归纳法也可促成可得性启发法。虽然可得性启发法启动的时候不会做归纳法，因为归纳法要花费更多时间成本，影响信息提取的顺畅性，但是归纳法会强化记忆，使人们对自己感兴趣的现象更为熟悉，更容易把本来不相关的现象在心理上建立联系，甚至对这些现象之间的联系有高度的确信，这样这些高度确信的联系会被保存在记忆的显著位置。当判断和决定的时候，这种在记忆中处于显著位置的信息就会直接影响人们做出的判断或发出的指令。但是，我们知道归纳法的结果未必正确，而因“贪图”便捷性的可得性启发法对归纳所得的结论更是无暇加以甄别，这样就会导致错误的判断和决定。

五、可得性启发法如何导致侦查错误

在中文世界里，可得性启发法还有一个通俗名字，叫“拍脑袋决策”。决策者之所以拍脑袋，其原因无非有二：其一，过度相信经验、依赖经验，从而未对问题结构差异进行充分研究；其二，时间压力或组织压力较大。可得性启发法是通过形成相关性错觉导致侦查错误的。

（一）依赖经验的可得性启发法导致侦查错误

在侦查人员中，普遍存在着一种观念：认为侦查活动是一个纯粹依赖职业实践的活动,理论和学术研究无法造就高水平的侦查员。关于侦查是一门科学(science)还是一门技艺(art),一直存在着一些争论[19]。这些争论一定程度上反映了这种观念。当然,这种观念也不算完全没有道理,侦查活动不仅仅依赖知识,而且更依赖实践技艺,这也是现实反复证明了的。经验丰富的侦查人员显然比新手完成工作效率更高,多数时候更能够做出准确的判断和决定。

与新手相比,专家用大量有效的策略准确地完成他们的工作[89-91(原文注释,下同)]。专家快速地从记忆中抽取以前的事例并判断与当下情形的相关性,而新手只依赖正式规则和程序[92,93],专家可感觉到——用他们的"直觉(gut)"——问题的答案,并且他们经常是对的。相反,新手不能依赖直觉并且经常是错的[83,94]。[20]

经验丰富的侦查人员,虽然可以依赖所谓"直觉"做决定,并且多数时候是对的,然而他们不知道他们所使用的其实是可得性启发法(兼有代表性启发法,比如把当下情形与以前事例之间的相似性做比较)。和其他启发法一样,可得性启发法当然很有价值。但是过多使用可得性启发法,很多时候会对当下情形和以往事例之间结构性差异的知觉丧失了敏感性。面对问题,大脑中最容易浮现的是与以往相似的解决方案,并且迅速地加以采用。这样的次数多了,必然增加犯错误的机会。毕竟,现实中并没有完全相同的案件。

在 van den Eaden 等人开展的一项研究中,给经验丰富的现场勘查人员和大学生分别展示了在电脑中制作的一个模拟犯罪现场,在这个模拟的犯罪现场中可以虚拟提取物证,研究者要求参与者分别对现场中的痕迹物证进行虚拟提取,并且对案情性质进行分析。实

---

[19] Tong, S., Bryant, R. P. and Horvath, M. A. H., *Understanding Criminal Investigation*, Chichester: Wiley - Blackwell, 2009, pp. 7-9.

[20] Edmond, G., et al., "Thinking forensic: Cognitive science for forensic practitioners", *Science and Justice* 57, 2009, pp. 144-154.

验结果让人感到很意外：大学生找到的与犯罪相关的痕迹物证却比现场勘查人员提取到的更多。[21] 这一实验表明，作为新手的学生之所以能够找到更多的痕迹物证，是因为新手更容易根据正式的规则和程序进行判断，而专家因为过多依赖经验，则更多地从个人记忆和习惯中提取做决定的信息，对现场实际状况并不敏感；而学生作为新手，由于未在大脑中建立条件反射式的判断和决定机制，对痕迹物证的判断虽然较慢，却因为调动了系统2的作用，所以反而更准确地找到了与犯罪相关的痕迹。

（二）因为压力的可得性启发法导致侦查错误

侦查中可得性启发法的存在，跟时间压力有很大关系。案件侦查的过程中，侦查人员经常面临时间紧迫的情势。在极短的时间里，侦查人员要实现多目标决定：保护现场、搜寻并提物证、询问证人和/或被害人、迅速判断案情。因时间极为紧迫并且要实现多目标决策，必然激活可得性启发法。虽然，可得性启发法存在着很大的致错风险，但是在时间紧急的情况下，侦查人员根本无暇细想，只能根据大脑里最先浮现出的类型问题解决方案进行决定。

除了时间压力，侦查机关常常有较大的组织压力。现实世界中的侦查员，基本上没有叼着烟斗、跷着二郎腿、在安乐椅上摇晃着思考案情的悠闲，几乎每一个大中型城市警察机关的侦查员都是满负荷甚至是超负荷工作。他们手边可能堆积了许多未破的案件，上司、当事人、媒体和公众都在密切关注案件的进展，还有定期的各种业绩考评……使他们几乎在案件侦查的第一线疲于奔命。这种压力的驱

---

[21] van den Eaden, C. A. J., de Poot, C. J. and van Koppen, P. J., "The forensic confirmation bias: a comparison between experts and novices", *J Forensic Sci* 64(1), 2018, pp. 120 - 126.

使，将引发侦查人员强烈的认知闭合需求（Need for Closure，NFC）[22]。"认知闭合需求对人类认知造成的后果是实质性的。当认知闭合需求被引发之后，如果遇到问题解决方案不明，人们的思维就可能'冻结'，不愿意考虑其他的替代性方案。此外人们会'抓住'立即可获得（readily accessible）的信息作为判断的根据，而不是搜寻更有诊断性的证据。"[23]侦查人员也一样，在时间和组织压力之下，其思维也会"冻结"，促使他们对做决定的信息抽取更加偏好于便捷性和顺畅性。Ask 和 Granhag 对侦查人员认识闭合需求的实验研究证明：由于压力的存在，侦查人员更加倾向于将嫌疑人认定为有罪。[24]

（三）可得性启发法通过相关性错觉导致侦查错误

侦查员的工作，并不是侦探文学所描绘的样子，充满着新奇和冒险。事实上，侦查工作的大部分是枯燥且重复的。并且，由于现代犯罪的复杂性和专业化程度较高，要成为一个全能型的侦查员，事实上是不可能的。所以，侦查机关早已分化为各种专业部门，侦查人员长年累月地与相类似的人物打交道，日复一日地解决相类似的问题。这样，一些现象之间本来没有关联性，但是由于先后相继发生的频率过高，所以侦查人员在无意中将这些本来无关的现象之间"建立"起

---

[22] 所谓"认知闭合需求"，是 Kruglanski 发现的一种心理现象。这种现象表现为：对需要判断的问题，急需一个清晰的意见，而避免模糊性和含混性。这一现象与任务的吸引力、时间压力、环境噪声、精神疲劳有关。根据 Kruglanski 的说法，有强烈认知闭合需求的人，会根据非结论性的证据进行"跳跃式"判断，并表现出思维的僵化、死板，除了自己的想法，别人的意见都不愿意考虑。参见 Kruglanski，A. W.，"A motivated gatekeeper of our minds：need – for – closure effects on interpersonal and group processes"，In R. M. Sorrentino，& E. T. Higgins（Eds.），*Handbook of motivation and cognition：the interpersonal context*（Vol. 3），New York：Guilford Press，1996。

[23] Ask，K. and Granhag，P. A.，"Motivational source of confirmation bias in criminal investigation：the Need for Cognitive Closure"，*J. Investig. Psych. Offender Profil* 2，2005，pp. 43 – 63.

[24] 同上。

了相关性。这就是所谓相关性错觉。

相关性错觉因两个实际并不相关的事件同时发生的频率过高，从而在潜意识中将二者之间建立了关联。“可得性为相关性错觉提供了自然的解释。根据两个事件相互关联的强度，可以判断出它们同时发生的频率。当两个事件关联性强的时候，你可能会认为它们经常同时发生。因此强关联常被判断为经常同时发生。”㉕

事实上，相关性错觉也是经验的产物，因为重复解决类似问题，虽然积累了经验，但是却无意中也强化了相关性错觉。如视频侦查中，犯罪嫌疑人常常戴口罩和风帽等方式来掩盖头面部特征。如果经过若干个案件的强化，侦查人员会把戴口罩和风帽与犯罪活动之间建立相关性，以后的视频分析中就会把注意力迅速投向这样的人。但是戴口罩和风帽也与天气和空气质量有相关性，而仅仅将其与掩盖身份建立相关性，就是相关性错觉。还有微表情与被讯问/询问人内心活动之间，也是很容易建立相关性错觉的。因为微表情与内心活动之间并不是一一对应关系，有些微表情甚至与内心活动之间无关，也就是一些无意义的微表情。但是因为侦查人员日复一日地与不同的人进行交谈，无意中将某些微表情与特定的内心活动之间“建立”了关联。在某个时候，侦查人员在不经意间很便捷地将这种关联作为自己判断的根据。那么，这就很有可能发生判断的错误。

六、锚定效应

在信息不确定且不充分的情况下，在认知闭合需求的驱使下，判断者往往会确定一个初始状态（这个初始状态往往都是首次遇到的信息），在之后的证据收集和判断中，都会以这个初始状态为参照点。这种初始状态就相当于轮船的铁锚（anchor），而由于“锚”的相对固

㉕ 同注⑤。

定作用,后续的决定往往以此为参照。这种现象被称为"锚定效应"(anchoring effect)。

Tversky 和 Kahneman 如是描述锚定效应:

在许多情况下,人们都会通过初始值来确定最后的答案。初始值或起始点,可能是从问题形成之时得到的提示,也可能是稍微计算之后得到的结果。但无论是前者还是后者,其调整都不会太公平。不同的起始点会产生不同的估测,都会偏向于初始值。我们将这个现象称为锚定。㉖

通过一个实验,Tversky 和 Kahneman 证明了锚定效应的存在。他们写出两个排列顺序不同但实际计算结果相同的乘法算式,让两组高中生在 5 秒之内估算其结果。这两个算式分别是:

$$8\times7\times6\times5\times4\times3\times2\times1$$

和

$$1\times2\times3\times4\times5\times6\times7\times8$$

由于计算的起点数值不同,前面的数字大小会影响最后数值估算的结果。实验之初估计降序得到的估计结果会比升序结果大。实验完毕后发现:升序序列估值中值为 512,降序估值中值为 2250。这与预先的假设是一致的。㉗

日常生活中,当我们对连续性事件进行判断的时候,经常使用锚定效应:当我们在一周之内读完一本书后,我们也估计在同样的时间里可以读完相同页数的书,因为在一周之内读的页数给我们提供了锚定;当驾车行驶完 100 千米花了 1 小时之后,在另一个 100 千米以外的朋友给你打来电话,问你什么时候能到达,你肯定会回答"1 小时以后";当与一位陌生人初次见面后,他对你友好的微笑,会使你觉

㉖ 同注⑤。

㉗ 同注⑤。

得这是一个很好相处的人；当孩子第一天去幼儿园时哭闹，会让你认为第二天送孩子去幼儿园会很困难……这些所有的依据锚定来做的判断和决定经常是有效的。

但是锚定效应也会带来系统性错误。其原因在于判断者可能忽视起始状态或初始值与后续状态或后续值之间的差异，即主观认定非连续事件之间具有连续性。然而起始状态或初始值形成的条件，与后续状态或后续值成立的条件可能有异，所以主观上误以为事件之间具有连续性，实际上并非所有事件之间都具有连续性。如一周之内读完一本书，跟书的难易程度、个人健康状况、可支配时间等变量密切相关，所以往后一周未必能够读相同页数的书；虽然已经驾车行驶100千米，但第二个100千米可能有路程并不好走、可能天气发生变化、驾驶者已经很疲劳等变数的存在，所以未必能够在“1小时以后到达”；初次见面时面带微笑的人，未必以后很好相处；孩子第一天哭闹，可能已经很快适应了幼儿园，第二天并不一定会困难……所有这些，说明锚定并不必然保证判断者的判断正确。但是我们也知道，这些错误并不重要，我们也不在意它们是否错误，所以很多时候几乎忘记了错误的可能性和存在。

除了连续性事件判断出现锚定效应，对于事件判断积累证据时，也可能会出现锚定效应。如果我们事先觉得某人对自己不怀好意，那么很可能把这个人的每个举动都解释为对自己不利。你对这个人事先的感觉让你无视相反的证据，而只能看到与自己意见相一致的证据。从这一点来看，锚定效应与确证偏差（confirmation bias）[28]有些类似的地方，二者都是只寻找与自己判断一致的证据。在确定事件证据时，锚定效应是通过确证偏差来起作用的，但是锚定效应本身并不等同于确证偏差。因为锚定效应的显著特征是仅以初始状态为

---

[28] 参见本章“第二节 认知偏差与侦查错案”中的“确证偏差”。

参照点，而确证偏差不一定与初始状态的判断相关，也可能与判断者的各种偏好相关。

七、锚定效应如何导致侦查错误

侦查中的判断和决定，毫无疑问会出现锚定效应。侦查中的锚定效应出现在两种情形中：一是对侦查进程推进的判断和决策；二是对事件要素的判断。

（一）侦查进程决策的锚定效应导致错误

侦查活动的启动几乎只能依赖初始状态。侦查活动事实上几乎只能依据最初发现的案件或者犯罪嫌疑人在现场、目击证人、被害人处遗留的证据、线索展开。也就是说，侦查启动的认知与决策甚至就是以锚定效应为主要方式的。对初始状态的判断，直接决定了后续侦查推进的方向。

如死者为20岁左右女性，牙齿积存有烟垢。这一初始状态如果被侦查人员解读为离开父母独居者，结合其化妆和衣着，判断为服务娱乐服务行业的从业者。在确定死者身份时，侦查人员就只会将死者职业范围划定为娱乐行业，如舞厅、KTV、酒吧等行业。那么，由于侦查资源的有限性以及锚定的聚焦作用，使得侦查人员只会集中力量去娱乐场所进行调查，而别的场所及很可能被自动忽略。但是，其他的可能性也是存在的，死者虽系20岁左右女性，有抽烟习惯、化浓妆、衣着暴露等特征，跟家庭管束的严格程度有关系。如果有些家庭父母感情疏离，懒于管教子女，子女也可能染上抽烟恶习，化妆和衣着也可能与常人有异。但是，她可能并未与父母独居，也实际上并未从事娱乐行业。这种情况下，如果侦查人员受锚定效应的影响而失去对初始状态和数据判断的反思和批判能力，那么就必然将侦查进程引入歧途。

侦查实践中，许多案件的侦查最后都陷入了“僵局”，多数情况下其实都是因为对侦查初始状态的解读错误，但是又因为锚定效应而无法迅速纠正，从而失去了发现犯罪嫌疑人、证据、线索的良机。所以，侦查机关对立案时获得的初始数据和信息的解读要十分谨慎，并且要意识到任何一种判断都是有可能成立的，差异只是主观概率的大小。

(二)对事件要素的判断的锚定效应导致错误

犯罪时间、现场、犯罪人、被害人、证人、事件过程……这些都是犯罪事件的构成要素。这些要素的判断是否准确，对于侦查的过程和结果的影响至关重要。但是，对这些要素的判断，也很容易受到锚定效应的影响。侦查人员在到达犯罪现场或者接受报案之时，根据所获得的初步信息，很容易对事件形成一个初步判断(初步判断多数时候都是根据经验形成的)，而这个初步判断就可能对犯罪事件构成要素的判断产生影响。在命案现场，侦查人员到达现场时，发现现场很干净整齐，没有打斗、翻动痕迹，死者没有开放性创伤，还有一份遗嘱，署的是死者自己的名字。此时侦查人员根据以往的经验，很容易将此事件判断为自杀事件，由于锚定效应的影响，以后就可能很难改变对事件性质的判断。事实上，虽然现场的特征与自杀的典型特征相符合，多数情况下这种判断不会出错，但是它仍然存在着犯罪人伪装现场的可能，所以如果抱定最初的判断不变，很容易导致侦查错误。

当初震动中国司法界的“佘祥林冤案”，从侦查的启动程序来看，也是锚定效应的结果。佘祥林妻张在玉与佘祥林吵架后出走，不久在一水塘发现一具女尸，经张在玉亲属辨认以及尸体检验，发现死者年龄、体貌特征、死亡日期与张在玉一致。佘祥林“理所当然”地成了侦查机关的重点嫌疑人。然而，当张在玉活着归来时，才证明当初的判断是错误的。发生这样的错误,其中显然有锚定启发法的作用。由于死者与张在玉之间存在种种相似点,并且佘祥林与张在玉有过争吵,使得侦查人员很容易将佘祥林判断为杀人凶手,最后将其确定为重点嫌疑人而又未去寻找其他的可能性,并且后续的侦查活动都一直将佘祥林作为实际的犯罪人,并围绕这个判断来收集加以证实的证据。这与锚定效应的将初始状态或初始值作为参考值的特征,是完全一致的。

我们还需要意识到:很多时候,是多种启发法的共同作用导致侦查错误,而并不是仅有某一个启发法在发挥作用。在佘祥林案中,锚定效应就不是单独发挥作用的,实际上有别的启发法和认知偏差的参与,才能有效促成错案。佘祥林案件中,死者与张在玉的相似点导致了代表性启发法;张在玉有精神病并且与佘祥林争吵之后出走,因此侦查人员毫不费力地将"丈夫杀死有精神病的妻子"作为佘祥林的杀人动机的解释,这是可得性启发法在发挥作用;有了这些初始的判断,侦查人员将佘祥林锁定为重点嫌疑人,而没有对事件的其他可能性进行解释,这便是锚定效应;之后便仅仅围绕最初的判断收集证实判断的证据,这又是后面将分析的确证偏差。此外,还应该看到时间压力和组织压力,也是助推锚定效应的两个因素。如果没有较为紧迫的时间压力,侦查人员也许还有可能去思考其他的可能性解释;如果没有来自侦查机关难以更改的各种审批,那么侦查人员也许还可以有加以调整的空间。但是,由于侦查机关缺乏弹性的组织文化,在时间有限的条件下追求快速破案,那么锚定效应导致侦查错误,就是必然的了。

第二节　认知偏差与侦查错案

认知偏差(cognitive bias),又称认知偏误或认知偏见,是主观意识对客观世界的歪曲性解释或建构。我们知道,物理世界里物体无所谓颜色,物体的颜色是反射了不同波长的光,被人的视觉细胞接收之后并经大脑“翻译”(translate)的样子。所以,人们对客观的认识,其实不是所谓如照相机拍摄照片一样的“复制”方式,而是对客观世界的主观建构。而认知偏差,就是对客观世界建构的偏离。“认知偏差是判断偏离规范或理性的系统性模式。”[29]认知偏差经常会歪曲人类知觉,形成不准确的判断、不合逻辑的解释、不真实的事实命题,等等。

400年前,弗朗西斯·培根把人类错误的观念称为假象(idols),假象常常把人类认知引入歧途。他把假象分为四种:部落假象(idola tribus)、洞穴假象(idola specus)、市场假象(idola fori)、剧场假象(idola theatri)。[30] 一直以来,关于人类认知的错误是哲学、心理学等领域讨论的重要话题,但是由于对人类认知现象的研究没有进入真正的科学范式,所以人类认知错误的研究一直没有取得重大进展。但是自 Tversky 和 Kahneman 于 1972 年提出 cognitive bias 的概念以来,它就成了认知心理学、行为经济学、社会心理学的热门话题。而最近 10 年间,因为 Dror、Kukucka、Kassin 等人的工作[31],以及由美国国家科学院对法庭科学导致司法错案的报告[32],引起了人们对认知偏差导致司法鉴定错误的普遍关注,进而也逐渐引起了人们用认知偏差解释侦查错误的学术兴趣。

---

[29] Haselton, M. G., Nettle, D. and Andrews, P. W., “The evolution of cognitive bias”, In *The Handbook of Evolutionary Psychology, D. M. Buss (Ed)*, Hoboken, NJ, US: John Wiley & Sons Inc., 2005, pp. 724 – 746.

[30] [英]培根:《新工具》,许宝骙译,商务印书馆1984年版,第7~9页。

[31] Cooper, G. S. and Meterko, V., “Cognitive bias research in forensic science: A systematic review”, *Forensic Science International* 297, 2019, pp. 35 – 46.

[32] National Research Council, *Strengthening Forensic Science in the United States: a Path Forward*, National Academy of Sciences, 2009, pp. 1 – 315.

其实,认知偏差的概念谱系很复杂。经过不同学科领域的探索,发现认知偏差可以分为三个大类:决定、信念和行为偏差,社会偏差,记忆偏差。可列入认知偏差清单的偏差名称多达上百种。[33] 这一方面证明了 Tversky 和 Kahneman 的研究影响极其深远;[34]另一方面也说明后来者对认知偏差探索的高度热情。

然而,本研究不可能把所有的认知偏差对侦查错误的影响都一一进行研究,事实上,这些复杂的清单中有些名称是有争议的,而且也不是所有的认知偏差都对侦查认知有关联。我们只能择其要目,讨论它们与侦查认知的关系并且分析它们是如何导致侦查错误的。总的来看,与侦查认知及侦查错误关系较为密切的认知偏差包含这些:确证偏差、情景偏差、角色效应、群体迷思。

一、确证偏差与侦查错误

确证偏差实际上是"认知共鸣"现象。人类都喜欢与自己相近的同类。所谓"物以类聚""人以群分",这是一个生存的策略,因为与自己有共同点的人相处,交流与协作的成本都很低。所以,无论是从生存的效度,还是从生活的质量来说,寻找与自己相似的同伴,几乎是每个人默认的行为模式。经过无数代的强化、遗传,这个行为模式就被固定下来,人们对符合自己期望或既有观念的东西,在潜意识中有强烈的偏好。"酒逢知己千杯少"说的就是这种偏好。相反,如果我们遇到的总是与我们意见相左的人,交流和协作成本很高,甚至会有障碍,轻则发生争执,重则甚至以性命相搏,这便是所谓"话不投机半句多"。这种现象在认知领域里集中表现为"确证偏差"(confir-

---

[33] Wikipedia,"List of cognitive biases",Accessed https://en.wikipedia.org/wiki/List_of_cognitive_biases,Apr. 5,2019.

[34] Tversky 和 Kahneman 1974 年发表在《科学》上题为《不确定性下的判断:启发法与偏差》(*Judgment under uncertainty: heuristic and bias*)一文被引用多达 3 万余次,二人因对行为经济学的杰出贡献而获得了 2002 年度诺贝尔经济学奖。

mation bias)。“人们倾向于寻找、知觉、解释、制造新证据,用以证明其既有的信念。”㉟“作为认知的俭约主义者,我们通常并不搜集所有可获得的相关信息;而是相反,我们依赖既存的期望和理论来挑选可能潜在的相关信息样本。”㊱也就是说,人们并不仅仅是通过感觉、知觉材料来形成概念和信念,而概念和信念也会影响感知和知觉,概念和信念还会在感知和知觉中挑选符合自己“胃口”的材料。而如果人们只偏好借助概念和信念去挑选感觉、知觉材料,那么这就是确证偏差。

确证偏差的存在,不仅仅有常识证据,还有实验证据。Brunner 和 Potter 证明了期待是如何干扰视觉识别的。他们给一些参与者展示了一些常见物体的照片,如狗或灭火器等,照片是逐级模糊的,然后逐渐聚焦使其清晰。一开始,这些照片越模糊,能够认出这些物体的参与者越少。Brunner 和 Potter 把这些结果解释为:这些参与者已经形成了模糊图像的假设性判断,而即使是这些照片聚焦清晰之后,他们仍然坚持最初的判断。㊲ Bressan 和 Dal Martello 也给一些参与者展示了一些照片,照片把一些相貌相似的成年人和孩子配对,然后要求参与者对面部特征的相似程度打分,当暗示参与者这些成年人和孩子亲属关系密切(比如父母和子女关系),参与者人给面部相似程度打分偏高,而这两个人可能实际上并没有亲属关系。㊳ 所以,确

㉟ Kassin, S. M., Dror, I. E. and Kukucka, J. "The forensic confirmation bias: Problem perspectives, and proposed solutions.", *Journal of Applied Research in Memory and Cognition* 2, 2013, pp. 42 – 45.

㊱ Howard, J. A. and Renfrow, D. G., "Social Cognition", in J. Delamater (ed), *Handbook of Social Psychology*, Springer, 2006, p. 266.

㊲ Bruner, J. S. and Potter, M. C., "Interference in visual recognition", *Science* 144, 1964, pp. 424 – 425.

㊳ Bressan, P. and Dal Martello, M. F., "Talis pater, talis filius: Perceived resemblance and the belief in genetic relatedness", *Psychological Science* 13, 2002, pp. 213 – 218.

证偏差的确是人类认知的普遍现象,很多时候人们却未意识到它的存在。但是,它有时会带来致命错误,甚至带来灾难性后果。

(一)我们为何喜欢寻找确证

除了前面提到的节省交流和协作成本是确证偏差存在的原因。此外,还有情感的共鸣、追求认知一致性的偏好、压力等原因。

情感会促成寻找确证。当我们喜欢某个人的时候,总会去寻找这个人身上的闪光点,而且自动"屏蔽"他的各种短处和缺点。

> 你在某派对上遇到了一个名叫琼的女士,发现她既漂亮又善谈。现在,她的名字再次出现,并可能是被叫去捐款。你知道琼有多慷慨吗? 正确的答案是:你事实上什么都不知道,因为没有理由可以让你认为善于社交的人在慈善方面会表现得慷慨。但你喜欢琼,当你想到琼的时候,那种喜爱的感觉会再次涌上心头。你自己慷慨,也喜欢慷慨的人。通过联想,你预先倾向于相信琼是慷慨的。现在,你认为琼是慷慨的,你可能会比以前更喜欢她,因为你又增加了一条你喜欢的特点。[39]

当我们喜欢某个观点的时候,总会去寻找它成立的依据。我们经常看到一些人之间因为某个观点的分歧,弄到剑拔弩张的境地,这是因为每个人都在为自己喜欢的想法寻找证据,并且都各自认为自己有充分的证据证明自己的想法是对的。如果个人好恶和个人利益之间有了密切联系,那么确证偏差的效应就更为明显。每一个投资股票的人都希望股票上涨,如果某个人和朋友之间讨论最近的股市行情时,他正好找到了能够"证明"某公司行情即将上涨的些许证据,而他正好又持有这个公司的股票,当论及这个公司的前景时,他会很

---

[39] [美]丹尼尔·卡尼曼:《思考,快与慢》,胡晓姣、李爱民、何梦莹译,中信出版社 2012 年版,第 66 页。

大概率地认为前景很好。因为,这个判断符合他的愿望和利益。但是,实际情况究竟会如何,他可能其实并没有充分的证据。

追求一致性的偏好也会寻找确证。人们天然偏好前后一致,当人们同时发现相互冲突的证据时,一般会选择与既有判断相一致的证据。[40]人脑有着一个复杂的观念系统,保持观念系统的一致是维持生理或心理内环境一致的机制。尽管外部世界千差万别,但是出于保持生理指标的恒定,或者认知、情绪、意志的稳定性,那么保持一致是必要的。所以,"人们喜欢一致性胜过不一致"[41]。在追求一致性动机的驱使下,人们有意回避或者无视与自己观念系统不一致的地方。所以,当出现与自己的观念系统不一致的证据时,要求人们接受这个证据,会带来不愉悦感。因此,为了避免不愉悦感,接受与自己观念系统一致的证据就比较容易。那么,确证偏差就是在追求一致性时产生的。但是,与自己的观念系统是否一致,并不是一个真命题是否成立的条件,也并不是一个判断是否正确的标志,因为,一致感可能是一种错觉。而且,即使是与观念系统一致,那么这个命题也未必是真的,判断也未必是正确的,因为观念系统本身可能是错误的。

压力同样导致偏好确证。无论是时间压力,还是组织压力,都可能会驱使人们去尽力寻找与自己观念系统或者预先判断相一致的证据。如果在时间资源有限的情况,要求人们在面对判断和决定的时候,能够考虑与自己观念系统不一致的证据,是不现实的。因为,这一点在没有时间压力的情况下,人们都很难做到,那么在有时间压力的情况,只会加剧人们的确证偏差效应。组织压力来自群体迷思。

---

[40] Holyoak, K. J., and Simon, D., "Bidirectional reasoning in decision making by constraint satisfaction", *Journal of Experimental Psychology: General* 128, 1999, pp. 3 - 31.

[41] Pasquier, P. et al., "Argument and Persuasion in the Cognitive Coherence Theory", in P. E. Dunne & T. J. M. Bench - Capon(ed), *Computational Models of Argument: Proceeding of COMMA 2006*, Amsterdam: IOS Press, 2006, pp. 223 - 234.

就被认定为张在玉;赵作海案件中的死者最初就被认定为赵振裳;呼格吉勒图案件中,即使在关键证据不充分的情况下,侦查人员一开始就认为呼格吉勒图是凶手……至于后续的侦查,都是紧紧围绕最初的判断来收集证据的。

实际上,有许多证据既能够支持有罪的判断,也可以支持无罪的判断。那么这样的证据在确证偏差的影响下,就很容易将其解释为支持预先判断的证据,这就是偏差性解释。特别是一些比较含糊不清的信息,或者可能导致多种解释可能的信息,在确证偏差的影响下,侦查人员很容易将其解释为与其工作假设(working hypotheses)相一致的证据,而不太可能与替代假设一致(alternative hypotheses)。呼格吉勒图本人就是他所涉案件的报案人,而死者尸体是他在一女厕所发现的[46],这一信息就被侦查人员偏差性的解读为:呼格吉勒图是杀人者,他报案是"贼喊捉贼";但是这一信息也可以解释与相反假设相一致,呼格吉勒图因为呼救进入了女厕所发现死者而报案。所以,这一信息是存在相反解释的,但是侦查人员因为自己预先的判断,使得解释也与最初的判断相一致。

侦查讯问作为证据的收集阶段,讯问人员对嫌疑人的"有罪预感"会影响讯问人员的讯问策略,还可能会导致虚假供述。相当一部分的刑讯逼供现象也与讯问人员对嫌疑人的"有罪预感"有关。Kassin、Goldstein 和 Savitsky 在一个模拟的盗窃案件中安排了 52 名"嫌疑人",相应地安排了 52 名讯问者,并且暗示讯问者使其相信大多数嫌疑人是有罪或者无罪的。抱定嫌疑人有罪预感的讯问者,与有无罪预感的讯问者不同,他们采用了有罪指控的提问方式,使用了

---

[46] 百度百科:"呼格吉勒图案"词条。

更多的讯问技巧,并且给嫌疑人施加了更多的压力。[47] Narchet 等人设计的另一个实验中,分别使作为讯问人员的实验者对被讯问者产生罪感预期、无罪预期和预期确定,实验结果表明:有罪预期在讯问中都会使用最小化策略(minimization tactics),会增加无罪者虚假供述的风险。相反,对于真正有罪的被讯问者,确证偏差却根本没有任何影响。[48]

偏差性解释在有物证的案件中最容易发生。其实,物证鉴定也可以被视为专家对物证特征、属性的解释,如果物证鉴定专家在鉴定之间有了某些倾向性判断,那么在具体实施鉴定时,可能会按照自己的既有倾向性判断来寻找物证特征,并且很可能得出错误的结论。认知心理学证明,预期会改变知觉。正是因为物证鉴定专家受到预期的影响,对物证特征的观察和分析便紧紧围绕预期展开,也就会发生偏差性解释。即使是在指纹这种传统型的物证鉴定中,专家也无法避免确证偏差对物证特征辨识的影响。Dror 等人找了 5 名经验丰富的指纹专家检验很多年前他们检验过的指印,当初这些指印与样本指印之间被判断为特征相符合。在此次实验之前,他们被告知这些指印来自一些重大案件并且发生了错误鉴定,并且暗示他们这些指印是不相符的。由于有了这些引起偏差的信息,4 名专家的鉴定与自己以前的结论不同,都做了否定判断,只有 1 名专家做了肯定判断。[49] 后来,Dror 和 Charlton 在另外一个研究中改变了实验条件,给

㊼ Kassin, S. M., Goldstein, C. C., and Savitsky, K., "Behavioral confirmation in the interrogation room: On the dangers of presuming guilt", *Law and Human Behavior* 27, 2003, pp. 187–203.

㊽ Narchet, F. M., Meissner, C. A. and Russano, M. B., "Modeling the influence of investigator bias on the elicitation of true and false confessions", *Law and Human Behavior* 35, 2011, pp. 452–465.

㊾ Dror, I. E., Charlton, D. and Peron, A., "Contextual information renders experts vulnerable to making erroneous identifications", *Forensic Science International* 156, 2006, pp. 174–178.

不同的指纹专家提供了不同的信息,以引起不同的倾向性预期。其结果仍然证明了前一实验的结论是成立的。[50] Dror 和 Cole 在枪弹痕迹、毛发纤维的显微镜比对、咬痕、鞋印、轮胎印、血迹等物证专家的鉴定行为中,也发现了同样的现象。[51]

偏差性解释不仅仅停留于物证鉴定的层面,还有运用物证鉴定意见对于案情的证明性解释。物证鉴定所形成的意见实际上还需要"二次解释":物证在现场的位置、形成的原因、与事件之间的关联等方面,都要通过侦查人员对物证鉴定意见对案情的证明性解释而定。现场发现犯罪嫌疑人的指印,如果犯罪嫌疑人有条件经常性进出犯罪现场,那么现场有嫌疑人指印,并不能证明嫌疑人与案件有关,但是偏差性解释就有可能无视嫌疑人有条件经常进出犯罪现场所在地。在死者身上发现的嫌疑人衣物纤维,也并不必然证明嫌疑人近身攻击或者侵害了被害人,也可能嫌疑人的衣物与死者衣物发生了偶然性接触,或者嫌疑人与被害人都坐过同一个沙发;但是如果要试图努力证明嫌疑人是凶手,那么对这一证据的解释就会为确证偏差增加一份"贡献"。

除了对物证的解释,对嫌疑人动机的解释,对被害人与犯罪嫌疑人关系的解释,犯罪过程的重建等方面,都可能出现确证偏差。而且确证偏差有一种累积现象,这一现象被 Dror 称为"偏差雪球效应"(bias snowball effect)[52]。也就是最初的预感使得侦查人员选择性搜集证据并且进行偏差性解释,随着证据数量增多和解释的"合理化"

---

[50] Dror, I. E. and Charlton, D. , "Why experts make errors", *Journal of Forensic Identification* 56, 2006, pp. 600 – 616.

[51] Dror, I. E. and Cole, S. A. , "The vision in blind justice: Expert perception, judgment, and visual cognition in forensic pattern recognition", *Psychonomic Bulletin & Review* 17, 2010, pp. 161 – 167.

[52] Dror, I. E. , "Cognitive bias in forensic science", *In The* 2012 *yearbook of science & technology*. New York: McGraw – Hill. , 2012, pp. 43 – 45.

程度增加,又进一步增强了侦查人员第一感觉的“信心”,进而促使侦查人员去选择性搜集更多的支持性证据,并由于全部案情和所有证据由于偏差性解释形成了虚假的一致感,使得全案案情和证据的解释都被“合理化”。

二、情景偏差与侦查错误

情景偏差,英文为 contextual bias, 其中 contextual 为“情景的”“上下文的”之意。环境因素(或刺激物、情势)会影响我们对事件和物体的知觉和解释,这一现象被称为情景效应(context effect)。[53] 也就是说,我们在知觉和解译外部世界信息时,通常会依据对象所处的环境而不是对象本身。

(一)情景效应的普遍性

丹尼尔·卡尼曼在《思考,快与慢》一书中展示了一个有趣的图片。[54] 下图中左边图片和右边图片中间的字符是完全相同的,但是你

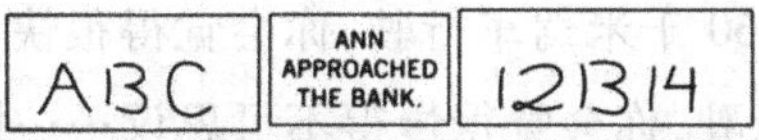

不会把左边的字符认成“A13C”而会认为它是“ABC”,也不会把右边的图片认成“12B14”而会认作“121314”。其原因在于同样的刺激物,我们对它的知觉和解读常常是依赖其所处的情景而不是其自身,同样的字符处于不同伴随符号中,我们对它的认知就不同,而这些伴随符号就是情景信息。中间图片上的文字“ANN APPROCHED THE

---

[53] Edmond, G. ,“Contextual bias and cross - contamination in the forensic sciences: the corrosive implications for investigations, plea bargains, trials and appeals”, *Law, Probability and Risk* 14, 2015, pp. 1 - 25.

[54] [美]丹尼尔·卡尼曼:《思考,快与慢》,胡晓姣、李爱民、何梦莹译,中信出版社 2012 年版,第 64 页。

BANK"是一句话。这句话是什么意思呢?如果 Ann 是一个会计,她需要一些钱,那么这句话可能会被理解为"安走向银行";如果 Ann 正在划船,那么这句话的意思就是"安正在靠近岸边"。所以对这句话的理解,完全取决于这句话所在上下文即环境的意思。这说明,我们要理解这句话,必须依靠所这句话所在的情景,而不是这句话本身。丹尼尔·卡尼曼用这个图片的主要目的是证明系统 1 会快速做出一个认知的决定,但是这个例子实际上是情景性认知的极佳实例。

情景效应是一个很普遍的认知现象。当你穿着一件新衣服在路上走,一个陌生人盯着你看并且笑,接着不久你遇到一个朋友也盯着你看并且笑。同样是笑,你从中解读出的含义肯定有差异:陌生人的笑是他认为你穿着滑稽,是嘲笑;朋友的笑是善意的,可能是他/她很欣赏你的新衣服。如果把自己的手在低温环境放一会儿,然后把手放在一盆常温的水里,你会觉得水很温暖;但是,如果把手放在火上烤一烤,然后再放进同样温度的一盆水里,你会觉得水是凉的。在城市道路上以时速 60 千米驾车行驶,你会觉得很快;但是在高速公路上时速 60 千米行驶,你会觉得慢得不可思议……同样是微笑,你对陌生人表情含义的解读却与朋友不同,原因是笑来自不同的人;温度相同的一盆水,不同的条件下冷暖的感受不同,原因在于其前置的环境条件不同;同样都是 60 千米,放在不同的情景下,你的主观感受会有明显差异。所有这些情景效应,都在我们日常生活中发挥作用,其普遍性可见一斑。

(二)情景效应导致的错误知觉和判断

情景效应虽然普遍,但是它会带来认知的偏差。因为,情景信息并不是事件信息或者物体信息本身。虽然对客观世界的程度性感知很多时候都是主观的,与事件或者物体的属性关系并不密切,如对水的冷热判断就是一个程度性感知，是主观的，与水的实际温度没有直接的关系。但是如果我们通过程度性感知来还原事件或者物体的客观属性，如通过手的感觉来判断水的实际温度，那是极有可能出现错误的。因为，我们是通过前置情景条件来判断的，而不是通过事物固有属性判断的。

通过上下文来理解句意，通过情景信息来实现对目标物的知觉和判断，是符合认知的一般习惯的。但是通过上下文对句意的理解，也可能有多种理解；通过情景信息对目标物的知觉和判断，也可能有多种结果，或者情景信息实际上与目标物没有关系，那么通过情景信息的知觉和判断就必然出错。并且，通过对情景信息的操弄，事实上可以影响人的认知。一款陌生品牌的产品，我们在短时间内无法知道它的质量好坏，但是通常我们借助其外观、其他同类产品的价格与这款产品价格的差异（情景信息）来了解其质量。狡猾的商家，会故意把包装弄得很引人注目，突出自己的产品和其他产品的价格优势，以吸引消费者购买，但是它很有可能是劣质商品。对陌生行业的专家，短时间内我们不知道他们水平的高低，人们往往通过他们的学术头衔或职业头衔（情景信息）来了解其实际水平。所以，一些江湖骗子会编造许多炫目的头衔，误导他人以为他们是真正的专家。几乎所有成功的骗术，都无一例外利用了情景效应，有意无意地向人们"泄露"一些情景信息，使他人产生错误的判断。

（三）情景偏差与侦查错误

不幸的是，侦查中的认知和判断，几乎是从情景信息展开的。因为除了极少数情形，通过直接、完整、清晰的视频所记录的犯罪活动全过程和犯罪人的体貌特征的案件，绝大多数犯罪事件因成为过去而不可直接目睹，绝大多数犯罪嫌疑人也暂时不知为谁、去向不明。侦查人员对事件和犯罪嫌疑人无法直接面对面形成知觉，只能通过

定意见。而实际情况可能是,其他所谓的“证据”并不是关键性证据,其真实性并不能得到保证,甚至侦查人员对其他证据的“信心”还在等待物证专家的鉴定意见来巩固。这样,整个案件证据体系陷入了“循环解释”,其结果很可能就是错误的。

对于以上理论分析,同样有实验证据予以支持。Charman 等人针对 Dror 等人对认知偏差的研究仅仅局限于物证鉴定人员和大学生之间的对照,这样的研究对于侦查过程中的认知偏差来说缺乏生态有效性。鉴于此,Charman 等人设计了一个与 Dror 等人不同的实验:他们邀请了 89 名美国执法官员而非鉴定专家,还邀请了 227 名大学生,在实验中这些参与者看了一个案情简介以及一名被捕嫌疑人的照片。为了让参与者对案情和嫌疑人产生预判,给实验参与者看了两份证据——DNA 证据和证人证言。DNA 证据和证人证言被分为三种类型:证明有罪的(incriminating)、中性的(neutral)、证明无罪的(exonerating)。之后,又分别给参与者看了四份待定的证据材料:嫌疑人不在场证明(alibi)、嫌疑人头面部画像、笔迹、线人的报告。这些证据材料都较为模糊,对案情的证明强度不够高。于是分别要求参与者判断:不在场证明的证明力大小,头面部画像与嫌疑人照片的相似性、笔迹检材与样本的相似性、线人线报的可靠性,嫌疑人是否有罪。实验结果显示:(1)DNA 证据对参与者产生的情景效应比证人证言强,在对嫌疑人是否有罪的初步判断时,DNA 证据条件下的判断确信度比证人证言高;(2)中性证据对是否有罪影响最小,无罪证据次之,有罪证据最强;(3)在有罪 DNA 和证人证言的条件下,不在场证明的强度显著增高,头面部画像与嫌疑人照片的相似性判断显著增高,笔迹的相似性判断显著增高;线报的可信度增强;(4)在无罪 DNA 和证人证言条件下,出现了与(3)相反的情况;(5)证据判断结束以后,再次对嫌疑人是否有罪做判断时,其信心水平比初步判断时显著增加,且在有罪 DNA 和证人证言的条件下,其信心水平最高；(6)这些现象在执法官员身上比在普通大学生身上显著。[57]

对 Charman 等人的实验结果的分析，我们可以发现：基于人们对 DNA 证据高度科学性假定，DNA 证据的情景效应比证人证言强；既有的证据会影响对后来证据的判断，这一现象无论是专业侦查人员还是没有经验的普通人，都是存在的；有经验的侦查员虽然在工作技能和经验方面比新手强，但是更容易受到情景信息的诱导，并且经验丰富的侦查人员实际上拥有更多的情景信息，所以情景效应比新手更强；有罪的情景效应对证据和案件性质的影响，要远比无罪的情景效应对证据和案件的影响高。这一实验也揭示了确证效应偏差效应的存在，因为执法官员越认为嫌疑人有罪，就越会把后面的证据解释为对嫌疑人构成指控的证据。这也说明，情景偏差是通过确证偏差来实现的。

所以，无论是从侦查实践的直观体验和理论分析，还是从侦查证据分析的仿真性试验研究，都一致证明了侦查中存在情景效应，也证明了情景效应会对侦查的证据分析带来偏差，进而导致侦查错误。

三、角色效应与侦查错误

角色理论(role theory)是一个社会学或社会心理学概念。角色理论的确立是基于这样的事实：人类按照不同的行为方式行事并且可以预测，是取决于各自的社会身份和社会情境。角色理论基于生活的“剧场隐喻”。[58] 由于社会的复杂性和社会分工的细化，作为系统的社会为每个成员“指定”了一个位置，在这个位置社会每个人都

[57] Charman, S. D., Kavet, M. and Muellet, D. H., “Cognitive Bias in the Legal System: Police Officers Evaluate Ambiguous Evidence in a Belief - Consistent Manner”, *Journal of Applied Research in Memory and Cognition* 6, 2017, pp. 193 - 202.

[58] Biddle, B. J., “Recent Developement in Role Theory”, *Ann. Rev. Sociol.* 12, 1986, pp. 67 - 92.

有期待,每个人要满足这个期待,就必须扮演好他的角色。而这种期待,会型塑或改变人们的认知结构,影响认知行为。

(一)角色与认知

尽管角色理论已经有一百多年历史,角色理论产生了诸多派别,如功能主义、结构主义、符号互动理论等。但是角色理论与社会认知的研究,还是非常晚近的事情。关注角色与认知,被认为是社会心理学的"认知转向"。[59] 一直以来,对于角色如何影响认知,并没有太多的经验证据,也没有展开充分的实证研究。Markus 和同事提出了理解自我的认知路径:自我的形成,在认知结构方面得自过往的经验,而经验代表了在特定领域对自我的抽象,探讨了自我图式和信息处理之间的关系。[60] Stryler 进行了角色、身份与认知图式的经验研究。[61] Collier 和 Callero 基于三个假设,对俄勒冈州波特兰市某中学的高中生,在如何成为垃圾回收者的身份认同上进行了干预性研究。他们预定了三条假设:(1)必须知道并理解成为一个垃圾回收者意味着什么(角色图式);(2)垃圾回收者被用作一个定义自我的资源(自我图式);(3)作为角色定义自我的结果,角色意义和自我意义之间产生了对应关系(角色—我对应关系)。[62] 这三条假设,实际上代表了个体社会认知结构形成的基本步骤。

在社会中的个体,其认知并不是单纯的信息输入—输出的自然

---

[59] Collier, P. J. and, Callero, P., "Role Theory And Social Cognition: Learning To Think Like a Recycler", *Self and Identity* 4, 2005, pp. 45 - 58.

[60] Markus, H. "Self - schemata and processing information about the self", *Journal of Personality and Social Psychology* 35, 1977, pp. 63 - 78.

[61] Stryker, S. "Identity competition: Key to differential social movement participation?" In T. Owens & S. Stryker (ed.), *Self, identity, and social movements. Social movements, protest, and contention*. Minneapolis, MN: University of Minnesota Press, 2001, pp. 21 - 40.

[62] 同注[59]。

主义过程,而是在社会角色图式的型塑下的认知。作为个体的认知,之所以有社会差异,其原因在于角色图式和自我图式之间的融合。从而产生了完全不同于自然主义的信息处理模式。在相同的社会实体的认知上,有基于性别角色差异和职业角色差异而形成的不同。比如,描述男性的认知图式关键词:逻辑、科学、力量、推理、刚性、规则、主动、权力……描述女性的认知图示关键词:艺术、语言、感性、弹性、被动、平等……事实上,这些关键词所描述的男性与女性的认知差异并不是天生的,而是社会角色所型塑的。基于职业的角色差异所表现的认知差异也较为显著,比如一辆汽车,一名服装设计师和一名汽车修理工对它的知觉是不同的:服装设计师知觉的是汽车的颜色、形状及其常见用途,汽车修理工知觉的是汽车的结构及结构组成部分之间的作用关系;医生和画家在看待人体结构时,其知觉也是不同的:医生看待人体结构着眼于结构与功能,画家看待人体结构是着眼于结构与美感。至于文化所赋予的角色,对相同对象的知觉,更是有显著的差异。美国陌生人彼此之间会微笑打招呼;而中国人则只在熟人之间微笑打招呼,对于陌生人之间的微笑和招呼会感到很意外,并且可能因被打扰而抱有警惕。

(二)认知角色效应与侦查错误

我们知道,组织规范赋予角色以期待,认知图式为角色所型塑,同时也为期待所控制。这一原理同样适用于侦查人员。国家、社会、侦查机关对侦查人员的角色期待是什么?当然是打击犯罪,运用法律所赋予的侦查权和由科技所装备的侦查技术来发现一切犯罪行为,证明一切犯罪事件。所以,侦查人员的价值体系决定了他们会竭尽所能,利用一切合法手段来发现和证明犯罪事件。并且,处于现代刑事诉讼的对抗体系中,侦查人员的角色定位只能属于犯罪检控方。

基于定位属于检控方的角色,在侦查活动中,侦查人员倾向于对犯罪嫌疑人进行有罪假定,这并不奇怪。侦查人员如果不竭力发现和证明犯罪,那么侦查的社会功能就会丧失,他们的行为将与社会期待严重不符合;这样,他们将面临巨大的社会压力。同时,由于处于现代刑事诉讼的对抗体系中,他们只会维护己方的价值立场,不会积极主动寻找和提供对挑战方有利的证据和信息。那么,在认知和判断时,他们将聚焦于对犯罪嫌疑人不利的证据收集、解释。并且,侦查人员所在的警察部门本来就面临着普遍的职业压力,对侦查部门的考核,其重要指标就是破案率。在追求破案率为目标的的压力环境下,侦查人员收集有罪证据或将模糊证据进行有罪解释的倾向会被明显放大。“对效率的强烈规范性强调,很可能将社会工作环境变成促动效率目标的长期来源,而其代价是(牺牲)耗费时间的精确目标。”[63]

前面提到的 Charman 等人的实验中,和普通大学生相比,执法官员很容易受到有罪指控证据的影响。也就是在解释模糊证据的时候,和无罪指控或中性的前置证据的影响相比,有罪指控的前置证据影响更为显著。这也说明了侦查人员在搜集和解释证据时的有罪指控倾向。

Thompson 和 Schumann 在一篇重要文章中提出“检察官谬误”(the Prosecutor's Fallacy)概念。[64] 作为属于犯罪检控方的侦查人员,在解释证据时,也同样可能在推理中出现检察官谬误。虽然检察官

---

[63] Ask K., Granhag P. A. and Rebelius A., “Investigators Under Influence: How Social Norms Activated Goal - Directed Processing of Criminal Evidence”, *App. Cognit. Pschol.* 25,2011,pp. 548 - 553.

[64] 所谓检察官谬误,是在先验概率向后验概率跳跃的推理谬误,比如“由于每个有特征 a 的人犯罪且在某人群中占 0.1%,如果某甲具有特征 a,那么某甲有罪的概率为 99.9%”。是因为有特征 a 的人犯罪先验概率为 0.1%,但是先验概率并不能决定某甲实施具体犯罪的概率,正如某地某一时间降雨的一般概率(先验概率)不会决定某一天降雨的实际概率。参见 Thompson W. C. and Schumann, E. L., “Interpretation of Statistical Evidence in Criminal Trials: The Prosecutor's Fallacy and the Defense Attorney's Fallacy”, *Law and Human Behavior*, 11,1987,pp. 167 - 187。

谬误主要是条件概率推理的谬误，是错误理解先验概率和后验概率之区别而导致的谬误，而并非侦查人员角色导致知觉的错误。但是这一谬误往往是在作为检控方角色才会产生的，因为侦查人员或检察官的角色总是有一些有罪指控的倾向，那么在这一倾向的影响下，会促成检察官谬误在不知不觉中潜入侦查人员的判断推理中，从而导致错误。事实上，在著名的 Sally Clark 案件中，由于儿科专家 Roy Meadow 的推理存在“检察官谬误”的错误推理，使得 Sally Clark 差点被定罪。Roy Meadow 的推理是“由于连续出现两起婴儿猝死的概率为 1/7300 万，在这么低的概率情况下，居然出现在 Sally Clark 家中，那么 Sally Clark 肯定杀死了自己的孩子”。由于这一推理的逻辑谬误没有被发现，类似的错误案件在 Sally Clark 案之前已经出现了不少。只是后来英国皇家统计学会发现了检察官谬误，并指出了 Roy Meadow 的推理谬误，类似案件才得以纠正。这也说明，在侦查人员未认识到先验概率并不直接决定后验概率的条件下，在侦查人员作为追诉方的有罪指控倾向的影响之下，这一推理谬误的效用会进一步放大。

侦查机关作为国家利益的维护者，要求在侦查行动中维护正义而保持中立的角色和地位，从而达到减少侦查错误的目的，其实是非常难的。因为这二者并不完全相容，如果要求侦查机关在侦查中处于超然中立的角色地位，那就意味着侦查机关必须对自己所收集的证据自行审查，自动排除违法证据，并且以完全中立的立场解释证据。也许侦查机关有这样的想法，但是事实上侦查机关很难做到。在实际案件中，如果侦查机关能够对自己的案件证据“开刀”，那么许多刑案在未进入法院审判之前就会因不具备起诉条件而撤案。这与社会、被害人、上级机关的期许是完全冲突的，那么侦查机关只能在多数情况下坚守自己作为国家利益维护者的角色地位。正如拉德布鲁赫所说：“行政是国家利益的代表，司法则是权利的庇护者。同一官署忽而忙于维护国家利益,忽而又将国家利益弃置一边,忙于维护正义,显然不协调。”[65]所以,试图仅仅依靠侦查机关内部的自我约束机制来减少侦查错误,是远远不够的。

四、群体迷思与侦查错误

俗语云“三个臭皮匠,顶个诸葛亮”,意思是人数多可以弥补个体思维能力的不足。但是,并非所有情况下多人思考就一定能胜过个体思考,当多人思考失去辨别与批判能力时,同样面临巨大的错误风险。群体失去辨别、批判能力时,即容易陷入所谓群体迷思,又称群体思维,《韦氏英语词典》(*Merriam - Webster' s Dictionary*)对群体迷思的解释:一种思维模式,其特征是自我欺骗、强行制造同意、服从群体价值和伦理(a pattern of thought characterized by self - deception, forced manufacture of consent, and conformity to group values and ethics)。群体迷思与角色效应之间有一定联系,由于群体迷思的存在,迫使个体放弃了独立自主思考能力,抑制了个体创造力,使得角色效应走向了极端。但是,群体迷思与角色效应并不完全等同,个体在任何群体里都有角色效应,但并非任何群体都会陷入群体迷思。

(一)群体迷思的症状及其所致的认知偏差

Groupthink 是 Irving Janis 在研究“猪湾登陆”、古巴导弹危机、越战升级的政策决策中自创的词汇,用以描述美国政府和社会认知与决策失调的各种症状。[66] 自那以后,群体迷思在社会心理学、社会学、决策理论、管理学等文献中都纷纷加以关注并引用。根据 Janis 的研

---

[65] [德]古斯塔夫·拉德布鲁赫:《法学导论》,米健、朱林译,中国大百科全书出版社 1997 年版,第 101 页。

[66] Janis, I. L., *Victims of Groupthink: Psychological Studies of Policy Decisions and Fiascoes*, Boston, MA: Houghton Mifflin Company, 1972, pp. 10 - 12.

究,群体迷思的症状有八种:(1)安全幻觉;(2)集体辩护;(3)对一体遵循的道德信仰;(4)对外部群体的刻板印象;(5)对异议者的直接压力;(6)自我审查;(7)对一致性的幻觉;(8)不自主的心理防卫。[67]虽然在此之后许多文献对 Janis 的观点多有发展,有的也提出一些批评。但是我们依然认为,Janis 对群体迷思症状的描述是后来研究者的基本框架,基本没有超出他的思想范围。

群体迷思症状的心理动因可以进一步归纳。实际上,无论是哪种症状,群体迷思背后的心理动因无非有二:身份同质化需求和信息同质化需求。所谓身份同质化需求,是要求群体成员归属感与认同感的一致,要求每个成员都是"自己人"。虽然"自己人"的标准其实是多样的、多变的:有的以经济地位为标准,有的以文化认同为标准,有的以血缘为标准……但是身份同质化需求的背景下,身份认定标准只能是一个,而且这个标准也必然是群体的控制者所持有,并且执行严格的审查制度。所谓信息同质化需求,是群体内部与外部处理和交换的信息需符合群体的预定判断和目标,并且无视与既有信息性质不一致的新信息,这一需求的行为特征外化,被称为"选择性失明"(willful blindness)。身份同质化需求常常是信息同质化需求的前置条件,即信息同质化并不是凭空产生的,而是以维护身份同质化需为目的产生的。也就是说,在群体迷思中,身份同质化需求导致信息同质化需求。而信息同质化需求也反过来会强化身份同质化需求。身份同质化需求,常常是在外部压力的情况下产生的。出于安全的考虑,群体内部有极强的审查控制机制:一方面防止外来不同身份者进入群体,另一方面防止内部成员对身份标准的质疑。

身份同质化需求和信息同质化需求都可能导致认知偏差。身份同质化需求,其实本质上是强化了认知主体的群体角色,使得群体成

---

[67] 同上。

端依赖自己主观上认为"可靠的"证据;找到犯罪嫌疑人后,侦查人员很难接受犯罪嫌疑人无罪的证据;极端情况下会出现侦查人员隐瞒、毁弃对犯罪嫌疑人有利的证据……由于群体迷思对信息同质化的需求,在案件侦查初期,侦查人员也许还能提供一些与领导者预期不一致的信息,但是随着案件侦查的推进,侦查的方向和路径已经被"锚定",那么一线侦查人员的异议将不会被接受,侦查人员因此自动在潜意识中进行自我审查,所以也就不会提供相反的建议。由于侦查机关面临的社会压力和上级的压力,特别是在面对社会影响较大的重大刑案时,侦查机关的领导者明知并非所有的案件都能得到破获,但是迫于压力只能勉为其难,在稍有线索的情况下,可能急切地向前推进,导致在后续侦查中很难接受与预期不一致的情势。找到犯罪嫌疑人,并不等于案件侦查已经成功,但是由于侦查进程的惯性,基本上意味着侦查的推进方向很难更改和逆转,特别是在公众关注和媒体密集报道的情况下,侦查人员的举动已在聚光灯下被社会所注视;在这样的情况下,侦查人员在讯问和面对证据解释时,很难接受犯罪嫌疑人的自我辩解,很难接受相反的证据解释。在严格的错案责任追究和救济制度下,侦查人员无法承受强大的社会舆论压力和制度压力,为了迎合舆论的偏好,极端情况下他们不但潜意识中无视相反证据,还可能有意识地隐瞒甚至毁弃相反的证据。

Ask、Rebelius 和 Granhag 对侦查中的确证偏差现象提出的"非对称怀疑假设"(asymmetrical skepticism hypothesis),其实也可以作为以上症状认知机制的模型化总结。非对称怀疑假设即"如果所提供的证据与案情的焦点假设不一致的话,那么一般会使得证据的展示和证据类型的可靠性评价较低"[69]。对这一假设的解释可以分为两

---

[69] Ask, K., Rebelius, A. and Granhag, A., "The 'Elasticity' of Criminal Evidence: A Moderator of Investigator Bias", *Appl. Cognit. Psychol* 22, 2008, pp. 1245 - 1259.

个方面:“假设的第一部分认为证据与参与者的既有疑问不一致时,这些证据就会被更加挑剔地检验,因此这种证据被认为不如确证证据可靠;假设的第二部分意味着这一效应不会局限于正在审查的特定证据,相反,证据审查者会根据证据一般可靠性的估计,作为他们对特定判断可靠性审查的依据。例如,对证人辨认可靠性的一般评价较低,也伴随着对特定证人辨认可靠性评价较低。”[70]其实,非对称怀疑不仅仅适用于解释对证据的评价,更适用于在群体迷思的影响下的组织管理中对人员的评价。侦查机关的领导者在压力的驱使下,可能认为与自己的期望一致的下属侦查人员可靠,而对与自己期望不一致的下属侦查人员不可靠;因此,对自己所偏爱的侦查人员比较容易听取建议,而对自己不甚喜欢的侦查人员则不容易听取意见,甚至还多有怀疑。由于这样的态度,随着时间的推移,领导者对所有下属的信任度差异越来越显著,反过来其非对称怀疑的现象也就越来越显著。

所有这些现象,都是组织认知失调的表现,组织在这样的运作状态下进行认知和决策,很可能遭遇重大失败。由于群体迷思,侦查机关丧失了对案情、证据进行客观评价的能力,对案件侦查方向和途径的选择,对犯罪嫌疑人与案件关联性的审查,都可能缺少客观性和可靠性。侦查机关的内部监督机制在此时会失灵,由于法律和管理体制的弹性较弱,对于重大决定的纠正空间有限,这样就很容易在错误的方向和错误的路径上推进侦查而得不到扭转。并且,由于前期侦查中已经产生了各种成本,这种成本因为不可回收而被称为“沉没成本”,而侦查人员所付出的时间和精力也是不可收回的,因此侦查人员当然更加迫切希望在后续的侦查中有所收益。在这样的心态和外部压力的影响下,更加容易促成侦查机关的群体迷思,所有与这种迫

[70] 同上。

切希望有所收益相违背的主张,都可能得不到支持,甚至会遭遇激烈反对。这样,整个部门都可能丧失进行理性决策的能力,即使犯了错误也无人能够纠正,无人敢于纠正。也许只有极少数侦查人员仍然保持着清醒,有些侦查人员甚至会暗中保留证据。所以,偶见一些错案在复查时可能遇到当初的侦查人员经历了各种压力、危险和曲折保留着一部分重要证据。但是,在多数情况下,群体迷思的力量是强大的,个体很难抗拒它的影响,相对于侦查人员个体的认知缺陷所带来的错误风险,群体迷思才是侦查机关应当重点予以思考和防范的认知偏差。

第四章　认知与侦查错案的经验研究

在本章之前，我们对认知与侦查错案的研究大多停留在理论分析的层面。即使是在第三章讨论“启发法、认知偏差与侦查错案”时，引用了大量经验研究的结论作为论据，但是整体上依然是理论的分析，依然未做经验性的验证。虽然理论分析也是必不可少的组成部分，但是如果没有对侦查错案发生的实际情况进行调查，特别是没有对我国的侦查部门的实际情况进行探查，则很难明了认知与侦查错案在实践中的真实样态。即使在理论分析时本研究也引用了一些案例，但是案例的研究并不能替代对实践状态的经验综合。所以，如果没有对侦查错案发生的实际状况进行调查，对它的实际状况的描述是不可能准确的，对减少和预防错案的相关建议也就失去了针对性。本章是在理论分析和个案引证研究的背景下，采用问卷调查、样本筛选、变量交叉分析和回归分析的方法，对侦查错案的原因进行的研究，故称为“经验研究”。

由于侦查错案是高度敏感的侦查实务问题，一般无法进行常规的、面对面的、以访谈为主要内容的经验研究，而只能让参与者在自感无风险的条件下进行。所以，本研究以社交媒体为主要渠道，以网络问卷调查为主要形式，让参与者在几乎没有风险感的情况下，相对自由地就调查问卷的相关问题作答。由于问题的社会敏感性较强，问卷题目设计为“刑事司法实践相关问题调查”，问卷主要是与警务工作相关的人员在各自工作或专业微信群中发布并作答。本研究在描述问卷结构、答卷概况的基础上分析数据，并得出相关推论。

第一节 问卷结构、答题概况及样本背景分析

本问卷由40个问题组成,根据对认知影响的直接程度,问题可分为三类:背景信息问题(如性别、年龄、所在省份等)、认知强关联问题(如参与者的知识结构、推理方式、认知习惯等)、认知弱关联问题(如错案追究制度、焦虑情绪、健康状况等)。其中背景信息问题并非与认知无关,而是在认知强关联和弱关联中都可能成为变量,如"你从事侦查工作多少年"可以是"系统学习过心理学""系统学习逻辑学知识"的变量。同时,"您从事侦查工作多少年"也可能是"您侦查工作中是否遇到过失败"的变量。并且,背景信息还可以作为样本筛选的条件。当然,答卷问题安排并不严格按照下述问题类别顺序进行,而是根据研究者认为比较重要的变量加以筛选和交叉分析(特别是认知强关联和认知弱关联问题之间)。

本次研究回收答卷385份,对一个全国性的调查来说,此样本规模有些偏小。但是由于样本主要来自警务工作这一行业内,因此样本来源属性相对比较单一,所以此样本规模其实可以反映一些基本事实。并且,在答卷的动态监测过程中,随着样本数量的增加,变量的基本趋势及变量间关联特征保持不变,说明此调查对实际情况的反映是准确的。

一、问卷结构及答题概况[①]

(一)背景信息问题及答题概况

1. 您的性别?

○男(310,80.52)　　○女(75,19.48)

---

① 括号内逗号左侧为样本频数,右侧为占总样本百分比,百分号省略。

2. 您的年龄段？

○18～25(52,13.51)

○26～30(115,29.87)

○31～40(166,43.12)

○41～50(44,11.43)

○51～60(8,2.08)

3. 您所在省份？

○河南(61,15.84) ○北京(48,12.47) ○陕西(44,11.43)

○山东(42,10.91) ○广东(39,10.43) ○上海(20,5.19)

○湖北(18,4.68) ○江苏(18,4.68) ○山西(11,2.86)

○重庆(8,2.08) ○四川(7,1.82) ○西藏(7,1.82)

○广西(6,1.56) ○河北(6,1.56) ○辽宁(6,1.56)

○福建(5,1.3) ○其他省份(38,9.88)

4. 您是否从事过警务工作？②

○是(341,100)

○否(44,11.43)

5. 您从事警务工作多少年？

○5 年以下(160,41.56)

○5～10 年(106,27.53)

○10～15 年(53,13.77)

○15～20 年(39,10.13)

○20 年以上(27,7.01)

6. 您是否从事过侦查工作？

---

② 问题 4 和问题 5 是答卷可信度测试问题。不难发现，问题 4 和问题 5 有互斥性，如果问题 4 回答“否”，则问题 5 无解。但调查结果中，问题 4 选否的占 11.43%，而问题 5 答题总人数仍然为 385，此结果在预期之中，能够大致反映答题人的认真程度。问题 6 和问题 7 也有此目的。

○是(277,71.95)

○否(108,28.05)

7. 您从事侦查工作多少年?

○5 年以下(264,68.5)

○5~10 年(67,17.4)

○10~15 年(23,5.97)

○15 年以上(31,8.05)

(二)认知强关联问题

1. 您是否系统学习过逻辑学知识?

○是(239,62.08)

○否(146,37.92)

2. 您是否系统学习过心理学知识?

○是(199,51.69)

○否(186,48.31)

3. 您是否了解物证技术学或者法庭科学?

○是(224,18.18)

○否(161,41.82)

4. 您是否参加经常性的业务培训?

○是(153,39.74)

○否(232,60.26)

5. 您是否参加过现场勘查?

○是(235,61.04)

○否(150,38.96)

6. 对于刑事案件,您是否认为侦查阶段比法庭审判阶段重要?

○是(328,85.19)

○否(57,14.81)

7. 您在侦查工作中是否遇到过失败?

○是(288,74.81)

○否(97,25.19)

8. 您是否认为所有刑事错案都与侦查阶段的错误有关?

○是(116,30.13)

○否(269,69.87)

9. 您在侦查实践中是否进行过辨认?

○是(283,73.51)

○否(102,26.49)

10. 您进行辨认的频率如何?

○偶尔(129,33.51)

○较少(133,34.55)

○经常(123,31.95)

11. 辨认之前您是否允许证人之间进行交谈?

○是(43,11.17)

○否(342,88.83)

12. 在组织辨认之前您是否向被害人或证人介绍犯罪嫌疑人的情况?

○是(70,18.18)

○否(315,81.82)

13. 辨认结束后您是否向证人、被害人确认辨认结果?

○是(264,68.57)

○否(121,31.43)

14. 请您对下列证据形式重要性进行排序:

○物证(7.03)

○书证(5.1)

○勘验检查笔录(4.55)

○视听资料(4.49)

○证人证言(4.05)

○鉴定意见(3.83)

○被害人陈述(3.5)

○嫌疑人口供(2.9)

15. 您是否从事过讯问?

○是(313,81.3)

○否(72,18.7)

16. 您是否同意在讯问中采用“欺骗”策略?

○是(251,65.19)

○否(134,34.81)

17. 您是否同意在讯问中进行“必要的”肉体强制或者精神强制?

○是(114,29.61)

○否(119,30.91)

○不一定(152,39.48)

18. 当证人、被害人、犯罪嫌疑人在回答问题时,出现遗忘或不确定时,您是否提示?

○是(114,29.61)

○否(119,30.91)

○不一定(152,39.48)

19. 您在讯(询)问中遇到与其他证据不一致的口供(陈述)时有何反应?

○给出必要提示(126,32.73)

○予以反驳(37,9.61)

○出示证据(114,29.61)

○愤怒并且斥责(7,1.82)

○不置可否(101,26.23)

20. 您在初次接触犯罪嫌疑人时是否立即认定他(她)有罪?

○是(48,12.47)

○否(337,87.53)

21. 您是否同时收集犯罪嫌疑人的有罪证据和无罪证据?

○是(299,77.66)

○否(86,22.34)

22. 您在侦查过程中的决定和判断是否根据经验进行?

○是(237,61.56)

○否(86,22.34)

23. 在进行判断和决定时,您是否将目前情景与经验进行对比,寻找其相同点和不同点?

○是(259,67.27)

○否(21,5.45)

○不一定(105,27.27)

(三)认知弱关联问题

1. 您所在单位物证保管的规定具体程度如何?

○不具体(97,25.19)

○较为具体(211,54.81)

○十分具体(77, 20)

2. 您所单位是否有错案责任追究的相关规定?

○是(307,79.74)

○否(78,20.26)

3. 有关错案责任追究的程序启动频率?

○从未(137,35.58)

○较少(218,56.62)

○经常(26,6.75)

○较多(4,1.04)

4. 您是否能够按照规定进行休假或休息?

○是(117,30.39)

○否(268,69.61)

5. 您是否经常进行体育运动?

○是(140,36.36)

○否(245,63.64)

6. 您所在单位氛围是否宽松?

○是(183,47.53)

○否(202,51.47)

7. 您是否经常有焦虑情绪?

○是(282,73.25)

○否(103,26.75)

8. 您如何排解压力和焦虑情绪?(多选题)

○睡眠(260,67.53)

○娱乐(241,62.6)

○运动(227,58.96)

9. 您或您的同事是否获得过心理辅导?

○是(64,16.62)

○否(321,83.38)

10. 当您对案情的判断和同事、领导发生分歧时,您是否会坚持自己的看法?

○会(148,38.44)

○不会(11,2.86)

○不一定(226,58.7)

二、样本背景分析

本次研究的样本背景信息主要有性别、年龄、省份、是否从事警务工作、从事警务工作多少年、是否从事侦查工作、从事侦查工作多少年。尽管本次研究回收答卷385份,但由于答题者中还可能有一些不从事侦查工作的,因此,要将其筛选出来。并且,为了对调查样本的背景信息有更全面的了解,所以对性别、年龄、是否从事侦查工作、从事侦查工作多少年进行统计。由于省份数量太多,并且绝大多数省份样本数极少,故不一一列出。是否从事警务工作和从事警务工作多少年,与是否从事侦查工作和从事侦查工作多少年之间有较大重叠,为了使统计更加简明,背景信息分析中也不包括这两项。所以,背景信息分析的指标只包含4项:“性别”“年龄”“是否从事侦查工作”“从事侦查工作多少年”。

表4.1 样本背景信息分析

名　称	选项	频数	百分比(%)
您的性别?	男	242	87.36
	女	35	12.64
您的年龄段?	18~25	21	7.58
	26~30	77	27.8
	31~40	135	48.74
	41~50	37	13.36
	51~60	7	2.53
您是否从事过侦查工作?	是	277	100
您从事侦查工作多少年?	5年以下	157	56.68
	5~10年	66	23.83
	11~15年	23	8.3
	15年以上	31	11.19
合计		277	100

经过分析发现(表4.1),筛选出的样本总数为277,其中男性频数242,女性频数35。年龄段中“31～40”频数和百分比最高(135,38.74%),“51～60”频数和百分比最低(7,2.53%);从事侦查工作多少年中“5年以下”频数和百分比最高(157,56.68%),“11～15年”频数和百分最低(23,8.3%)。由于自然年龄和职业年龄之间有一定的相关关系,所以后续分析时,仅针对职业年龄(从事侦查工作多少年)进行分析。由于筛选出合格的样本数为277,所以后续数据分析也均采用277,而不采用385。

第二节　侦查错案的规模估计

侦查错案的规模究竟有多大?这个问题的回答,对于侦查错误的研究来说至关重要。因为只有侦查错案达到了相当的规模,侦查错案的研究才有意义。如果规模极小,侦查机关和侦查人员无法从根本上克服人类认知的缺陷,更无法消除偶然因素导致的错误。所以,只有达到了一定的错案规模,侦查错误的研究才是必要的。

但是,侦查错案的规模是一个解决难度相当大的问题。首先,侦查错案的真实数量不易获知。无论是在哪个国家,无论是在什么司法制度下,没有人愿意坦承司法错案,因为这既涉及司法人员的实际利益,还可能引发公众对司法机关的信任危机,甚至危及国家治理根本。所以,要真正搞清楚一个国家侦查错案的真实数量,其实是很难的,甚至是不可能的。其次,要建立侦查错案的规模标准也很难。因为,从司法伦理来看,侦查错案是应当禁绝的,哪怕是只有一件错案,也很难让人坦然接受。所以要建立侦查错案的规模标准,很难克服这一伦理障碍。事实上,也没有人研究侦查错案到底应该达到多少数量或者比例,才达到社会可以事实上默许的程度。所以,对于这一问题,我们只能大致去推测侦查错案的相对数量,并且暂时搁置对于侦查错案规模标准的讨论。

一、来自"无辜者援助计划"的数据

我国没有任何渠道公布侦查错案的具体数量,也没有官方或者民间组织从事对错案规模的调查。但是在美国有类似的数据发布。1992 年,由本杰明·卡多佐法学院发起的"无辜者援助计划"(the Innocent Project,又称"清白专案")致力于对错案的发现与纠正。到目前为止,通过 DNA 检测已经为 365 名被错误定罪的人洗脱冤屈。"无辜者援助计划"所帮助的对象多是涉及杀人、强奸或者其他暴力犯罪案件的犯罪嫌疑人,并未覆盖(实际上也无法覆盖)所有犯罪类型。而无法覆盖的犯罪类型中,也必然是存在错案的。但是由于没有 DNA 证据,所以无法进行稽核,可见实际数量肯定是远远比 365 这个数字要大得多。在这 365 名冤屈者的案件中,69% 的目击证人辨认是错误的,44% 的法庭科学证据是错的,28% 的口供是虚假口供,17% 的案件涉及线人。③ 从这些致错的因素可以看出,错误来源其实主要与侦查有关,因为这些证据类型多数是来自侦查程序的。

二、本研究的保守估计

由于我国没有任何正规渠道发布与侦查有关的错案数据,事实上也无法对现有的案件进行一一甄别。由于司法错案是一个十分敏感的话题,通过面对面的调查、访谈根本无法得到配合,甚至会遭到强烈抵制。所以,本研究通过网上问卷调查,对象主要针对一线从事侦查工作的人员,将调查的目标问题隐藏在中性问题中,以大致估计侦查错案发生的数量。

在问卷中,为了降低被调查者对侦查错案的敏感性,将问卷标题确

③ Innocent Project,"DNA Exonerations in the United States",https://www.innocenceproject.org/dna-exonerations-in-the-united-states/,July 24,2019.

定为"刑事司法实践相关问题调查",在问卷中安排了这样一个问题:"您在侦查工作中是否遇到过失败?"之所以这样提出问题,是因为"失败"并不等同于"错误",因为"失败"中有相当的比例是由客观原因导致的。比如犯罪嫌疑人毁灭证据、逃逸;现场遭到天气或者其他意外原因的破坏;被害人另有隐情而隐瞒了关键证据,等等。并且"失败"还包含侦查无法继续进行下去的情形:虽然侦查目标是正确的,也没有什么决定上的失当,但是无法继续展开。另外,"失败"还可能是别人的失败,而并不一定是回答者本人的失败等。通过这样模糊的措辞降低回答者的敏感度,同时也却导致了回答的清晰程度的降低。

用问题"你是否从事过侦查工作"对样本进行筛选,获得有效样本 277 个。对于"您在侦查工作中是否遇到过失败"这一问题的回答情况:247 人回答"是",占比 89.17%;30 人回答"否",占比 10.83%。也就是说,在 277 人中有 247 人至少遭遇过 1 次侦查失败。同时在问卷中又提出了"有关错案责任追究的程序启动频率",选项为"从未""较少""经常""较多"。对"您在侦查工作中是否遇到过失败"及"错案责任追究的程序启动频率"二者进行交叉分析,分析结果如表 4.2 所示。

表 4.2　交叉(卡方)分析结果

题目	名称	您在侦查工作中是否遇到过失败?		总计	X^2	p
		是	否			
有关错案责任追究的程序启动频率	从未	84(34.01)	15(50.00)	99(35.74)	3.158	0.368
	较少	148(59.92)	14(46.67)	162(58.48)		
	经常	13(5.26)	1(3.33)	14(5.05)		
	较多	2(0.81)	0(0.00)	2(0.72)		
总计		247	30	277		
* $p<0.05$ ** $p<0.01$ 括号外为频数,括号内为百分比						

从表4.2可知,从“总计”一列发现:回答“从未”的百分比为35.74%,“较少”为58.48%,“经常”为5.05%,“较多”为0.72%。

从最低限度去估计错案发生的频率才是有实践意义的。因为最低限度的错案发生率有其发生的必然性,与认知因素、制度因素相关性最强,也是进行侦查错案治理的重点之所在。所以,“经常”和“较多”因为其样本数较少而失真较为严重,故这两项可以不予考虑,而只考虑“从未”和“较少”这两项,而“从未”显然也是不需要考虑的,因为这不具有参考价值。所以,较为真实的是“较少”,而且以最低限度作为限制条件,“较少”在此处的含义是至少1次,为了保守估计的方便,此处只选1次。对“您在侦查工作中是否遇到过失败”的回答“是”与“否”在“较少”一栏对应的数值分别是148(59.92%)、14(46.52%)。对于变量“否”且对应变量“较少”来说,其实是指听闻他人被追责的情况,也应当扣除。所以,实际有意义的数据是148(59.92%)。

这148名被调查者分别来自32个省份,其中5个省份同时选择“是”且“较少”选项的人数为0,故实际有来自27个省份的被调查者同时选择了“是”且“较少”。其中有多个省份有1名以上被调查者选择“是”且“较少”,如北京有16名、广东22名、河南20名等。由于我们是从最低限度去保守估计错案发生频率,所以无论所在城市有多少名被调查者选择了“是”且“较少”,我们都将其视为1名。所以,按照“较少”(每个省份1件)的标准估计,277个有效样本中至少有27名经历或者听闻过至少1件错案。而其余未调查到的省份我们均假设其错案数为0。所以,此次调查显示全国的侦查错案绝对数至少为27件。由于本研究只进行了一次这样的调查,没有开展逐年调查。但是每年刑事案件的错案率并不是均匀的,不同年份的错案数肯定有上下浮动,然而缺少不同年份的统计调查,那么侦查错案的总体规模还需要进一步展开统计研究。由于这个27件的规模是保守估计,实际上规模肯定远比这个数字大。如果逐年展开调查,那么其结果可能非常不容乐观。

然而,改革开放 40 多年来,通过新闻媒体报道而得到纠正的错案屈指可数。有些虽然通过审查起诉和审判可能得到了纠正,但是其数量也无从查询和估计。可见,对于侦查错误乃至错案的研究,是多么重大而又刻不容缓的课题。

由于本次研究所设计问卷为非量表类问卷,所设计题目多数为单选题,仅有少量多选题,所以,本研究所搜集的主要是分类数据。由于分类数据可以适用的分析方法主要是卡方分析和 Logistic 回归分析。卡方分析是交叉分析的一种,但是卡方分析能够揭示自变量 X 的不同选项和因变量 Y 的不同选项的差异关系,比如性别差异(男、女)在是否具备某种学科知识、对某种现象的态度、是否有某种经历等方面也相应地有所差异。犹如性别差异在是否饮酒上也有差异。如果性别差异会影响行为差异,那么是如何影响的,就应当采用 Logistic 回归分析。由于数据为分类数据,本研究也只用二项 Logistic 回归分析。

由于本研究所设计了 40 个问题,理论上每个题项与其他问题都可以进行卡方分析或 Logistic 回归分析。但是,这样内容就会非常烦琐而庞杂,事实上也没有必要。我们只选取了针对揭示认知与侦查错案的关系的题项进行分析。我们挑选了这样几个题项作为变量:(1)性别;(2)职业年龄;(3)知识构成;(4)有罪指控倾向。

第三节　以性别为自变量的差异分析

一、性别与知识构成

一般认为,不同性别学习者对学科学习有一定偏好,在本研究中分别对逻辑学、心理学、物证技术或法庭科学、经常性业务培训的学习经历进行了调查。那么性别差异能否决定学习经历的差异?对

“您的性别”和知识构成题项的卡方分析(表4.3)。从上述分析可以看出,题项(1)“您是否系统学习过逻辑学知识”,题项(2)“是否系统学习过心理学知识”,题项(3)“您是否了解物证技术学或者法庭科学”,题项(4)“您是否参加经常性的业务培训”对应的p值均大于0.05或0.01,这说明性别对于是否系统学习过逻辑学、心理学、物证技术学或法庭科学,是否参加经常性的业务培训之间没有显著差异。也就是说,性别在学科知识结构上有差异的假设,对我国警务人员或侦查人员群体并不成立,这与我国公安机关侦查人员教育背景的单一性和同质化有关系,即侦查人员无论男性还是女性,他们的受教育背景其实是差不多的,其课程学习的选择与性别差异无关。

表4.3 性别与知识构成交叉(卡方)分析

题目	选项	您的性别		总计	X^2	p
		男	女			
(1)您是否系统学习过逻辑学知识?	是	159(65.70)	19(54.29)	178(64.26)	1.735	0.188
	否	83(34.30)	16(45.71)	99(35.74)		
总计		242	35	277		
(2)您是否系统学习过心理学知识?	是	133(54.96)	17(48.57)	150(54.15)	0.502	0.478
	否	109(45.04)	18(51.43)	127(45.85)		
总计		242	35	277		
(3)您是否了解物证技术学或者法庭学?	是	157(64.88)	22(62.86)	179(64.62)	0.055	0.815
	否	85(35.12)	13(37.14)	98(35.38)		
总计		242	35	277		

续表

题目	选项	您的性别		总计	X^2	p
		男	女			
(4)您是否参加经常性的业务培训?	是	103(42.56)	11(31.43)	114(41.16)	1.565	0.211
	否	139(57.44)	24(68.57)	163(58.84)		
总计		242	35	277		
* p<0.05 ** p<0.01 括号外为频数,括号内为百分比						

二、性别与侦查失败经历

侦查错误是否发生与性别差异无关。当“性别”与“你在侦查工作中是否遇到过失败”进行卡方分析,其结果:男—是:215(88.84),男—否:27(11.16);女—是:32(91.43),女—否:3(8.57)(X^2 = 0.212,p = 0.645),其差异未达到0.05或0.01水平的显著性(X^2 = 0.212,p = 0.645 > 0.05)。这说明,未发现侦查失败经历有性别差异。

三、性别与讯问

对待嫌疑人的态度上,也没有显示出性别差异。当“性别”与“您是否同意在讯问中进行‘必要的’肉体强制或者精神强制”进行差异分析,其结果为男—是:85(35.12),男—否:62(25.62),男—不一定:95(39.26);女—是:10(28.57),女—否:13(37.14),女—不一定:12(34.29)(X^2 = 2.078,p = 0.354),其差异未达到0.05的水平,故其差异并不显著。也就是说,对待嫌疑人是否采用强制态度,男性与女性之间并没有显示出差异,所以无论男性还是女性都会采用强制讯问策论,甚至出现刑讯逼供。在“是否同意在讯问中采用欺骗策略”的态度上,性别之间也没有差异。其分析结果为男—是:174

(71.90),男—否:68(28.10);女—是:29(82.86),女—否:6(17.14)($X^2=1.875$,$p=0.171$)。可以看出,在对待是否使用“欺骗”策略的态度上,男性和女性也是一致的:赞同者远多于反对者,但是女性选择“是”者比男性多10%左右,虽然不具有统计显著性,但还是有一定的差异。

在问及“当证人、被害人、犯罪嫌疑人在回答问题时,出现遗忘或不确定时,您否进行提示”时(表4.4),男性倾向于提示[是:92(38.02),否:49(20.25),不一定:101(41.74)],女性则倾向于不提示[是:5(14.29),否:15(42.86),不一定:15(42.86)],其差异达到了0.01水平显著性(X2 = 11.692,$p=0.003<0.01$)。但是,在回答题项“您在讯(询)问中遇到与其他证据不一致的口供(陈述)时,有何反应”时,选项有“给出必要提示”“予以反驳”“出示证据”“愤怒并且斥责对方”“不置可否”。与性别进行卡方分析时,其结果如表4.4所示。表中明显可见“愤怒并斥责对方”比例均极低,而“给出必要提示”比例均达33.94%以上。但是在决策时,没有性别差异($X^2=5.194$,$p=0.268$)。这与前一问题的分析结果有些不一致。为何在遗忘或不确定时是否提示有性别差异,而在与其他证据不一致时却没有性别差异。这是一个看似矛盾的结果,但是这一表面的矛盾是可以解释的。口供或陈述与其他证据不一致的时候,进行必要的提示也即不太多的提示,并且并不向对方暗示所希望的回答,比如“你所说的情形和现场的某个状况有点不一致,你解释一下”,这样的提示没有太大的错误风险。但是在出现遗忘或不确定时的提示,很可能就完全不同了,因为遗忘或不确定时的提示具有倾向性,很容易诱导陈述人产生错误的回忆。但是,结果显示在前一个问题的处理决定上有性别差异,但未获得统计学上的显著水平。

表 4.4 性别与讯问交叉(卡方)分析

题目	选项	您的性别		总计	X^2	p
		男	女			
您在讯(询)问中遇到与其他证据不一致的口供(陈述)时,有何反应?	给出必要提示	78(32.23)	16(45.71)	94(33.94)	5.194	0.268
	予以反驳	26(10.74)	3(8.57)	29(10.47)		
	出示证据	79(32.64)	6(17.14)	85(30.69)		
	愤怒并且斥责对方	4(1.65)	0(0.00)	4(1.44)		
	不置可否	55(22.73)	10(28.57)	65(23.47)		
总计		242	35	277		

* $p<0.05$ ** $p<0.01$ 括号外为频数,括号内为百分比

四、性别与焦虑情绪

侦查人员性别在焦虑情绪及其应对策略上,是否有差异?从分析结果(表 4.5)来看,对题项“(1)您是否经常有焦虑情绪”,男性选“是”的比例为 73.55%,而女性也为 77.14%,男性选“否”的比例为 26.45%,女性为 22.86%,女性焦虑感受比例略高,但是并未达到显著的差异水平($X^2=0.205$,$p=0.651$)。这说明,男性侦查人员和女性侦查人员焦虑情绪感受其实没有差异。虽然“总计”显示:无论男女,焦虑情绪选“是”的比例远高于“否”的比例。而后面反映出,女性侦查人员一般可以有规律地休息,但是并未反映出焦虑情绪感受

的差异。但是也应当看到，由于未对焦虑情绪的水平进行量表调查，所以无法判断男性和女性的焦虑水平差异。“您是否能够按照规定进行休假或休息”对这一问题答题结果显示，侦查人员无论男性或女性，选择“是”的比例均在35%以下，总计比例仅为25.27%，女性选择“是”的比例比男性高出近10%，但是性别差并不显著（X^2 = 1.724，p = 0.189）。在应对焦虑情绪和压力的策略上，略有性别差异。在应对压力和焦虑情绪的策略有三个选项——“睡眠”“娱乐”“运动”。选中“娱乐”与“运动”选项的，没有反映出性别差异，但对于“睡眠”选项，却有显著的性别差异。女性选中睡眠的比例（80.00%）高于男性（67.36%），但差异也未达到统计显著水平。

表4.5　焦虑情绪与应对性别交叉（卡方）分析

题目	选项	您的性别		总计	X^2	p
		男	女			
（1）您是否经常有焦虑情绪？	是	178（73.55）	27（77.14）	205（74.01）	0.205	0.651
	否	64（26.45）	8（22.86）	72（25.99）		
总计		242	35	277		
（2）您是否能够按照规定进行休假或休息？	是	58（23.97）	12（34.29）	70（25.27）	1.724	0.189
	否	184（76.03）	23（65.71）	207（74.73）		
总计		242	35	277		
（3）睡眠	未选中	79（32.64）	7（20.00）	86（31.05）	2.284	0.131
	选中	163（67.36）	28（80.00）	191（68.95）		
总计		242	35	277		

续表

题目	选项	您的性别		总计	X^2	p
		男	女			
(4)娱乐	未选中	96(39.67)	14(40.00)	110(39.71)	0.001	0.97
	选中	146(60.33)	21(60.00)	167(60.29)		
总计		242	35	277		
(5)运动	未选中	91(37.60)	18(51.43)	109(39.35)	2.449	0.118
	选中	151(62.40)	17(48.57)	168(60.65)		
总计		242	35	277		
* $p<0.05$ ** $p<0.01$ 括号外为频数,括号内为百分比						

五、性别与有罪指控倾向、启发法

有罪指控倾向是否有性别差异?启发法运用与性别是否也有差异?本研究分别设计了四个题项(表4.6):(1)“您在初次接触嫌疑人时是否立即认定他(她)有罪”;(2)“您是否同时收集犯罪嫌疑人的有罪证据和无罪证据”;(3)“您在侦查过程中的决定和判断是否根据经验进行”;(4)“在进行判断和决定时,您是否将目前情景与经验进行对比,寻找其相同点和不同点?”题项(1)、(2)意在考查侦查人员的“有罪指控”倾向,但是答题结果显示题项(1)选“是”的比例仅为(10.11%),这一比例极低。这似乎与第三章对侦查人员有“有罪指控”心理倾向的结论相矛盾,但是由于这一提问方式可能产生道德暗示,所以这一题项的问题设置很容易让被调查者选择“是”,这一倾向的研究有待更进一步调查。但是这一题项没有显示性别的差异。题项(3)、(4)意在揭示侦查人员是否采用可得性启发法和代表性启发法做决定,两个题项中选择“是”的总计比例分别是62.45%和71.12%,这与第三章中关于侦查人员认知与决策中使用启发法的结论是一致的。但是,题项(1)、(2)、(3)、(4)的回答没有体现出性别差异,题项(1)选择“是”的男性略高于女性,其他题项选择“是”的比例均较为接近。这说明,侦查中运用启发法没有显示出显著性别差异。

表4.6 性别与有罪指控倾向、启发法的交叉(卡方)分析

题目	选项	您的性别		总计	X^2	p
		男	女			
(1)您在初次接触嫌疑人时是否立即认定他(她)有罪?	是	26(10.74)	2(5.71)	28(10.11)	0.851	0.356
	否	216(89.26)	33(94.29)	249(89.89)		
总计		242	35	277		
(2)您是否同时收集犯罪嫌疑人的有罪证据和无罪证据?	是	198(81.82)	29(82.86)	227(81.95)	0.022	0.881
	否	44(18.18)	6(17.14)	50(18.05)		
总计		242	35	277		
(3)您在侦查过程中的决定和判断是否根据经验进行?	是	151(62.40)	22(62.86)	173(62.45)	0.003	0.958
	否	91(37.60)	13(37.14)	104(37.55)		
总计		242	35	277		

续表

题目	选项	您的性别		总计	X^2	p
		男	女			
(4)在进行判断和决定时,您是否将目前情景与经验进行对比,寻找其相同点和不同点?	是	173(71.49)	24(68.57)	197(71.12)	1.44	0.487
	否	7(2.89)	0(0.00)	7(2.53)		
	不一定	62(25.62)	11(31.43)	73(26.35)		
总计		242	35	277		
* p<0.05 ** p<0.01 括号外为频数,括号内为百分比						

从以上性别差异分析可以看出,认知强关联和弱关联问题回答的性别差异均不显著。但是,由于警察职业中女性本来就偏少,本次调查从事侦查工作的女性样本频数仅为35人,而男性频数为242人,所以由于二者样本频数差异过大,对结论也可能有影响。但是,在网络问卷调查中,几乎无法做到使警察群体男女样本频数接近。所以,这一问题有待在线下调查时进行验证。

第四节 以职业年龄为自变量的差异分析

侦查认知偏差研究的一些理论认为:从事某项职业的时间长短,对于认知偏差有较为显著的影响——时间越长,经验越丰富,则越容易形成情景偏差。而从业时间较短,则往往没有意识到情景证据在认知中的意义,所以情景偏差也不太明显。④ 所以,职业年龄对侦查

④ Charman, S. D., Kavet, M. and Muellet, D. H., "Cognitive Bias in the Legal System: Police Officers Evaluate Ambiguous Evidence in a Belief - Consistent Manner", *Journal of Applied Research in Memory and Cognition* 6, 2017, pp. 193 - 202.

认知的效能也是一个重点探究的变量。

一、职业年龄与侦查的程序意义认知

侦查阶段在刑事诉讼程序中的地位,以及侦查阶段发生的错误对刑事错案的影响的认知,就是对侦查的程序意义的认知。侦查中的错误是否决定了整个刑事案件最终裁判的结果,对这一关系的认知往往决定了侦查人员对于刑事案件侦查质量的态度。同时,侦查阶段在刑事诉讼程序中的地位的认知也决定了侦查人员作为程序主体的主体意识。虽然对于程序意义的认知其实是价值认知而非事实认知,即侦查人员对侦查阶段程序价值的主观体验,但是这一认知对于侦查错误的管理来说非常重要。促使本研究得以展开的一个直接理由,是基于这样一种理论假设:由于侦查处于刑事诉讼程序的启动阶段,那么侦查的方向往往决定了刑事诉讼的走向,案件侦查的质量往往影响着审判的质量。

针于这一理论假设的验证,先来看看侦查人员总体上是何种态度(表4.7)。对于两个题项"(1)对于刑事案件,您是否认为侦查阶段比法庭审判阶段重要,(2)您是否认为所有刑事错案都与侦查阶段的错误有关",题项(1)的总体态度是选择"是"的总计百分比(85.92%)远高于选择"否"的总计百分比(14.08%),但是在题项(2)的回答中,选择"是"的总计比例(31.77%)又远低于选择"否"的比例(68.23%)。这实际上反映了一线侦查人员对于侦查的程序意义认知的矛盾态度:一方面他们认为侦查在刑事诉讼程序中的地位很重要,甚至比法庭审判还很重要;另一方面,当发生刑事错案的时候,他们又认为与侦查阶段的错误无关。这种矛盾的态度,实际上反映了侦查机关对于刑事诉讼程序权力与责任的不对称认知。一方面,侦查机关认为自己的工作很重要,这样可以争取到更多的公共资源;另一方面,侦查机关又不愿意承担错案的责任,所以对于错误自然地认为侦查阶段的错误与刑事错案的贡献度不大。但是,事实上权力与责任应该是对等的,如果认为“侦查阶段比审判阶段重要”,那么至少大部分刑事错案与侦查阶段的错误是有关的。

表 4.7 职业年龄与侦查程序意义认知交叉(卡方)分析

题目	选项	您从事侦查工作多少年?				总计	X^2	p
		5 年以下	5~10 年	11~15 年	15 年以上			
(1)对于刑事案件,您是否认为侦查阶段比法庭审判阶段重要?	是	139 (88.54)	54 (81.82)	18 (78.26)	27 (87.10)	238 (85.92)	2.956	0.398
	否	18 (11.46)	12 (18.18)	5 (21.74)	4 (12.90)	39 (14.08)		
总计		157	66	23	31	277		
(2)您是否认为所有刑事错案都与侦查阶段的错误有关?	是	43 (27.39)	23 (34.85)	7 (30.43)	15 (48.39)	88 (31.77)	5.647	0.13
	否	114 (72.61)	43 (65.15)	16 (69.57)	16 (51.61)	189 (68.23)		
总计		157	66	23	31	277		

* $p<0.05$ ** $p<0.01$ 括号外为频数,括号内为百分比

对题项(1)、(2)的态度有职业年龄的差异吗?对于题项(1),四个年龄段选择“是”的比例最低为78.26%(11~15 年),最高为88.54%(5 年以下),这反映出了一些差异,但是这一差异并没有获得统计的

显著性($X^2=2.956$,$p=0.398$)。这说明,刚从事侦查工作不久的侦查人员对题项(1)的评价态度偏高,而在11~15年时评价又有些下降。对于题项(2),四个年龄段最低为27.39%(5年以下),最高为48.39%(15年以上)。这也反映出了一定的年龄差异,有趣的是,15年以上的职业年龄对于侦查错误与刑事错案的因果关系的评价竟然上升了不少。这说明,对于侦查阶段的错误对刑事错案的贡献度的认知,具有职业年龄差异,但是这一差异也未获得统计的显著性($X^2=5.647$,$p=0.13$)。

由于"5~10年""11~15年""15年以上"这三项各自样本频数过低,故将这三项合并为一项,职业年龄被分为两类"5年以下"和"5年以上"。之后再次进行差异分析,仍然未发现对侦查的程序意义认知有没有职业年龄差异。

二、职业年龄与知识构成

知识构成在性别上未发现差异,但职业年龄在知识构成上是有差异的(表4.8)。在题项(1)、(2)、(3)中回答"是"的总计比例比回答"否"的总计比例高,但题项(4)中回答"是"的总计比例却比回答"否"的总计比例低。题项(1)、(2)在"11~15年"年龄段内选择"是"的比例均高于其他职业年龄段,而"5年以下"及"15年以上"均较低且较为接近。这说明"11~15年"年龄段系统学习逻辑学和心理学的比例较高,这两个题项有年龄差异。但是这一差异没有获得统计学的显著性:题项(1)($X^2=1.087$,$p=0.78$),题项(2)($X^2=1.323$,$p=0.724$)。

表 4.8 职业年龄与知识构成交叉(卡方)分析

题目	选项	您从事侦查工作多少年?				总计	X^2	p
		5 年以下	5 ~ 10 年	11 ~ 15 年	15 年以上			
(1)您是否系统学习过逻辑学知识?	是	100 (63.69)	41 (62.12)	17 (73.91)	20 (64.52)	178 (64.26)	1.087	0.78
	否	57 (36.31)	25 (37.88)	6 (26.09)	11 (35.48)	99 (35.74)		
总计		157	66	23	31	277		
(2)您是否系统学习过心理学知识?	是	83 (52.87)	36 (54.55)	15 (65.22)	16 (51.61)	150 (54.15)	1.323	0.724
	否	74 (47.13)	30 (45.45)	8 (34.78)	15 (48.39)	127 (45.85)		
总计		157	66	23	31	277		
(3)您是否了解物证技术学或者法庭科学?	是	89 (56.69)	50 (75.76)	17 (73.91)	23 (74.19)	179 (64.62)	10.013	0.018 *
	否	68 (43.31)	16 (24.24)	6 (26.09)	8 (25.81)	98 (35.38)		
总计		157	66	23	31	277		
(4)您是否参加经常性的业务培训?	是	52 (33.12)	32 (48.48)	12 (52.17)	18 (58.06)	114 (41.16)	10.462	0.015 *
	否	105 (66.88)	34 (51.52)	11 (47.83)	13 (41.94)	163 (58.84)		
总计		157	66	23	31	277		

$*p<0.05$ $**p<0.01$ 括号外为频数,括号内为百分比

然而,题项(3)、(4)情况就不同了,题项(3)"5年以下"选择"是"的仅56.69%,而其他三个职业年龄段选择"是"的比例均在73%以上,选择"是"的总计比例为64.62%。所以,题项(3)具有明显的职业年龄差异性,也就是说,在"5~10年"和"10~15年"对于了解物证技术学或法庭科学知识的比例明显比另外两个职业年龄段高。并且,这种差异获得了0.05的显著性水平($X^2 = 10.013, p = 0.018 < 0.05$)。题项(4)在四个职业年龄段逐渐增加,选择"是"的最低比例出现在"5年以下",仅为33.12%,最高出现在"15年以上",为41.16%。但是总计比例低于50%。题项(4)具有显著的职业年龄差异,也即"5年以下"选"是"的百分比仅为33.12%,并且差异达到了0.05显著水平($X^2 = 10.462, p = 0.015 < 0.05$)。同样,将"5~10年""11~15年""15年以上"这三项样本频数合并为"5年以上"后,与题项(1)、(2)、(3)、(4)进行差异分析,发现题项(3)、(4)仍然表现出统计学显著性。

从知识构成的职业年龄差异分析中,我们不难发现:"5年以下"这个职业年龄段的被调查者,其所有题项选择"是"的比例都比较低,这个职业年龄段的侦查人员实际年龄应该在22~27岁。这个年龄段的侦查人员精力旺盛,并且他们是未来20年侦查工作的主力军,但是他们的知识构成比例却比其他职业年龄段都要低。尤其是对于物证技术学或法庭科学知识的了解方面,"5年以下"这个职业年龄段比其他三个职业年龄段都低。然而,对于8种证据形式的重要性排序时,"物证"的综合平均得分为7.03(图4.1),远高于其他证据形式的得分(虽然相关的勘验检查笔录为4.55、鉴定意见为3.83,但被调查者显然是认为"物证"与"物证技术学"关系最为密切),这说明"物证"在任何职业年龄段都被高度重视。但是对物证技术学或法庭科学的重视程度,却在新入职的侦查人员中呈下降趋势。并且,这些新入职的侦查人员的经常性培训是最低的,这对于未来20年侦查错案的治理可能会有负面影响。

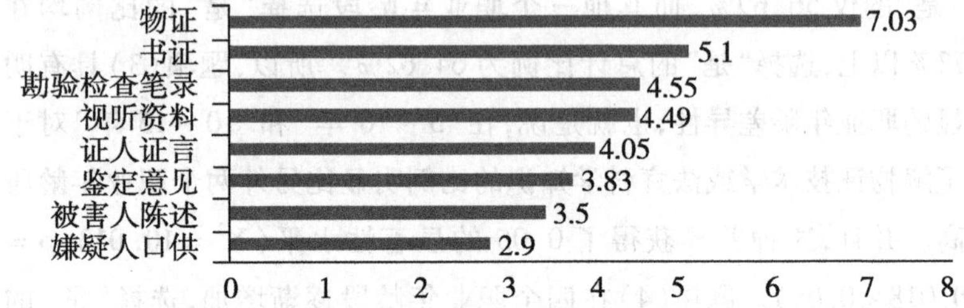

图 4.1 证据形式重要性排序

三、职业年龄与侦查失败经历

Van den Eaden 等人研究了专家和新人在现场勘查能力上的差异。他们是将学习法庭科学的大四学生与在荷兰警察学院受训的警察进行了比较,其结果发现:学生发现的与犯罪有关的痕迹物证比警察多。⑤ 这一研究其实存在一些局限性:学习法庭科学的学生,其实没有真正意义上的职业经验,甚至连新手都算不上,把他们和经验丰富的警察进行比较,实际上没有保证身份上的一致性,也就是说,他们在本质上还是学生,而不是经验尚浅的侦查人员。所以,要保证比较的可靠性,应当都是在侦查人员群体内进行比较,其职业年龄的差异导致的效能的差异才更有说服力。所以,本研究是在不同职业年龄的侦查人员之间展开的,所以保证了他们都是侦查人员,都有职业经验,只不过职业年龄不同。如果职业年龄的差异能够反映出侦查人员职业能力的差异,那么本研究可能更有说服力。

当我们把题项(1)"您从事侦查工作多少年"与题项(2)"您在侦

⑤ Van den Eadon, C. A. J., de Poot, C. J. and van Koppen, P. J., "The Forensic Confirmation Bias: A Comparison Between Experts and Novices", *J. Forensic Sci* 64, 2018, pp. 120-126.

查工作中是否遇到过失败”进行交叉分析(表4.9),发现“5年以下”选“是”的比例为85.35%,而“15年以上”的比例为83.87%,然而在二者之间的两个职业年龄里,“5~10年”选“是”的比例高达98.48%,“11~15年”选“是”的比例高达“95.65%”。这两个题项的交叉分析显示,选“是”总计百分比高达89.17%。然而,这一高百分比值并没有掩盖职业年龄之间的差异。“5年以下”与“5~10年”“11~15年”“15年以上”的差异,达到了0.05的差异显著水平($X^2 = 10.204, p = 0.017 < 0.05$)。本研究发现,“5年以下”的新手,比“5~10年”和“10~15年”的专家经历的侦查失败少,所以,似乎可以推断侦查错误也相应可能较少。

表4.9 职业年龄与侦查失败经历交叉(卡方)分析

题目	名称	(1)您从事侦查工作多少年?				总计	X^2	p
		5年以下	5~10年	11~15年	15年以上			
(2)您在侦查工作中是否遇到过失败?	是	134 (85.35)	65 (98.48)	22 (95.65)	26 (83.87)	247 (89.17)	10.204	0.017 *
	否	23 (14.65)	1 (1.52)	1 (4.35)	5 (16.13)	30 (10.83)		
总计		157	66	23	31	277		

* $p < 0.05$ ** $p < 0.01$ 括号外为频数,括号内为百分比

同样,将“5~10年”“11~15年”“15年以上”这三项样本频数合并为“5年以上”后,再次与题项(2)进行差异分析,分析结果(表4.10)再次显示出与“5年以下”的差异:“5年以下”选“是”的百分比为85.35%,“5年以上”选“是”的百分比为94.17%,其差异达到了0.05的显著水平($X^2 = 5.474, p = 0.019 < 0.05$)。这再次显示了“5年以下”的侦查人员和“5年以上”侦查人员经历失败的年龄差异。

表 4.10 合并样本频数后交叉(卡方)分析

题目	名称	(1)您从事侦查工作多少年?		总计	X^2	p
		5 年以下	5 年以上			
(2)您在侦查工作中是否遇到过失败?	是	134(85.35)	113(94.17)	247(89.17)	5.474	0.019 *
	否	23(14.65)	7(5.83)	30(10.83)		
总计		157	120	277		
* p<0.05 ** p<0.01 括号外为频数,括号内为百分比						

为了验证这一差异,对将合并样本频数后的题项(1)与题项(2)进行二元 Logistic 回归分析(表 4.11),看二者之间是否存在相关关系。分析结果表明:自变量 X 回归系数值为 1.019,并且呈现出 0.05 水平的显著性($z=2.264$,$p=0.024<0.05$),说明自变量 X 与因变量 Y 之间产生显著的正相关关系。也就是说,对题项(2)“您是否在侦查工作中遇到过失败”与“5 年以下”“5 年以上”进行交叉分析,所发现的差异不但是显著的,而且“5 年以下”与“5 年以上”作为职业年龄的变化与经历侦查失败之间存在显著的正相关关系。也就是说,“5 年以上”比“5 年以下”更容易经历侦查失败,虽然整体上经历失败的水平都很高。

表 4.11 二元 Logistic 回归分析结果汇总

自变量 X	回归系数	标准误差	z 值	p 值	OR 值	OR 值 95% CI (下限)	OR 值 95% CI (上限)
您从事侦查工作多少年?	1.019	0.45	2.264	0.024	2.771	1.147	6.696
截距	0.743	0.596	1.247	0.213	2.103	0.654	6.765

续表

自变量X	回归系数	标准误差	z值	p值	OR值	OR值95% CI（下限）	OR值95% CI（上限）
因变量Y：您在侦查工作中是否遇到过失败?							
R Pseudo R^2：0.031							

四、职业年龄与辨认

有关辨认的题项有5个：(1)您在侦查实践中是否进行过辨认?(2)您是否经常进行辨认?(3)辨认之前您是否允许证人之间进行交谈?(4)您在组织辨认之前是否向被害人或证人介绍犯罪嫌疑人的情况?(5)辨认结束后您是否向证人、被害人确认辨认结果?这些问题都是与认知强关联的问题。对这些问题的回答有没有职业年龄差异?题项(1)是跳转题项（表4.12中不显示该题项），题项(1)选择"是"条件，与条件"您是否从事过侦查活动（是）"相结合，进行样本筛选，获得样本频数为244。题项(2)、(3)、(4)、(5)与"您从事侦查工作多少年"进行交叉分析（表4.12）。

表4.12　职业年龄与辨认交叉（卡方）分析

题目	选项	您从事侦查工作多少年?				总计	X^2	p
		5年以下	5～10年	11～15年	15年以上			
(2)您是否经常进行辨认?	偶尔	42 (31.34)	9 (15.00)	2 (9.52)	4 (13.79)	57 (23.36)	18.606	0.005**
	较少	34 (25.37)	22 (36.67)	2 (9.52)	10 (34.48)	68 (27.87)		
	经常	58 (43.28)	29 (48.33)	17 (80.95)	15 (51.72)	119 (48.77)		
总计		134	60	21	29	244		

续表

题目	选项	您从事侦查工作多少年？				总计	X^2	p
		5年以下	5~10年	11~15年	15年以上			
(3)辨认之前您是否允许证人之间进行交谈？	是	12 (8.96)	8 (13.33)	1 (4.76)	1 (3.45)	22 (9.02)	2.923	0.404
	否	122 (91.04)	52 (86.67)	20 (95.24)	28 (96.55)	222 (90.98)		
总计		134	60	21	29	244		
(4)您在组织辨认之前是否向被害人或证人介绍犯罪嫌疑人的情况？	是	23 (17.16)	10 (16.67)	0 (0.00)	4 (13.79)	37 (15.16)	4.318	0.229
	否	111 (82.84)	50 (83.33)	21 (100.00)	25 (86.21)	207 (84.84)		
总计		134	60	21	29	244		
(5)辨认结束后您是否向证人、被害人确认辨认结果？	是	101 (75.37)	44 (73.33)	14 (66.67)	20 (68.97)	179 (73.36)	1.046	0.79
	否	33 (24.63)	16 (26.67)	7 (33.33)	9 (31.03)	65 (26.64)		
总计		134	60	21	29	244		

* $p<0.05$ ** $p<0.01$ 括号外为频数，括号内为百分比

分析结果发现,题项(2)的总计百分比显示:"经常"选项的百分比为48.77%,"偶尔"为23.36%,"较少"为27.87%。无论哪个职业年龄段,都经常进行辨认。但是在"11~15年"段"经常"选项比例高达80.95%,比其他三个年龄段都高,而"5年以下"选择"经常"的最低(43.28%)。由于"11~15年"及"15年以上"样本数均在30以下,将二者合并之后计算,"经常"选项也高达60%。这表明,10年以上的侦查人员运用辨认侦查措施的要远高于10年以下的侦查人员,其差异达到了0.01的显著性($X^2=18.606, p=0.005<0.01$)。

题项(3)的总计百分比显示:选项"是"的百分比(9.02%)远远低于"否"的百分比(90.98%),而且各个职业年龄段没有显著差异。也就是说,无论哪个年龄段,在进行辨认前都倾向于不允许证人之间进行交谈。题项(4)总计百分比显示:选项"是"的百分比(15.16%)也远远低于选择"否"的百分比(84.84%)。各个职业年龄段百分比之间没有显著差异。题项(5)总计百分比显示:选择"是"的百分比(73.36%)远高于选择"否"的百分比(26.64%)。各个职业年龄段百分比之间没有显著差异。

从以上分析可以看出,除了题项(2)显示了职业年龄差异,其他题项均未显示职业年龄差异。同时,题项(2)、(3)的选项与预期不一致,本来以为会出现题项(2)、(3)中"是"的比例很高而"否"的比例很低,而实际调查结果却相反。题项(2)、(3)实际是研究侦查人员是否在辨认时有导致证人产生误导信息效应(misinformation effect)和"确证偏差"的举措。结果显示,侦查人员的倾向与预期相反。但题项(5)却反映了在辨认结束后,侦查人员的举措不恰当,倾向于选"是"的比例远高于"否"的比例,但差异未获统计显著性。事实上,这样的倾向与标准程序的要求不符,辨认结束后侦查人员也不应当向证人、被害人要求确认结果,因为这样可能会给证人、被害人带来暗示效应,这对后续的做证可能有不利影响。

五、职业年龄与讯问

与讯问有关的题项有5个:(1)您是否从事过讯问?(2)您是否同意在讯问中采用“欺骗”策略?(3)您是否同意在讯问中进行“必要的”肉体强制或者精神强制?(4)当证人、被害人、犯罪嫌疑人在回答问题时,出现遗忘或不确定时,您是否提示?(5)您在讯(询)问中遇到与其他证据不一致的口供(陈述)时,有何反应?其中题项(1)为跳转题项(表4.13中不显示该题项),将其选项“是”与“您是否从事过侦查工作”中的选项“是”作为条件,筛取符合这两个条件的样本数为260。

将职业年龄题项“您从事侦查工作多少年”与题项(2)、(3)、(4)、(5)进行交叉分析(表4.13),发现题项(2)选“是”的总计百分比高达73.85%,题项(3)、(4)有三个选项“是”“否”“不一定”,其中题项(3)选“是”的总计百分比为35%,题项(4)选“是”的总计百分比36.54%,均比选“否”的百分比高,但又都低于“不一定”这一选项百分比(分别为38.08%和42.31%)。题项(5)中“给出必要提示”为33.85%,“予以反驳”为11.15%,“出示证据”为31.15%,“愤怒并斥责对方”为1.15%,“不置可否”为22.69%。从以上题项的总计百分可以看出,总体上都倾向于用“欺骗”“强制”“进攻性”的讯问策略。但是题项(2)、(3)、(4)、(5)都没有发现具有职业年龄的差异性。

之后,将职业年龄“5~10年”“10~15年”“15年以上”合并为“5年以上”,与“5年以下”一起形成二元选项。将题项(5)的“给出必要提示”和“出示证据”合并为“温和型策略”,将“予以反驳”“愤怒并斥责对方”合并为“敌意型策略”,保留“不置可否”。然后重新与“5年以上”“5年以下”进行交叉分析(表4.14)。

分析结果发现题项(2)产生了0.01水平的显著差异,即“5年以上”的侦查人员“不一定”的选项为48.67%，“5年以下”侦查人员则为29.93%；而“5年以上”侦查人员选“否”的为20.35%，而“5年以下”侦查人员选“否”的为31.97%；“5年以上”侦查人员选“是”的比例为30.97%，而“5年以下”侦查人员选“是”的比例为38.10%。由于这一交叉分析，表现出0.01水平的差异显著性（$X^2=10.022$，$p=0.007<0.01$）。但其他题项仍未表现出差异显著性。这说明，侦查讯问在职业年龄上的差异，仍然体现出“5年以上”“5年以下”的区别。

表4.13　职业年龄与讯问交叉（卡方）分析（样本合并前）

题目	选项	您从事侦查工作多少年？					X^2	p
		5年以下	5～10年	11～15年	15年以上	总计		
（2）您是否同意在讯问中采用“欺骗”策略？	是	106 (72.11)	47 (75.81)	16 (72.73)	23 (79.31)	192 (73.85)	0.816	0.846
	否	41 (27.89)	15 (24.19)	6 (27.27)	6 (20.69)	68 (26.15)		
总计		147	62	22	29	260		
（3）您是否同意在讯问中进行“必要的”肉体强制或者精神强制？	是	56 (38.10)	20 (32.26)	7 (31.82)	8 (27.59)	91 (35.00)	12.175	0.058
	否	47 (31.97)	13 (20.97)	6 (27.27)	4 (13.79)	70 (26.92)		
	不一定	44 (29.93)	29 (46.77)	9 (40.91)	17 (58.62)	99 (38.08)		
总计		147	62	22	29	260		

续表

题目	选项	您从事侦查工作多少年？				总计	X^2	p
		5年以下	5~10年	11~15年	15年以上			
(4)当证人、被害人、犯罪嫌疑人在回答问题时，出现遗忘或不确定时，您是否进行提示？	是	57 (38.78)	21 (33.87)	9 (40.91)	8 (27.59)	95 (36.54)	5.451	0.487
	否	35 (23.81)	12 (19.35)	4 (18.18)	4 (13.79)	55 (21.15)		
	不一定	55 (37.41)	29 (46.77)	9 (40.91)	17 (58.62)	110 (42.31)		
总计		147	62	22	29	260		
(5)您在讯(询)问中遇到与其他证据不一致的口供(陈述)时，有何反应？	给出必要提示	50 (34.01)	20 (32.26)	11 (50.00)	7 (24.14)	88 (33.85)	9.683	0.644
	予以反驳	15 (10.20)	10 (16.13)	1 (4.55)	3 (10.34)	29 (11.15)		
	出示证据	47 (31.97)	16 (25.81)	7 (31.82)	11 (37.93)	81 (31.15)		
	愤怒并且斥责对方	3 (2.04)	0 (0.00)	0 (0.00)	0 (0.00)	3 (1.15)		
	不置可否	32 (21.77)	16 (25.81)	3 (13.64)	8 (27.59)	59 (22.69)		
总计		147	62	22	29	260		

* $p<0.05$ ** $p<0.01$ 括号外为频数，括号内为百分比

但由于题项(3)选项设置有“不一定”一项,目前能确定的是“5年以下”侦查人员在是否决定采用强制时的态度,比“5年以上”的侦查人员态度更明确。其他题项仍然没有发现显著差异。

表4.14 职业年龄与讯问交叉(卡方)分析(样本合并后)

题目	选项	您从事侦查工作多年?		总计	X^2	p
		5年以下	5年以上			
(2)您是否同意在讯问中采用“欺骗”策略?	是	106(72.11)	86(76.11)	192(73.85)	0.529	0.467
	否	41(27.89)	27(23.89)	68(26.15)		
总计		147	113	260		
(3)您是同意在讯问中进行“必要的”肉体强制或者精神强制?	是	56(38.10)	35(30.97)	91(35.00)	10.022	0.007**
	否	47(31.97)	23(20.35)	70(26.92)		
	不一定	44(29.93)	55(48.67)	99(38.08)		
总计		147	113	260		
(4)当证人、被害人、犯罪嫌疑人在回答问题时,出现遗忘或不确定时,您是否进行提示?	是	57(38.78)	38(33.63)	95(36.54)	3.505	0.173
	否	35(23.81)	20(17.70)	55(21.15)		
	不一定	55(37.41)	55(48.67)	110(42.31)		
总计		147	113	260		

续表

题目	选项	您从事侦查工作多年?		总计	X^2	p
		5 年以下	5 年以上			
(5)您在讯(询)问中遇到与其他证据不一致的口供(陈述)时,有何反应?	温和型	97(65.99)	72(63.72)	169(65.00)	0.179	0.914
	敌意型	18(12.24)	14(12.39)	32(12.31)		
	不置可否	32(21.77)	27(23.89)	59(22.69)		
总计		147	113	260		
* p<0.05 ** p<0.01 括号外为频数,括号内为百分比						

六、职业年龄与有罪指控倾向

表 4.15 职业年龄与有罪指控倾向交叉(卡方)分析(样本合并后)

题目	选项	您从事侦查工作多年?		总计	X^2	p
		5 年以下	5 年以上			
(1)您在初次接触嫌疑人时是否立即认定他(她)有罪?	是	15(9.55)	13(10.83)	28(10.11)	0.122	0.726
	否	142(90.45)	107(89.17)	249(89.89)		
总计		157	120	277		
(2)您是否同时收集犯罪嫌疑人的有罪证据和无罪证据?	是	123(78.34)	104(86.67)	227(81.95)	3.185	0.074
	否	34(21.66)	16(13.33)	50(18.05)		
总计		157	120	277		
* p<0.05 ** p<0.01 括号外为频数,括号内为百分比						

测试有罪指控倾向的题项有2个:(1)您在初次接触犯罪嫌疑人时是否立即认定他(她)有罪?(2)您是否同时收集犯罪嫌疑人的有罪证据和无罪证据?将题项(1)、(2)与职业年龄题项(样本合并以后)进行交叉分析(表4.15)。分析结果发现:题项(1)的年龄差异明显趋同,选"是"的百分比分别为9.55%和10.83%,选"否"的百分比分别为90.45%和89.17%;题项(2)选"是"的百分比分别为78.34%和86.67%,选"否"的百分比分别为21.66%和13.33%。这两项结果表明,题项(1)没有职业年龄差异,题项(2)有职业年龄差异,差异未达到统计学显著性,但与0.05显著水平较为接近($X^2=3.185$,$p=0.074$)。这说明,5年以上的侦查人员在同时搜集有罪证据与无罪证据方面的意识可能更强一些。

七、职业年龄与启发法

侦查中的启发法题项也有2个:(1)您在侦查过程中的决定和判断是否根据经验进行?(2)在进行判断和决定时,您是否将目前情景与经验进行对比,寻找其相同点和不同点?题项(1)是关于可得性启发法的,因为可得性启发法的决策模式是根据策略集搜索的便捷性进行的,根据经验进行的决策之所以是可得性启发法,是因为经验情景是最容易想象到的决策情景,所以符合可得性启发法的标准。题项(2)是关于代表性启发法的,因为将目前情景与经验进行比对,寻找与经验的相同点和不同点,也就是根据与经验的相似程度来进行决策。所以这符合代表性启发法的特征。

这两种启发法是否具有职业年龄的差异?将题项(1)、(2)与样本合并处理以后的职业年龄题项进行交叉分析(表4.16)。分析结果发现(1)、(2)选"是"的总计百分比都很高,题项(1)选"是"的百分比为62.45%,而题项(2)选"是"的百分比高达71.12%。这说明在侦查中使用可得性启发法和代表性启发法决策的频率很高,这与

第三章关于可得性启发法和代表性启发法在侦查决策中具有普遍性的理论假设是一致的。但是,题项(1)、(2)关于职业年龄的差异未达到统计学显著性。

表 4.16 职业年龄与启发法交叉(卡方)分析(样本合并后)

题目	选项	您从事侦查工作多少年?		总计	X^2	p
		5 年以下	5 年以上			
(1)您在侦查过程中的决定和判断是否根据经验进行?	是	93(59.24)	80(66.67)	173(62.45)	1.602	0.206
	否	64(40.76)	40(33.33)	104(37.55)		
总计		157	120	277		
(2)在进行判断和决定时,您是否将目前情景与经验进行对比,寻找其相同点和不同点?	是	115(73.25)	82(68.33)	197(71.12)	4.247	0.12
	否	6(3.82)	1(0.83)	7(2.53)		
	不一定	36(22.93)	37(30.83)	73(26.35)		
总计		157	120	277		

* p<0.05 ** p<0.01 括号外为频数,括号内为百分比

第五节 以知识构成为自变量的差异分析

知识构成题项主要涉及逻辑学、心理学、物证技术或法庭科学、

经常性的业务培训。知识构成是认知强相关问题,知识构成作为认知与决策推理的规则库,会决定认知决策的行为方式和结果。本研究将知识构成作为自变量,分别与侦查中的辨认、讯问、有罪指控倾向、侦查启发法进行差异分析,探究辨认、讯问、有罪指控倾向、侦查启发法是否因知识类型的差异而不同。

一、以逻辑学为自变量的差异分析

(一)逻辑学与辨认

涉及辨认的题项本来有5个,但是“您在侦查实践中是否进行过辨认”是跳转题项,“您是否经常进行辨认”这一题项与辨认中的方法无关(故表4.17中未显示),故可以和逻辑学进行交叉分析的题项只有3个:(1)辨认之前您是否允许证人之间进行交谈?(2)您在组织辨认之前是否向被害人或证人介绍犯罪嫌疑人的情况?(3)辨认结束后您是否向证人、被害人确认辨认结果?将这三个题项与“您是否系统学习过逻辑学知识”进行交叉分析。

表4.17 逻辑学与辨认交叉(卡方)分析

题目	选项	您是否系统学习过逻辑学知识?		总计	X^2	p
		是	否			
(1)辨认之前您是否允许证人之间进行交谈?	是	8(5.10)	14(16.09)	22(9.02)	8.252	0.004**
	否	149(94.90)	73(83.91)	222(90.98)		
总计		157	87	244		

续表

题目	选项	您是否系统学习过逻辑学知识?		总计	X^2	p
		是	否			
(2)您在组织辨认之前是否向被害人或证人介绍犯罪嫌疑人的情况?	是	26(16.56)	11(12.64)	37(15.16)	0.668	0.414
	否	131(83.44)	76(87.36)	207(84.84)		
总计		157	87	244		
(3)辨认结束后您是否向证人、被害人确认辨认结果?	是	116(73.89)	63(72.41)	179(73.36)	0.062	0.803
	否	41(26.11)	24(27.59)	65(26.64)		
总计		157	87	244		
* p<0.05 ** p<0.01 括号外为频数,括号内为百分比						

分析结果(表4.17)显示:题项(1)获得了0.01水平的差异显著性($X^2=8.252, p=0.004<0.01$),即选“否”的总计百分比高达90.98%,然而选“是”与“是”的百分比仅5.1%,而选“否”与“是”的百分比为16.09%,所以这二者差异是比较显著的,也就是说,未系统学习过逻辑学的侦查人员,与系统学习过逻辑学的侦查人员相比,在辨认前允许证人交谈的比不允许证人交谈的比例高出11%左右,并且这一差异具有统计学意义。而题项(2)、(3)对“您是否系统学习过逻辑学知识”均未显示显著差异。

由于自变量题项与题项(1)之间的交叉分析,自变量选项的差异在题项(1)的选项中也出现了对应的差异。那么自变量和题项(1)之间是否存在影响关系?对自变量"您是否系统学习过逻辑学知识"与题项(1)进行二元 Logistic 回归分析(表 4.18),分析结果显示:自变量与题项(1)之间有显著的负向影响关系($z = -2.734, p = 0.006 < 0.01$),此研究模型整体预测准确率为 90.98%,模型拟合情况可以接受。也就是说,系统学习逻辑学的比例越高,则辨认前允许证人之间进行交谈的比例越低。当然,这两个变量之间是否存在相关关系,还需要进一步研究。

表 4.18 二元 Logistic 回归分析结果汇总

题项	回归系数	标准误差	z 值	p 值	OR 值	OR 值 95% CI(下限)	OR 值 95% CI(上限)
(1)您是否系统学习过逻辑学知识?	-1.273	0.466	-2.734	0.006	0.28	0.112	0.697
截距	-1.651	0.292	-5.66	0	0.192	0.108	0.34
因变量 Y:辨认之前您是否允许证人之间进行交谈?							
R Pseudo R^2:0.053							

(二)逻辑学与讯问

在题项(1)"你是否从事过讯问"(表 4.19 中未显示)和"你是否从事过侦查工作"的选项中均选"是",筛选出 260 个符合条件的样本。之后,将题项(2)、(3)、(4)、(5)与"您是否系统学习过逻辑学知识"进行交叉分析(表 4.19)。分析结果显示:"您是否系统学习过逻辑学知识"在题项(4)"当证人、被害人、犯罪嫌疑人在回答问题时,出现遗忘或不确定时,您是否提示"的选择中表现出差异,选"是"

与“是”的比例(31.55%)远低于选“否”与“是”的比例(45.65%),“是”与“否”的比例(20.83%)和“否”与“否”的比例(21.74%)相当,也就是说,这两项没有差异,但“是”与“不一定”选项比例(47.62%)远高于“不一定”与“否”的比例(32.61)。差异主要表现在题项(4)的选项“是”与“不一定”的选择上,其差异显著性达到了0.05的水平($X^2=6.426, p=0.040<0.05$)。这说明:和系统学习过逻辑学的侦查人员相比,未系统学习过逻辑学的侦查人员更倾向于选择“是”,而系统学习过逻辑学的侦查人员则更倾向于选择“不一定”。题项(2)、(3)、(5)与“您是否系统学习过逻辑学知识”之间的交叉分析,未显示出统计学显著性的差异。

表4.19 逻辑学与讯问交叉(卡方)分析

题项	选项	您是否系统学习过逻辑学知识?		总计	X^2	p
		是	否			
(2)您是否同意在讯问中采用“欺骗”策略?	是	123(73.21)	69(75.00)	192(73.85)	0.098	0.754
	否	45(26.79)	23(25.00)	68(26.15)		
总计		168	92	260		
(3)您是否同意在讯问中进行“必要的”肉体强制或者精神强制?	是	55(32.74)	36(39.13)	91(35.00)	1.22	0.543
	否	48(28.57)	22(23.91)	70(26.92)		
	不一定	65(38.69)	34(36.96)	99(38.08)		
总计		168	92	260		

续表

题项	选项	您是否系统学习过逻辑学知识？		总计	X^2	p
		是	否			
(4)当证人、被害人、犯罪嫌疑人在回答问题时，出现遗忘或不确定时，您是否进行提示？	是	53(31.55)	42(45.65)	95(36.54)	6.426	0.040 *
	否	35(20.83)	20(21.74)	55(21.15)		
	不一定	80(47.62)	30(32.61)	110(42.31)		
总计		168	92	260		
(5)您在讯（询）问中遇到与其他证据不一致的口供（陈述）时，有何反应？	给出必要提示	54(32.14)	34(36.96)	88(33.85)	1.93	0.749
	予以反驳	19(11.31)	10(10.87)	29(11.15)		
	出示证据	57(33.93)	24(26.09)	81(31.15)		
	愤怒并且斥责对方	2(1.19)	1(1.09)	3(1.15)		
	不置可否	36(21.43)	23(25.00)	59(22.69)		
总计		168	92	260		

* $p<0.05$ ** $p<0.01$ 括号外为频数，括号内为百分比

将题项(4)作为因变量,与作为自变量的题项"您是否系统学习过逻辑学知识"进行多分类 Logistic 回归分析(表 4.20),分析结果显示:相对于选项"是"来说,自变量对选择"否"的影响关系不显著,其回归系数为 0.327,影响关系未达到统计学显著性(z = 0.939, p = 0.348 > 0.05);相对于"是"来说,自变量对选择"不一定"有影响关系,其回归系数为 0.748,并且呈现出 0.05 水平的显著性(z = 2.515, p = 0.012 < 0.05)。这说明,"您是否系统学习过逻辑学知识"与题项(4)的"不一定"选项之间存在正向影响关系。也就是说,相对于参照选项"是"来说,自变量的变化对选"否"没有影响关系,但是对选"不一定"有正向影响关系,即自变量选"是"的越多,则题项(4)选"不一定"的越多。

表 4.20 多分类 Logistic 回归分析结果汇总

"否"	回归系数	标准误	z 值	p 值	OR 值	OR 值 95% CI(L)	OR 值 95% CI(U)
您是否系统学习过逻辑学知识?	0.327	0.348	0.939	0.348	1.387	0.701	2.744
截距	-0.742	0.272	-2.731	0.006	0.476	0.28	0.811
"不一定"	回归系数	标准误	z 值	p 值	OR 值	OR 值 95% CI(L)	OR 值 95% CI(U)
您是否系统学习过逻辑学知识?	0.748	0.298	2.515	0.012	2.113	1.18	3.786
截距	-0.336	0.239	-1.408	0.159	0.714	0.447	1.141
McFadden R^2: 0.012							

(三)逻辑学与有罪指控倾向

将“您是否系统学习过逻辑学知识”的选项,与测定有罪指控倾向的题项(1)、(2)进行交叉分析(表4.21)。分析结果显示:题项(1)对“是否系统学习过逻辑学知识”的选项选择没有显示出统计学显著性的差异;题项(2)对“是否系统学习过逻辑学知识”的选项选择有差异,并且差异达到了0.05水平的显著性($X^2 = 3.993, p = 0.046 < 0.05$),这说明系统学习过逻辑学知识的侦查人员,在被问及题项(2)时,更倾向于选择“是”;而未系统学习过逻辑学知识的侦查人员,在被问及题项(2)时,则更倾向于选择“否”。

表4.21　逻辑学与有罪指控倾向交叉(卡方)分析

题项	选项	您是否系统学习过逻辑学知识?		总计	X^2	p
		是	否			
(1)您在初次接触嫌疑人时是否立即认定他(她)有罪?	是	17(9.55)	11(11.11)	28(10.11)	0.171	0.68
	否	161(90.45)	88(88.89)	249(89.89)		
总计		178	99	277		
(2)您是否同时收集犯罪嫌疑人的有罪证据和无罪证据?	是	152(85.39)	75(75.76)	227(81.95)	3.993	0.046 *
	否	26(14.61)	24(24.24)	50(18.05)		
总计		178	99	277		

* $p<0.05$　** $p<0.01$　括号外为频数,括号内为百分比

鉴于自变量与题项(2)交叉分析获得的差异显著性,继续对自变量与题项(2)进行二元 Logistic 回归分析(表4.22)。分析结果显示:回归系数值为0.626,并且呈现出0.05水平的显著性($z = 1.980$,$p = 0.048 < 0.05$),研究模型的整体预测准确率为81.95%,模型拟合情况可以接受。也就是说,是否系统学习过逻辑学知识,对是否同时搜集犯罪嫌疑人的有罪证据和无罪证据,产生正向影响关系。即系统学习过逻辑学知识的侦查人员,更倾向于同时搜集有罪证据和无罪证据。

表4.22　二元 Logistic 回归分析结果汇总

题项	回归系数	标准误差	z值	p值	OR值	OR值95% CI(下限)	OR值95% CI(上限)
您是否系统学习过逻辑学知识?	0.626	0.316	1.98	0.048	1.871	1.006	3.477
截距	1.139	0.235	4.859	0	3.125	1.973	4.949
因变量Y:您是否同时收集犯罪嫌疑人的有罪证据和无罪证据?							
R Pseudo R^2: 0.015							

(四)逻辑学与启发法

将"您是否系统学习过逻辑学知识"题项与启发法的两个题项进行及交叉分析(表4.23),分析结果显示:题项(1)选择"是"与"是"的百分比(63.48%)与选择"是"与"否"的百分比(60.61%)的差异没有达到统计学显著水平;题项(2)选择"是"与"是"的百分比(69.10%)与选择"是"与"否"的百分比(74.75%),二者的差异也未达到统计学显著水平。

总之,通过侦查人员的逻辑学构成分别与辨认、讯问、有罪指控倾向、启发法进行交叉分析后,发现题项(1)"在辨认之前,是否允许证人之间进行交谈?”“(2)当证人、被害人、犯罪嫌疑人在回答问题时,出现遗忘或不确定时,您是否进行提示?”“(3)您是否同时收集犯罪嫌疑人的有罪证据和无罪证据?”在侦查人员是否系统学习过逻辑学知识方面表现出有统计学意义的差异,并且3个题项作为因变量分别进行了二元Logistic回归分析,回归分析表明这3个题项与自变量“您是否系统学习过逻辑学知识”之间分别存在负向影响关系、负向影响关系、正向影响关系。这3个题项虽然分属不同测试模块,但是也都在一定程度上反映出了侦查人员思维的严谨性,所以,是否系统学习过逻辑学知识在这些题项的选择上存在显著差异,是很有可能的。

表4.23　逻辑学与启发法交叉(卡方)分析

题项	选项	您是否系统学习过逻辑学知识?		总计	X^2	p
		是	否			
(1)您在侦查过程中的决定和判断是否根据经验进行?	是	113(63.48)	60(60.61)	173(62.45)	0.225	0.636
	否	65(36.52)	39(39.39)	104(37.55)		
总计		178	99	277		
(2)在进行判断和决定时,您是否将目前情景与经验进行对比,寻找其相同点和不同点?	是	123(69.10)	74(74.75)	197(71.12)	1.437	0.487
	否	4(2.25)	3(3.03)	7(2.53)		
	不一定	51(28.65)	22(22.22)	73(26.35)		
总计		178	99	277		

* $p<0.05$ ** $p<0.01$　括号外为频数,括号内为百分比

二、以心理学为自变量的差异分析

在将“您是否系统学习过心理学知识”与辨认、讯问、有罪指控倾向、启发法进行交叉分析之前,我们认为这几个模块对是否系统学习过心理学的差异会比较敏感,因为这几个模块的特征与心理学的关系较为密切。但是,分析结果显示,仅在讯问模块中与题项“当证人、被害人、犯罪嫌疑人在回答问题时,出现遗忘或不确定时,您是否进行提示”交叉分析时,是否系统学习过心理学表现出极为显著的差异。与其他各模块问题分析中,均未呈现出有统计学显著水平的差异。为使行文简洁,故此处只列出与讯问模块问题进行交叉分析的过程,其他未显示有统计学显著水平差异的分析过程此处从略。

在题项(1)“你是否从事过讯问”(为跳转题项,表 4.24 中未显示)和“你是否从事过侦查工作”的选项中均选“是”,筛选出 260 个符合条件样本。之后将题项(2)、(3)、(4)、(5)与自变量“您是否系统学习过心理学知识”进行交叉分析(表 4.24)。分析结果显示:仅题项(4)表现出与自变量选项有关的差异。题项(4)有 3 个选项“是”“否”“不一定”,自变量有 2 个选项“是”“否”。其中题项(4)的“是”选项所对应的两个百分比相差比较大(是—是:29.50%,是—否:44.63%),而题项(4)“否”选项所对应的两个百分比较为接近(否—是:18.71%,否—否:23.97%),题项(4)“不一定”选项所对应的两个百分比相差也比较大(不一定—是:51.80,不一定—否:31.40%)。自变量的选项差异,是体现在题项(4)的“是”与“不一定”选项上,对选项“否”未显示出差异。并且,此差异的显著性达到了 0.01 的水平($X^2 = 11.259, p = 0.004 < 0.01$)。可见,与系统学习过心理学的侦查人员相比,未系统学习过心理学的侦查人员,在回答“证人、被害人、犯罪嫌疑人在回答问题时,出现遗忘或不确定时,您是否进行提示”时,倾向于选择“是”,而前者选择“是”的比例极低而且倾向于选择“不一定”。

表 4.24 心理学与讯问的交叉分析

题目	名称	您是否系统学习过心理学知识？		总计	X^2	p
		是	否			
(2)您是否同意在讯问中采用“欺骗”策略？	是	102(73.38)	90(74.38)	192(73.85)	0.033	0.855
	否	37(26.62)	31(25.62)	68(26.15)		
总计		139	121	260		
(3)您是同意在讯问中进行“必要的”肉体强制或者精神强制？	是	45(32.37)	46(38.02)	91(35.00)	3.292	0.193
	否	34(24.46)	36(29.75)	70(26.92)		
	不一定	60(43.17)	39(32.23)	99(38.08)		
总计		139	121	260		
(4)当证人、被害人、犯罪嫌疑人在回答问题时，出现遗忘或不确定时，您是否进行提示？	是	41(29.50)	54(44.63)	95(36.54)	11.259	0.004 **
	否	26(18.71)	29(23.97)	55(21.15)		
	不一定	72(51.80)	38(31.40)	110(42.31)		
总计		139	121	260		

续表

题目	名称	您是否系统学习过心理学知识?		总计	X^2	p
		是	否			
(5)您在讯(询)问中遇到与其他证据不一致的口供(陈述)时,有何反应?	给出必要提示	46(33.09)	42(34.71)	88(33.85)	0.735	0.947
	予以反驳	16(11.51)	13(10.74)	29(11.15)		
	出示证据	45(32.37)	36(29.75)	81(31.15)		
	愤怒并且斥责对方	1(0.72)	2(1.65)	3(1.15)		
	不置可否	31(22.30)	28(23.14)	59(22.69)		
总计		139	121	260		

* $p<0.05$ ** $p<0.01$ 括号外为频数,括号内为百分比

由于题项(4)与自变量交叉分析呈现出显著的差异,将题项(4)与自变量“您是否系统学习过心理学知识”进行多分类 Logistic 回归分析(表4.25)。分析时将题项(4)的选项“否”作为参照项,分析结果显示:相对于参照项“否”来说,选项“是”的回归系数为0.166,影响关系未达到统计学显著性($z=0.488$, $p=0.625>0.05$);相对于参照项“否”来说,自变量对选择选项“不一定”有影响关系,其回归系数为0.748,并且呈现出0.05水平的显著性($z=2.525$, $p=0.026<0.05$)。这说明,“您是否系统学习过心理学知识”与题项(4)的“不一定”选项之间存在正向影响关系。也就是说,相对于参照选项“否”来说,自变量的变化对题项(4)选“是”没有影响,但是对于选

"不一定"有正向影响关系。也就是说,相对于选项"否",自变量选"是"的选项增加,会导致题项(4)选"不一定"选项的增加。

表 4.25 多分类 Logistic 回归分析结果汇总

是	回归系数	标准误	z 值	p 值	OR 值	OR 值 95% CI(L)	OR 值 95% CI(U)
您是否系统学习过心理学知识?	-0.166	0.34	-0.488	0.625	0.847	0.435	1.65
截距	0.622	0.23	2.7	0.007	1.862	1.186	2.924
不一定	回归系数	标准误	z 值	p 值	OR 值	OR 值 95% CI(L)	OR 值 95% CI(U)
您是否系统学习过心理学知识?	0.748	0.336	2.225	0.026	2.113	1.093	4.086
截距	0.27	0.247	1.096	0.273	1.31	0.808	2.125
McFadden R^2:0.021							

三、以物证技术学为自变量的差异分析

以题项"您是否了解物证技术学或法庭科学"为自变量,将其与辨认、讯问、有罪指控倾向、启发法进行交叉分析。和逻辑学、心理学不一样,物证技术学并不是直接研究认知和思维的学科,而是为侦查中的物证分析提供专门性知识规则的学科。但是,物证技术学或法庭科学的科学思维和科学理念,也可能对辨认、讯问、有罪指控倾向和启发法产生影响。那么这种影响是否存在?在哪些方面会产生影响?交叉分析发现:自变量的变化在辨认、讯问、有罪指控倾向三个

模块中，各有一个问题产生了差异；但在启发法模块没有发现因自变量变化而产生的差异。

（一）物证技术学与辨认

与已经筛选出的频数为 244 的辨认样本进行交叉分析（表 4.26），发现仅题项（1）“辨认之前您是否允许证人之间进行交谈”对自变量“您是否了解物证技术学或法庭科学”的差异产生了响应，而其余两个题项则没有因自变量的差异而显示出差异。分析结果显示：题项（1）在自变量为“是”时选“是”的百分比为 5.63%，选“否”的百分比为 94.38%；在自变量为“否”时选“是”的百分比为 15.48%，选“否”的比例为 84.52%。也就是说，了解物证技术或法庭科学同时允许证人之间进行交谈的比例（5.63%），远低于不了解物证技术同时允许证人之间进行交谈的比例（15.48%）。或者，了解物证技术或法庭科学同时不允许证人之间进行交谈的比例（94.38%），远高于不了解物证技术或法庭科学同时不允许证人之间进行交谈的比例（84.52%）。这说明，是否了解物证技术学或法庭科学的差异，会对辨认之前允许证人之间进行交谈的比例带来新的差异。而且这一差异具有达到了 0.05 的显著水平，与 0.01 显著水平也极为接近（$X^2 = 6.516, p = 0.011 < 0.05$）。题项（2）、（3）未显示出因自变量变化带来的差异。

对自变量和题项（2）进行二元 Logistic 回归分析（表 4.27），分析显示回归系数为 -1.122，且影响关系达到了 0.05 的显著水平（$z = -2.456, p = 0.014 < 0.05$）。这说明自变量“您是否了解物证技术学或法庭科学”与因变量“辨认之前您是否允许证人之间进行交谈”之间存在负向影响关系：自变量选“是”的越多，那么因变量选“否”的就越多。也就是说，在题项“您是否了解物证技术学或法庭科学”选“是”的侦查人员越多，那么在“组织辨认之前是否允许证人之间进

行交谈”选“否”的侦查人员越多，并且这种负向影响关系具有统计学意义。

表 4.26　物证技术学与辨认交叉(卡方)分析

题项	选项	您是否了解物证技术学或者法庭科学？		总计	X^2	p
		是	否			
(1)辨认之前您是否允许证人之间进行交谈？	是	9(5.63)	13(15.48)	22(9.02)	6.516	0.011 *
	否	151(94.38)	71(84.52)	222(90.98)		
总计		160	84	244		
(2)您在组织辨认之前是否向被害人或证人介绍犯罪嫌疑人的情况？	是	23(14.37)	14(16.67)	37(15.16)	0.225	0.635
	否	137(85.63)	70(83.33)	207(84.84)		
总计		160	84	244		
(3)辨认结束后您是否向证人、被害人确认辨认结果？	是	118(73.75)	61(72.62)	179(73.36)	0.036	0.849
	否	42(26.25)	23(27.38)	65(26.64)		
总计		160	84	244		
* $p<0.05$ ** $p<0.01$ 括号外为频数，括号内为百分比						

表 4.27 二元 Logit 回归分析结果汇总

自变量 X	回归系数	标准误	z 值	p 值	OR 值	OR 值 95% CI (下限)	OR 值 95% CI (上限)
您是否了解物证技术学或者法庭科学?	-1.122	0.457	-2.456	0.014	0.326	0.133	0.797
截距	-1.698	0.302	-5.628	0	0.183	0.101	0.331
因变量 Y：辨认之前您是否允许证人之间进行交谈?							
R Pseudo R^2：0.042							

(二)物证技术学与讯问

在与已经筛选出的频数为 260 的讯问样本进行交叉分析[表 4.28,跳转题项(1)在表中未显示],发现仅题项(4)“当证人、被害人、犯罪嫌疑人在回答问题时,出现遗忘或不确定时,您是否进行提示”对自变量题“您是否了解物证技术学或法庭科学”的差异产生了响应,而其余三个题项则没有因自变量的差异而显示出差异。分析结果显示:在自变量选“是”时,题项(4)选“是”的百分比为 30.12%,在自变量选“否”时,题项(4)选“是”的比例为 47.87%;题项(4)选“否”的两种情况差异不大;题项(4)选“不一定”的两种情况差异也比较明显。自变量题项与题项(4)的差异,达到了 0.05 的显著水平($X^2=8.366, p=0.015<0.05$)。分析结果表明,了解物证技术学的侦查人员,在题项(4)的选择中,倾向于选“是”的远低于选“否”的,说明是否了解物证技术学或者法庭科学,对于在证人、被害人、犯罪嫌疑人回答问题时出现遗忘或不确定时是否进行提示,有显著差异,二者之间可能存在相关关系。

表 4.28　物证技术学与讯问交叉(卡方)分析

题项	选项	您是否了解物证技术学或者法庭科学？		总计	X^2	p
		是	否			
(2)您是否同意在讯问中采用"欺骗"策略？	是	123(74.10)	69(73.40)	192(73.85)	0.015	0.903
	否	43(25.90)	25(26.60)	68(26.15)		
总计		166	94	260		
(3)您是否同意在讯问中进行"必要的"肉体强制或者精神强制？	是	56(33.73)	35(37.23)	91(35.00)	3.591	0.166
	否	40(24.10)	30(31.91)	70(26.92)		
	不一定	70(42.17)	29(30.85)	99(38.08)		
总计		166	94	260		
(4)当证人、被害人、犯罪嫌疑人在回答问题时，出现遗忘或不确定时，您是否进行提示？	是	50(30.12)	45(47.87)	95(36.54)	8.366	0.015 *
	否	40(24.10)	15(15.96)	55(21.15)		
	不一定	76(45.78)	34(36.17)	110(42.31)		
总计		166	94	260		
(5)您在讯(询)问中遇到与其他证据不一致	给出必要提示	59(35.54)	29(30.85)	88(33.85)	2.558	0.634
	予以反驳	16(9.64)	13(13.83)	29(11.15)		

续表

题项	选项	您是否了解物证技术学或者法庭科学？		总计	X^2	p
		是	否			
的口供(陈述)时，有何反应？	出示证据	52(31.33)	29(30.85)	81(31.15)		
	愤怒并且斥责对方	1(0.60)	2(2.13)	3(1.15)		
	不置可否	38(22.89)	21(22.34)	59(22.69)		
总计		166	94	260		
* p<0.05 ** p<0.01 括号外为频数，括号内为百分比						

将自变量与题项(4)进行多分类 Logistic 回归分析(表 4.29)，分析结果显示：对于题项(4)，相对于选项“否”，选项“是”和“不一定”的分析结果有差异——自变量对选项“是”有负向影响关系，但对“不一定”没有影响关系。相对于选项“否”，自变量对选项“是”的回归系数为 -0.875，且影响关系达到了 0.05 的显著水平($z = -2.393$，$p = 0.017$)。这表明，是否了解物证技术学，相对于题项(4)的选项“否”，选项“是”的选择具有负向变化关系，也就是了解物证技术学的侦查人员越多，那么在讯(询)问对象遗忘时进行提示的侦查人员越少。

表 4.29 多分类 Logistic 回归分析结果汇总

“是”	回归系数	标准误差	z 值	p 值	OR 值	OR 值 95% CI(L)	OR 值 95% CI(U)
您是否了解物证技术学或者法庭科学？	-0.875	0.366	-2.393	0.017	0.417	0.203	0.854
截距	1.099	0.298	3.685	0	3	1.672	5.382

续表

"不一定"	回归系数	标准误	z 值	p 值	OR 值	OR 值 95% CI(L)	OR 值 95% CI(U)
您是否了解物证技术学或者法庭科学?	-0.176	0.366	-0.482	0.63	0.838	0.409	1.719
截距	0.818	0.31	2.64	0.008	2.267	1.235	4.161
McFadden R^2:0.015							

(三)物证技术学与有罪指控倾向

有罪指控倾向的两个题项与自变量进行交叉分析(表4.30),分析结果显示:题项(1)未显示出因自变量的变化而产生的差异;题项(2)显示出因自变量变化而产生的差异,其差异水平十分显著,达到了0.01的水平($X^2=7.373, p=0.007<0.01$)。自变量为"是"时,题项(2)选择"是"的百分比(86.59%)远高于"否"的百分比(73.47%)。也就是说,了解物证技术学或法庭科学的侦查人员,在回答"是否同时收集犯罪嫌疑人的有罪证据和无罪证据"时,倾向于选择"是"。

表 4.30 物证技术学与有罪指控倾向交叉(卡方)分析

题目	名称	您是否了解物证技术学或者法庭科学?		总计	X^2	p
		是	否			
(1)您在初次接触嫌疑人时是否立即认定他(她)有罪?	是	19(10.61)	9(9.18)	28(10.11)	0.143	0.706
	否	160(89.39)	89(90.82)	249(89.89)		
总计		179	98	277		

续表

题目	名称	您是否了解物证技术学或者法庭科学?		总计	X^2	p
		是	否			
(2)您是否同时收集犯罪嫌疑人的有罪证据和无罪证据?	是	155(86.59)	72(73.47)	227(81.95)	7.373	0.007**
	否	24(13.41)	26(26.53)	50(18.05)		
总计		179	98	277		
* p<0.05 ** p<0.01 括号外为频数,括号内为百分比						

表4.31 二元Logistic回归分析结果汇总

自变量X	回归系数	标准误差	z值	p值	OR值	OR值95% CI(下限)	OR值95% CI(上限)
您是否了解物证技术学或者法庭科学?	0.847	0.317	2.672	0.008	2.332	1.253	4.341
截距	1.019	0.229	4.452	0	2.769	1.768	4.336
因变量Y:您是否同时收集犯罪嫌疑人的有罪证据和无罪证据?							
R Pseudo R^2: 0.027							

由于以上差异的显著性,将题项(2)作为因变量与自变量进行二元Logistic回归分析(表4.29),发现二者有十分显著的正向影响关系,其回归系数值为0.847,并且呈现出0.01水平的显著性(z=2.672,p=0.008<0.01)。分析结果表明,自变量选"是"的比例越高,则因变量选"是"的比例越高。也即了解物证技术学越多,越倾向

于同时收集有罪、无罪证据。

（四）物证技术学与启发法

我们本来认为，是否了解物证技术学对启发法的选项选择有差异影响，但是交叉分析（表4.32）结果并没有显示出差异。这说明是否了解物证技术学或法庭科学，对于是否根据经验做决定和判断的选项之间没有差异，对于是否将目前情景与经验相对比寻找相同点和不同点的选项也没有差异。

表4.32　物证技术学与启发法交叉（卡方）分析结果

题项	选项	您是否了解物证技术学或者法庭科学？		总计	X^2	p
		是	否			
（1）您在侦查过程中的决定和判断是否根据经验进行？	是	110（61.45）	63（64.29）	173（62.45）	0.217	0.641
	否	69（38.55）	35（35.71）	104（37.55）		
总计		179	98	277		
（2）在进行判断和决定时，您是否将目前情景与经验进行对比，寻找其相同点和不同点？	是	122（68.16）	75（76.53）	197（71.12）	2.864	0.239
	否	6（3.35）	1（1.02）	7（2.53）		
	不一定	51（28.49）	22（22.45）	73（26.35）		
总计		179	98	277		

* $p<0.05$　** $p<0.01$　括号外为频数，括号内为百分比

四、以参加经常性业务培训为自变量的差异分析

作为知识构成,经常性的业务培训虽然不属于某一学科的专门知识构成,但是经常性的业务培训所获得的知识一般有很强的实操性、时效性和综合性。即使是侦查人员的学历背景是侦查或者相关专业,也无法替代经常性业务培训。所以,是否参加经常性的业务培训,对于侦查人员知识储备的更新,具有十分重要的意义。

由于经常性的业务培训的重要性,我们预期以题项"您是否参加经常性的业务培训"为自变量的交叉分析中,在辨认、讯问、有罪指控倾向和启发法四个模块均会产生差异。但是,分析结果显示,自变量与以上四个模块的交叉分析,仅在讯问模块中发现一个问题与自变量的变化产生了响应。而其他模块或问题,均未因自变量的变化,而产生相应选项差异。这些未产生响应的模块,此处不再具体列表分析,而仅列出自变量与讯问模块的分析结果。

自变量与讯问模块中的题项(2)"您是否同意在讯问中采用'欺骗'策略进行交叉分析"[表4.33,跳转题项(1)未在表中显示],分析结果显示:题项(2)在自变量为"是"的条件下选"是"的百分比(64.42%),远低于自变量为"否"的条件下选"是"的百分(80.13%);在自变量为"是"的条件下选"否"的百分比(25.58%),远高于自变量为"否"的条件下选"否"的百分比(19.87%)。说明自变量的变化在题项(2)的选择上有显著差异,其差异达到了0.01的显著水平($X^2=7.969, p=0.005<0.01$)。也就是说,参加经常性的业务培训的侦查人员同意在讯问中采用"欺骗"策略的,比不参加经常性业务培训的侦查人员少。

表4.33 参加经常性业务培训与讯问交叉(卡方)分析

题项	选项	您是否参加经常性的业务培训?		总计	X^2	p
		是	否			
(2)您是否同意在讯问中采用"欺骗"策略?	是	67(64.42)	125(80.13)	192(73.85)	7.969	0.005**
	否	37(35.58)	31(19.87)	68(26.15)		
总计		104	156	260		
(3)您是同意在讯问中进行"必要的"肉体强制或者精神强制?	是	31(29.81)	60(38.46)	91(35.00)	2.113	0.348
	否	31(29.81)	39(25.00)	70(26.92)		
	不一定	42(40.38)	57(36.54)	99(38.08)		
总计		104	156	260		
(4)当证人、被害人、犯罪嫌疑人在回答问题时,出现遗忘或不确定时,您是否进行提示?	是	29(27.88)	66(42.31)	95(36.54)	5.712	0.058
	否	24(23.08)	31(19.87)	55(21.15)		
	不一定	51(49.04)	59(37.82)	110(42.31)		
总计		104	156	260		

续表

题项	选项	您是否参加经常性的业务培训？		总计	X^2	p
		是	否			
(5)您在讯（询）问中遇到与其他证据不一致的口供（陈述）时，有何反应？	给出必要提示	36(34.62)	52(33.33)	88(33.85)	1.11	0.893
	予以反驳	12(11.54)	17(10.90)	29(11.15)		
	出示证据	29(27.88)	52(33.33)	81(31.15)		
	愤怒并且斥责对方	1(0.96)	2(1.28)	3(1.15)		
	不置可否	26(25.00)	33(21.15)	59(22.69)		
总计		104	156	260		
* $p<0.05$ ** $p<0.01$ 括号外为频数，括号内为百分比						

由于题项(2)对自变量变化产生的显著性差异，将题项(2)作为因变量与自变量进行二元 Logistic 回归分析（表4.34），分析结果显示：回归系数为 -0.801，说明自变量和因变量有负向影响关系，并且呈现0.01 的显著水平（$z=-2.792, p=0.005<0.01$）。分析结果表明，参加经常性业务培训的侦查人员，在被问及是否同意在讯问中采用“欺骗”策略时，倾向于选择“否”，参加经常性培训的侦查人员越多，选“是”的越少，而选“否”的越多。这说明经常性的业务培训，可能对侦查人员采用“欺骗”讯问策略态度有影响。

表 4.34　二元 Logistic 回归分析结果汇总

自变量	回归系数	标准误差	z 值	p 值	OR 值	OR 值 95% CI（下限）	OR 值 95% CI（上限）
您是否参加经常性的业务培训？	-0.801	0.287	-2.792	0.005	0.449	0.256	0.788
截距	1.394	0.201	6.949	0	4.032	2.721	5.975
因变量 Y：您是否同意在讯问中采用“欺骗”策略？							
R Pseudo R^2：0.026							

第六节　以有罪指控倾向为自变量的差异分析

测定有罪指控倾向的模块有 2 个题项：题项（a）“您在初次接触嫌疑人时是否立即认定他（她）有罪”；题项（b）“您是否同时收集犯罪嫌疑人的有罪证据和无罪证据”。题项（a）选“是”的比例很低，仅 10.11%；题项（b）选“是”的比例很高，为 81.95%。这似乎表明，侦查人员倾向于有罪指控的假设是不成立的。但是，对于这两个问题简单选择“是”与“否”，并不一定是被调查者的真实想法，所以仅仅依靠这两个选择题是无法真正对“侦查人员有较高的有罪指控倾向”这一假设进行验证的。但是，对这两个问题选项的不同选择，是否会反映到其他一些相关问题选项选择上去？所以，将这两个题项与一些与侦查认知决策有关的问题进行交叉，以发现因这两个题项而反映出来的差异。

一、以题项（a）为自变量的差异分析

将题项（a）与辨认、讯问和启发法分别进行交叉分析，在辨认模

块没有发现与题项(a)有关的显著差异。但在讯问模块和启发法模块分别发现了与题项(a)有关的显著差异。在讯问模块,发现因题项(a)变化而显示出差异的题项为(1)“您是否同意在讯问中采用‘欺骗’策略”以及(2)“您在讯(询)问中遇到与其他证据不一致的口供(陈述)时,有何反应”。

以题项(a)与题项(1)(2)进行交叉分析(表4.35)。分析结果显示:题项(a)为“是”且题项(1)选“是”的百分比(96%),远高于题项(a)为“否”且题项(1)选“是”的百分比(71.49%);题项(a)为“否”且题项(1)选“是”的百分比(71.49%)远高于二者都选“否”的百分比(28.51%)。题项(a)条件下的题项(1)选项差异,达到了0.01的显著水平($X^2=7.029, p=0.008<0.01$)。这一差异说明,在初次接触嫌疑人时如果立即认定其有罪的条件下,在“是否同意在讯问中采用‘欺骗’策略”的问题中选“是”的远高于选“否”的。

表4.35 自变量题项(a)与讯问模块问题交叉(卡方)分析

题项	选项	(a)您在初次接触嫌疑人时是否立即认定他(她)有罪?		总计	X^2	p
		是	否			
(1)您是否同意在讯问中采用“欺骗”策略?	是	24(96.00)	168(71.49)	192(73.85)	7.029	0.008**
	否	1(4.00)	67(28.51)	68(26.15)		
总计		25	235	260		

续表

题项	选项	(a)您在初次接触嫌疑人时是否立即认定他(她)有罪?		总计	X^2	p
		是	否			
(2)您在讯(询)问中遇到与其他证据不一致的口供(陈述)时,有何反应?	给出必要提示	12(48.00)	76(32.34)	88(33.85)	22.671	0.000 **
	予以反驳	8(32.00)	21(8.94)	29(11.15)		
	出示证据	4(16.00)	77(32.77)	81(31.15)		
	愤怒并且斥责对方	1(4.00)	2(0.85)	3(1.15)		
	不置可否	0(0.00)	59(25.11)	59(22.69)		
总计		25	235	260		
* $p<0.05$ ** $p<0.01$　括号外为频数,括号内为百分比						

题项(a)与题项(2)分析结果显示:题项(a)为“是”的条件下,“给出必要提示”的百分比(48%)远高于其他各项组合百分比,“予以反驳”的百分比也较高(32%);题项(a)为“否”的条件下,“给出必要提示”的百分比为32.34%,“出示证据”为32.77%,“不置可否”为25.11%。因题项(a)的变化而导致题项(2)的选项差异达到了0.01的显著水平($X^2=22.671, p=0.000<0.01$)。结果表明:如果在初次接触嫌疑人立即认定其有罪的侦查人员,在被问及“讯问中遇到与其他证据不一致的口供(陈述)时,有何反应”时,最有可能选择“给出必要提示”,其次“予以反驳”。这说明,有罪指控倾向会促使侦查人员进行暗示性、诱导性讯问。

在启发法模块，发现因题项(a)变化而显示出差异的题项是“在进行判断和决定时，您是否将目前情景与经验进行对比，寻找其相同点和不同点”(代表性启发法)，而题项“您在侦查过程中的决定和判断是否根据经验进行”(可得性启发法)则未显示出因题项(a)相关的差异。二者的差异分析(表4.36)显示：当题项(a)为“是”的条件下，代表性启发法题项选“是”的百分比(60%)，低于题项(a)为“否”的条件下选“是”的百分比(70.64%)，差异达到了0.01的显著水平($X^2=9.269, p=0.010=0.01$)。这说明，初次接触嫌疑人立即认定其有罪的侦查人员采用代表性启发法的百分比，低于持相反态度采用代表性启发法的侦查人员百分比。所以在初次接触嫌疑人是否立即认定其有罪的态度，在是否采用代表性启发法上有较为显著的差异。这说明有罪指控倾向会加剧代表性启发法的效果，但对可得性启发法无影响。

表4.36 自变量题项(a)与代表性启发法交叉(卡方)分析

题目	名称	(a)您在初次接触嫌疑人时是否立即认定他(她)有罪？		总计	X^2	p
		是	否			
在进行判断和决定时，您是否将目前情景与经验进行对比，寻找其相同点和不同点？	是	15(60.00)	166(70.64)	181(69.62)	9.269	0.010**
	否	3(12.00)	4(1.70)	7(2.69)		
	不一定	7(28.00)	65(27.66)	72(27.69)		
总计		25	235	260		

* p<0.05 ** p<0.01 括号外为频数，括号内为百分比

二、以题项(b)为自变量的差异分析

题项(b)“您是否同时收集犯罪嫌疑人的有罪证据和无罪证据”与辨认、讯问、启发法三个模块问题进行交叉分析。在辨认模块未发现因题项(b)为自变量的选项差异,但在讯问模块发现题项(4)“当证人、被害人、犯罪嫌疑人在回答问题时,出现遗忘或不确定时,您是否进行提示”与题项(5)“您在讯(询)问中遇到与其他证据不一致的口供(陈述)时,有何反应”,均有因题项(b)为自变量的选项差异。在启发法模块,发现题项“您在侦查过程中的决定和判断是否根据经验进行”有因题项(b)为自变量的选项差异。

题项(b)与讯问模块的题项(4)、(5)进行交叉分析(表4.37),分析结果显示:题项(4)在自变量为“是”时选“是”的百分比(32.86%),低于自变量为“否”时选“是”的百分比(53.19%);题项(4)在自变量为“是”的条件下选“否”的百分比(24.41%),远高于自变量为“否”的条件下选“否”的百分比(6.38%);选项“不一定”对自变量的变化未显示出差异。题项(4)选项差异到达了0.01的显著水平($X^2=10.32, p=0.006<0.01$)。这说明,侦查人员是否同时收集嫌疑人的有罪证据和无罪证据,在证人、被害人、嫌疑人回答问题时出现遗忘或不确定时是否提示有差异,其中差异主要体现在选项“是”与“否”上,“不一定”选项未显示出差异。说明侦查人员不同时收集有罪证据和无罪证据时,倾向于对遗忘进行提示。这说明,题项(b)和题项(a)的分析结果是一致的。

表 4.37 题项(b)与讯问的交叉(卡方)分析

题目	名称	您是否同时收集犯罪嫌疑人的有罪证据和无罪证据?		总计	X^2	p
		是	否			
(4)当证人、被害人、犯罪嫌疑人在回答问题时,出现遗忘或不确定时,您是否进行提示?	是	70(32.86)	25(53.19)	95(36.54)	10.32	0.006 **
	否	52(24.41)	3(6.38)	55(21.15)		
	不一定	91(42.72)	19(40.43)	110(42.31)		
总计		213	47	260		
(5)您在讯(询)问中遇到与其他证据不一致的口供(陈述)时,有何反应?	给出必要提示	65(30.52)	23(48.94)	88(33.85)	11.479	0.022 *
	予以反驳	21(9.86)	8(17.02)	29(11.15)		
	出示证据	74(34.74)	7(14.89)	81(31.15)		
	愤怒并且斥责对方	3(1.41)	0(0.00)	3(1.15)		
	不置可否	50(23.47)	9(19.15)	59(22.69)		
总计		213	47	260		

* $p<0.05$ ** $p<0.01$ 括号外为频数,括号内为百分比

题项(5)选项“给出必要提示”在自变量为“是”时的百分比(30.52%),低于自变量为“否”时的百分比(48.94%);选项“予以反驳”在自变量为“是”时的百分比(9.86%)低于为“否”时的百分比(17.02%);选项“出示证据”在自变量为“是”时的百分比(34.74%)高于自变量为“否”时的百分比(14.89%);选项“愤怒并且斥责对方”“不置可否”两项未对自变量变化表现出差异“给出必要提示”在“是”与“否”的条件下,其差异水平达到了0.05的显著水平($X^2 = 11.479, p = 0.022 < 0.05$)。这说明,侦查人员是否同时收集有罪证据和无罪证据,在讯(询)问中遇到与其他证据不一致的口供(陈述)时的决定差异,其差异主要体现在:如果侦查人员不同时收集有罪证据和无罪证据时,倾向于对遗忘进行提示或者予以反驳。这说明在题项(b)为“否”的条件下,倾向于暗示性、诱导性讯问。这与题项(a)的分析结果也是一致的。

在启发法模块,自变量(b)与题项(1)“您在侦查过程中的决定和判断是否根据经验进行”与题项(2)“在进行判断和决定时,您是否将目前情景与经验进行对比,寻找其相同点和不同点”进行交叉分析(表4.38)。分析结果显示:题项(1)选项“是”在自变量为“是”时的百分比(60.56%),低于自变量为“否”时的百分比(76.60%);选项“否”在自变量为“是”时的百分比(39.44%),高于自变量为“否”时的百分比(23.40%)。这表明,侦查人员如果不同时收集嫌疑人有罪证据和无罪证据,在侦查过程中的判断和决定倾向于选“否”。题项(2)未显示出与自变量变化有关的选项百分比差异,说明题项(2)选项百分比并不因自变量的变化而变化。

这说明,在自变量(b)选“否”时,侦查人员倾向于使用代表性启发法,对可得性启发法没有影响。这与题项(a)的分析结果是一致的。

表 4.38　题项(b)与启发法的交叉(卡方)分析

题目	名称	您是否同时收集犯罪嫌疑人的有罪证据和无罪证据?		总计	X^2	p
		是	否			
(1)您在侦查过程中的决定和判断是否根据经验进行?	是	129(60.56)	36(76.60)	165(63.46)	4.268	0.039 *
	否	84(39.44)	11(23.40)	95(36.54)		
总计		213	47	260		
(2)在进行判断和决定时,您是否将目前情景与经验进行对比,寻找其相同点和不同点?	是	148(69.48)	33(70.21)	181(69.62)	0.071	0.965
	否	6(2.82)	1(2.13)	7(2.69)		
	不一定	59(27.70)	13(27.66)	72(27.69)		
总计		213	47	260		

* $p<0.05$　** $p<0.01$　括号外为频数,括号内为百分比

第七节　结论与评析

通过对从事侦查实务的人士进行的网络问卷调查,使得本研究的着力点更加均衡。这种问卷调查,一方面为一般的理论研究提供了佐证,另一方面也可能发现经验研究与理论研究之间的差异。虽然,本研究前三章并非纯粹概念思辨与诠释式的理论研究,其实也有

大量的经验研究证据,但是那些经验证据并不是本研究直接获得的。所以,本章也是为了获得第一手经验研究资料和证据。同时,在数据分析的基础上,我们尝试着归纳一些结论,以期能够引起一些思考。最后,需要对本研究的长处与不足进行总结,以利进一步研究之改进。

一、本经验研究的结论

从前面的数据分析,结合对本经验研究的长处与不足的评析。我们可以尝试着从本经验研究中得出一些结论。需要说明的是,由于本经验研究也是首次进行,我们不会将研究的结论贸然称为定论,而事实上,这些"结论"仍须面对后来者证伪的考验,所以这些"结论"仍然具有理论假设的地位和属性。

(一)侦查错案规模的保守估计值其实很大

在本经验研究中,我们发现:用最为保守的方法在本次调查中估计存在27件侦查错案。而且,此调查并非是逐年展开的调查,未考虑不同年份的累计。所以,自改革开放以来,事实上存在的侦查错案应该远远高于27件。可能要翻好几倍,这样下来,侦查错案的实际规模会很大。

(二)侦查中的认知与决策行为未显示出性别差异

在本研究中,将性别作为自变量,将其与知识构成、侦查失败经历、焦虑情绪、有罪指控倾向和启发法,分别做了交叉(卡方)分析。分析结果却没有发现以上任何问题模块对应于性别的不同而呈现出有统计学意义的差异。虽然女性样本与男性样本频数相差较大,但是女性样本仍然达到了最低样本频数要求(最低为30),所以,也并不能说二者之间完全不具可比性。但是性别的差异在任何一个问题

面,都显示出了因为有罪指控倾向的选择而不同的选择。启发法模块,对有罪指控倾向的两个题项的响应有所不同:当题项“您在初次接触嫌疑人时是否立即认定他(她)有罪”作为自变量时,仅题项“在进行判断和决定时,您是否将目前情景与经验进行对比,寻找其相同点和不同点”(代表性启发法)产生了响应;当题项“您是否同时收集犯罪嫌疑人的有罪证据和无罪证据”作为自变量时,启发法模块中的两个问题都产生了响应。这说明,启发法对有罪指控倾向的变化有较高的响应度。根据这些分析结果,似乎可以得出两个结论:(1)有罪指控倾向会使侦查人员倾向于使用暗示性、诱导性提问策略;(2)有罪指控倾向可能会加剧侦查人员使用代表性启发法的倾向。

(六)对遗忘或不确定的提示是高响应题项

需要说明的是,题项“当证人、被害人、犯罪嫌疑人在回答问题时,出现遗忘或不确定时,您否进行提示”,是一个高响应的题项。对逻辑学、心理学、物证技术学的知识背景都产生了响应,对有罪指控倾向的两个题项都产生了响应。也就是说,这是一个极易对自变量产生响应的题项。为什么这一题项会对各个重要的自变量都产生响应呢? 进行暗示性提问是不是讯问中最为常用的策略? 我们还没有找到合理的解释,这需要在将来的深入研究中重点关注。

二、本经验研究的优点

国内针对刑事错案的研究主要是对已经判决但后续又发现是错误的案例展开的。与这类研究不同,本经验研究并非针对已经判决的案例进行的。虽然新闻报道和其他一些渠道可以获得一些被证明为错案的案例,但是这些案例研究存在一些无法弥补的缺陷:一是无法获得案件侦查的细节,对案件发生错误的实际原因往往没有第一手资料可以佐证,其结论说服力不强;二是实际发生并且被证明为错案的案件,其样本数是很小的,目前能够通过公开渠道查阅到的刑事错案不到100个,这样的样本规模无法得出有统计学意义的结论,其结论也往往不具有普遍性;三是无法有效对侦查人员的认知与决策行为方面的数据进行挖掘,因为从这些案例中,我们无法解读侦查人员具体的决策和认知行为特征,当然也无法对这些特征进行交叉分析和回归分析。所以,相比之下,本经验研究具有如下优点:

(一)能够直接反映侦查的实际状况

本经验研究调查的对象是一线从事侦查工作的人士,由于网络问卷调查的双盲性(调查者和被调查者彼此并不认知、了解,也不直接接触),所以并非所有的被调查者都从事侦查工作,但是我们在进行数据分析时,已经将非侦查职业的被调查者过滤掉,所以分析的样本基本可以保证其来源均与侦查工作相关。而同类已经被媒体公开的刑事错案,其中侦查环节的信息,经过多环节的筛选、过滤甚至扭曲,已经无法完整、准确反映其实际状况。所以,和这类研究相比,通过直接对一线从事侦查工作的人士展开调查,虽然并非针对具体案件进行,但是可以让一线从事侦查工作的人士在毫无戒备的心理状态下自由作答。这样能够较为可靠地反映侦查实践中的实际状况。比如,在本研究中,我们可以对侦查人员进行辨认、讯问、有罪指控倾向、启发法等方面的内容进行调查,还可以对侦查人员所在部门的情况进行调查,也对其身心状态进行了调查。显然,调查所及的广度和深度是单纯的案例研究所无法企及的。

(二)能够反映一定的普遍性

即使案例研究可以采用元分析(meta - analysis)的方式进行,即通过对裁判文书或者新闻报道的案例资料定量性分析,以揭示侦查错误的原因与病理;然而,这种元分析的前提是要保证所研究的变量信息是完整而真实的，但是事实上由于种种原因，案例研究很难做到这一点。案例研究更多采用的是，将特殊案例的致错原因外推为普遍原因。但是，案例毕竟是特殊的而非普遍的。在一个案例中的致错原因，在另外一个案例中可能根本不存在，即使用穷举法把所有的原因都找到，但是这些原因之间的关系，以及对错误贡献度的大小，是无法说清的。更何况，其可利用的样本数量目前还远远不够。而本研究的立足点就是普遍性，既要找到侦查错案的普遍性原因，又试图找到治理侦查错案的一般方案。所以，通过对277个从事过侦查工作的人士进行的调查，虽然其样本规模仍然有些偏小，但是其反映的一般性已经远远超过了案例研究所能及的程度，至少对侦查中的一些决策态度的调查，其结果还是与预期一致的。如当问及“您是否同意在讯问中采用‘欺骗’策略”，我们预期普遍会选“是”，其结果也正好符合预期，选“是”的百分比为(73.85%)。这样的结论，是无法从案例研究中获得的。

(三)可以推动对错案变量之间的关系的研究

本研究既全面统计了每一个题项的答题情况，获得了答题的样本频数和所占百分比，这对侦查实践中的基本现象就有了一个总体上的把握。更重要的是，我们对主要变量之间的关系进行了探索，比如对性别、职业年龄、知识构成等变量和侦查中的认知、思维、决策的影响关系进行了深度挖掘。我们通过交叉分析发现了因自变量的变化所产生的因变量的变化，虽然这二者的变化可能并不一定说明二者之间实际存在影响关系，但是至少通过因变量的差异为我们提出了新的假设，提供了新的研究起点。比如职业年龄和知识构成所导致的因变量选项的差异，是否真的说明了职业年龄和知识能够导致辨认、讯问、有罪指控倾向和启发法的变化，本研究并没有提供最终答案。事实上所谓最终答案既无法提供，也不应该提供。但是，这给我们继续展开对这种变量之间实际关系的研究提供了方向。相信这样的研究,定会激发后来者展开验证或者更深入的探索。

(四)揭示了经验证据与相关理论假设之间的差异

本经验研究最初的目的,是对理论假设研究的完善和补充,也为之前的理论假设提供一些实际的证据。但是,在对调查数据的分析中,我们发现调查和数据分析的结果,并不能与我们所预先接受的理论假设完全契合。我们既发现了一些与理论假设一致的分析结果,也发现了与之不一致的分析结果。我们发现,侦查认知和决策跟生活中的认知和决策一样,都会频繁采用可得性启发法和代表性启发法,这对卡尼曼提出的关于启发法在日常认知和决策中的普遍性也是一种验证,这和我们最初的理论假设也是一致的。虽然,我们一开始也接受了组织压力可能影响和改变决策行为的理论预设,但是在本经验研究中,数据分析却没有显示出组织压力、焦虑情绪等对讯问方法、有罪指控倾向和启发法的影响。虽然这并不能完全证伪我们所接受的理论假设,其原因也很可能是我们的问卷设计和研究方法本身的缺陷(这在下面会详细讨论),使得我们的预期没有得到实现。

如果没有这些经验研究,也许我们在潜意识中会把理论假设作为一种可靠性毫无差别的结论,而实际上这些理论假设能否成立的条件是有差异的。经过本经验研究,我们对相关理论假设的可靠性进行了验证。虽然,这种验证本身还需要接受检验,但是我们对于侦查错案的有关理论假设有了更谨慎的认识,这有利于进行更为充分、合理的经验研究之展开。

三、本经验研究的不足

本经验研究虽然具有上述优点,但是由于研究者经验不够,对于题项的构成考虑不周,样本属性和频数差异较大,受被调查对象性别

构成的差异影响,提问方式不当等因素,导致了本研究存在一些明显的不足:

(一)未设计量表题项

对于被调查对象的主观感受、对于行为变量的非精确定量、对于变量和变量之间关系的定量化研究,量表都是不可缺少的。本研究中的一些题项实际上是可以设计成量表形式的,对于知识构成"是否系统学习过……"这样的问题表述只能了解被调查对象是否具备某种知识,但是对于知识掌握的程度无从得知。那么,对于这种知识能够在侦查认知与决策中产生什么作用,产生多大作用,其实是不得而知的。又如有罪指控倾向在多大程度上会影响辨认、讯问和启发法的使用,没有量表,这样的问题很难回答。如果这样的题项能够设计成量表,结果就完全不一样了。虽然很多量表其实是一种主观报告,不等于客观测量,但是也至少能够有相对量化的、程度上的区分,对于变量之间的方差分析、回归分析、t 检验等方法,都可以因为量表而充分加以使用。所以,本经验研究在数据分析阶段,由于量表的缺乏,深感分析方法单一,精确模型难以建立,结论检验难以深入进行,变量和变量之间的关系难以明确界定。本经验研究,作为侦查与认知科学之间的交叉学科研究,没有充分借鉴认识科学中常见的量表研究工具,也是将来类似的研究中要重点加以改进的地方。

(二)女性样本还需要增加

这在前面的"性别"变量数据分析中已经提到过。由于职业特点的原因,从事侦查工作的女性远低于男性,并且在侦查第一线工作的女性又更加少。在调查之初,没有将这一现实因素考虑进去,所以调查结果导致男性样本数(242)远高于女性样本数(35)。按照统计的要求,样本数最低限度不能低于 30,这一要求虽然已满足,但是由于男性和女性之间样本数差异过大,导致基于性别的不同的差异分析可能有偏差。所以,目前本研究将性别作为变量的题项差异分析结论,还有待将来在线下调查中,缩小性别差异规模的条件下加以验证。

(三)部分提问方式导致无法进行有区分度的交叉分析

在设计问卷之时,我们认为对有些题项的回答,可能存在着一些不明确的态度,比如相对于“是”“否”选项,“不一定”选项则代表着不明确的态度。那么在设计题项的选项时,似乎也应该考虑这一模糊地带。然而,这样的选项给数据分析带来了困难。实际上“不一定”选项虽然不是明确的态度,但是它会影响明确态度选项的变化。在这样情况下,即使明确态度选项有具体的统计数字,这依然不是带来变量差异的唯一原因。可是在数据分析的时候,又不能将这些模糊选项频数去掉,所以在分析时就面临着左右为难的局面,以至于结合自变量的变化进行的交叉分析,有些差异并没有显著的区分度。所以,在将来的研究中,设计这类题项时尽可能不设置模糊选项,而应该让被调查者进行考量之后明确选择,或者将这类问题改造成量表的形式。

(四)知识构成题项中未将法律知识列入

知识构成题项中,安排的题项仅涉及四个方面的知识构成:逻辑学、心理学、物证技术学(或法庭科学)、业务知识与技能。因为在设计问卷时将侦查错案的研究重心过多地集中到了案件事实层面,而未适当考虑侦查错案也有规范层面的错因。事实上,侦查人员的法律知识构成,也对侦查错案的经验研究具有实际价值。法律知识会影响侦查人员对案件事实的选择和定性,法律知识也会影响侦查人员的认知和决策,所以在有关讯问中的欺骗策略、强制手段、有罪指控倾向等问题的研究时,如果将法律知识因素作为考察变量,其结果会更加全面。

(五)未对学历背景进行调查

学历的高低,对侦查人员的认知与决策是否有影响?从事一线侦查工作的人士,对学历背景有一种普遍的轻视倾向,认为学历背景与侦查人员的实际能力之间没有关联性。但是学历背景对侦查认知与决策是否有影响,将一般人士的偏见作为理论的根据显然是不合理的,仍然需要有实际的证据。所以,应当在经验研究中将学历因素考虑进去,一来以验证一线侦查人员的观念是否存在偏差,二来也可能发现侦查认知决策中的一些新的影响因素。这样对于认知、决策与侦查错案的探索就更加全面。

(六)未对现场勘查方面的变量进行研究

现场勘查是一个复杂的过程,其中综合了自然科学、社会科学乃至人文科学的运用。所以现场勘查的认知与决策过程其实很复杂。现场勘查中的认知与决策,对于侦查错案的促成,理当有其“贡献”。但是,由于现场勘查中的认知与决策仅仅依靠对调查对象的问卷分析,并不能有效、深入探究。而更为有效的路径是进行实验研究。而本经验研究仅仅是对一线侦查人员的问卷,对实验研究无法兼容。所以,本经验研究未对现场勘查方面的变量进行探究,也是本经验研究的性质所限。

第五章　侦查错案治理的认知科学进路

常识告诉我们,人总是要犯错误的。所以,任何试图彻底消除错误的努力,都是与常识相悖的,是注定要失败的。但是,这又并不意味着我们在减少错误面前不应该做任何努力。虽然我们无法消除错误,但是竭力减少错误是应该的,也是可以做到的。

刑案侦查是关系到犯罪嫌疑人和刑事被告人身家性命的大事,我们的理想当然是在任何刑案的侦查中都绝不出错误,然而这是超越人类理性极限的理想,是不可能完全实现的。但是,竭力防止侦查错案的发生,又是侦查学研究者们和侦查实务人士义不容辞的责任。同时我们又应当看到,不可能在某一个侦查人员的一朝一夕的努力之下,侦查错案就可以大幅减少。因而,对于侦查错案应该着眼于长期治理,而不是短期努力。侦查错案的治理其实是个系统工程,仅仅某一方面的努力并不够。由于本研究是从认知科学的视野来探究侦查错案及其治理,所以本研究也仅仅对侦查错案的治理提供认知科学的思路。

本研究最基本的假设,是人类的认知与决策是基于有限理性的。因此,有限理性是侦查错案治理中要始终坚持的原则和理念。虽然有限理性描述了人类认知和决策的属性,但是有限理性的效力并非只及于侦查中的认知和决策,与侦查有关的法律规范也应当体现有限理性的精神,才能有助于侦查错案的治理。

治理侦查错案,需要批判性思维的训练和养成。侦查本来就是科学精神的产物,它使得查断刑事案件褪去神秘主义的色彩,用现代科学精神为刑事案件的发现与证明祛魅,用现代科学技术和方法为刑事案件的发现与证明提供了有力工具。而对于侦查错案的治理来说,也同样离不开科学精神,更离不开科学思维。治理侦查错案,最为重要的科学思维就是批判性思维。批判性思维是思维的思维,是对思维的反思,是否能够从认知的路径治理侦查错案,对于认知和决策的审慎反思,是必要的,也是有效的。启发法和认知偏差是本研究用认知科学解释侦查错案的一个主要视角。那么,对于侦查错案的治理,对启发法和认知偏差的认知,克服启发法的负面影响,减少认知偏差,有助于减少侦查错案。而克服启发法的负面影响,减少认偏差,批判性思维也同样不可或缺。

组织文化对于个体和群体的影响是十分显著的。刚性的组织文化可能不利于探索性的认知,过于僵化的组织管理制度不利于及时纠正认知错误。所以,培育有弹性的组织文化,既是有限理性原则在管理上的体现,也同样有利于批判性思维的训练和养成。

适度的压力有利于提高组织效率,但是过大的压力反而会导致错误率的上升。所以,有效治理侦查错案,调控侦查人员所面临的压力,使其认知保持正常的状态是完全必要的。

第一节　有限理性原则及其实现

有限理性(bounded rationality)原则,是认知科学巨匠、诺贝尔经济学奖获得者 Herbert A. Simon 对审视人类决策行为提供的新视角。侦查中的认知和决策,也同样是在侦查人员的有限理性条件下展开的,所以,无论是与侦查有关的法律制度还是侦查管理,都应当将有限理性原则加以体现,为侦查错案的治理建立良好的制度环境。

一、有限理性原则的含义

在 Simon 之前的决策理论，被称为理性选择理论。理性选择理论的基本假设是：理性人追求目标最优化或最大化，用最小的成本取得最大的收益。理性选择理论并不考虑决策者的信息处理能力和环境条件的限制，它假定了决策者对于自身和环境有完全的知识（perfect knowledge）。出于对这种理论的怀疑，Simon 提出了以下看法：

> 理性是有限度的。无论是决策者的需求还是成本，都存在风险和不确定性。决策者对于可能的决策选项仅有不完全的信息。决策的理性，会受到成本函数或环境的约束，阻碍他采取最佳的行动策略。①

Simon 以国际象棋的博弈为例，证明了理性选择存在的现实性困难。根据我们的直观感觉，国际象棋的决策环境比生活中的决策环境要简单得多，博弈双方都能够看到对方的任何一次决定和举动，几乎不存在决策信息不对称的情况。所以，根据经典的理性选择理论，弈棋者每一步棋都可以找到全部可选的策略，并且对每个策略都可以进行有效的评价，从而找到最佳的策略。因此，弈棋就如在一个决策树上搜寻可能的行动方案，并且预测其结果，根据结果返回决定选择哪个选项。然而，实际上却没有这么简单，弈棋者每走一步，都会面临 30 个合规的选择，对每走一步的回应，平均有 10^3 个组合，一盘棋平均下来大概会走 40 步。那么就可能有大概 10^{120} 个可能的棋局。② 所以，按照理性选择理论的路径，人们根本不可能遍览弈棋决策树上的每一个分枝，更不可能预测每一个分枝对应的可能结局。

---

① Simon, H. A., "Theories of Bounded Rationality", in C. B. McGuire and Roy Radner (eds.), *Decision and Organization*, North - Holland Publishing Company, 1972, pp. 161 - 175.

② 同上。

所以,弈棋者根本无法决定哪一步是最好的,而只能根据自己的经验,选择自己觉得合适的下棋步骤。也就是说,按照理性选择理论的决策路径,作为人类根本不具备那样的能力,而只能接受有限理性的现实,实行满意决策。

即使如弈棋这种决策环境确定的决策过程,人类也不具备如此强大的信息处理能力,对于不确定和复杂的现实世界,人类的理性根本无法有效应对。所以,人类的理性是有限的。

Simon 提出的有限理性概念,针对的是人类决策行为。他所指的有限理性,主要是对人类决策行为中信息处理能力有限性的准确描述。实际上,有限理性的观念早已在哲学认识论、法律、公共政策、政治学等领域产生深远影响。

所以,本研究所主张的有限理性原则,不仅仅是决策行为意义上的有限理性,还包含了认知意义上的有限理性,以及价值实现意义上的有限理性。对于侦查的认知与决策行为来说,有限理性是指侦查人员不可能在所有的决策中都能找到最优的行动方案,而是只能找到自己觉得满意的或合适的行动方案;侦查人员不可能获知犯罪事件的所有事实细节,也不可能找到全部的证据,而只能通过部分证据了解犯罪事件的主要轮廓及部分细节;侦查人员并不是绝对正义的实现者,他们也有普通人的弱点,他们也会犯错,他们对于刑事程序价值的实现也只能是局部的。所以,我们不能要求侦查人员一方面行使公共权力竭力打击犯罪,另一方面又要求他们完美保护程序参与者特别是犯罪嫌疑人的私权。我们所主张的有限理性原则,既是决策行为意义上的,又是认知行为意义上,也是价值实现意义上的。

二、有限理性原则在刑事诉讼中的实现

现代刑事诉讼其实是建立在有限理性原则的理论假设基石之上的。虽然,现代刑事诉讼的设计者们未必知道有限理性原则,Simon

的研究也仅仅局限于认知心理学中,其本意也并不是为了改善刑事诉讼程序。然而,有限理性原则却在刑事诉讼中通过以下途径得到了实现:

(一)证据裁判

刑事诉讼的证据裁判原则,既是人类理性精神的体现,同时又实现了有限理性的原则。

证据裁判原则意味着一切以神明、巫术、决斗等方式的裁判,都将不被法律所接受。一切裁判都应当基于一定的事实,而事实的产生必须基于证据而不是臆想。所以,一切裁判必须基于证据和证明,本身就是理性精神照进法律的现实世界体现。

同时,证据裁判又实现了有限理性的原则。亚历克斯·斯坦(Alex Stein)将证据法的目标概括为三个方面:(1)提高事实认定的准确性,换言之,使错误风险最小化;(2)使事实认定程序及裁决所引发的成本最小化;(3)在诉讼双方之间分配错误风险以及由此引发的错案风险。③ 亚历克斯·斯坦的概括,正好体现了通过证据法来实现的有限理性原则。正是因为人类认知能力的有限性和时间、资源的有限性,仅仅依靠人的自然认知策略很难达到司法事实认定的确定、及时和权威。需要将诉讼中的认知中最有利于促进发现真实、最有效率的部分固定下来,从而作为一个取舍事实重建材料的标准。因此这体现了证据法的目标(1)和目标(2)。同时,证据法的创制者们明白,无论在诉讼的哪个阶段,发生事实认定错误的可能性都是存在的。那么,仅仅将错误风险交给指控方、辩护方、裁判方都是不恰当的,因为任何一方独自承担错误风险既不公平,又违背有限理性的原则。他们任何一方都不是全知全能的,所以需要证据法来将错误风

---

③ [美]亚历克斯·斯坦:《证据法的根基》,樊传明、邓飞等译,中国人民大学出版社2018年版,第1页。

险和因此而引发的错案风险加以分配。

所以，证据法本身就是有限理性的产物。通过这个证据材料取舍的裁判规则，将普通认知的优点加以固定，兼顾成本最小化、平等参与等价值目标，从而使得曾经被神化的司法事实认定走入人间。

（二）对抗制

从认知心理学上看，刑事诉讼的对抗制其实是对确证偏差（confirmation bias）的纠正。正如我们在第三章所描述的那样，刑事诉讼的双方都具有人类一般所有的确证偏差倾向，甚至居中裁判者也不例外。他们都倾向于选择与自己既定判断一致的证据，也都喜欢对自己有利的证据。那么，通过控辨双方的举证和交叉询问，对各方有利和不利的证据都可能被呈现出来。所以，从认知心理学来看，刑事诉讼中的对抗制是一个极为合理而且必要的程序设置。

同时，对抗制既是认知有限理性的体现，也是价值实现的有限理性的体现。对抗制可以弥补单一主体认知能力的不足，因为控辨双方都竭力寻找有利于己方的证据，竭力将案件事实构建为与共同接受的证据相符合的状态。双方既在阻止对方掩盖、歪曲事实，同时又都在促使案件事实逐步明晰。对抗制的存在实际上是基于单一主体认知能力局限的前提的，是认知有限理性的体现。与此同时，对抗制避免了价值实现在同一主体身上的矛盾冲突，对抗制中的控方和辩方都可以一心一意地根据自己的利益立场展开攻防，二者各自都不存在价值立场上的自我冲突。对抗制巧妙地将互相冲突的利益或价值立场加以兼顾，而互相冲突的价值立场是不可能仅凭个体理性的力量将二者有效平衡的。所以，刑事诉讼的对抗制，实际上是对纠问式诉讼中夸大指控方认知理性和价值实现理性能力的反抗，是对人类理性有限性这一现实的复归。

(三)无罪推定原则

无罪推定原则派生出了许多制度设计,如控方举证责任制度、沉默权制度、超越合理怀疑的证明标准、强制措施的比例原则、犯罪嫌疑人的法律地位、禁止酷刑原则等。其中超越合理怀疑的证明标准,还衍生为疑罪从无的原则。

无罪推定原则本是基于伦理的考量。虽然,基督教教义认为每个人都有原罪,人人都需要终生在上帝面前赎罪;但是,在世俗法律面前每个人都应该是无罪的。因为,如果任何一个人都事先被假定为有罪的话,那么任何人的任何权利都可能随时被剥夺。那么,人类的存续将会遇到严重危机,人类的福祉将被毁于一旦。所以,贝卡利亚在《论犯罪与刑罚》中指出:"在法官判决之前,一个人是不能被称为罪犯的。只要还不能断定他已经侵犯了给予他公共保护的契约,社会就不能取消对他的公共保护。"④所以,无罪推定是国家对公民基于社会契约的保护,而任何一个理智正常的人,都不会拒绝这样的保护。

同时,无罪推定原则也是基于认知上的考量。因为,认定一个人是否有罪,必须基于其犯罪事实是否存在,至于犯罪事实是否存在,人类对此并不具有全知全能的能力。那种所谓"不冤枉一个好人,不放过一个坏人",只能属于人类司法理想的一厢情愿。为了防止因为人类理性的局限而导致错案的悲剧,在任何一次刑事追诉之前都必须假定某个被怀疑犯罪的人为无罪。这样,这个被怀疑的人被错误定罪的机会就减少了许多。并且,基于这一原则衍生出的超越合理怀疑的证明标准、疑罪从无的原则,都是假定了人类认知上的有限理性。因为人类无法做到在发现犯罪上的绝对真实,只能将主观上达

④ [意]切萨雷·贝卡里亚:《论犯罪与刑罚》,黄风译,中国法制出版社2002年版,第35页。

到无合理怀疑的心理状态视为作出判决的标准，而更进一步地会将有合理怀疑的证明视为无效证明，从而使这样的有罪指控被推定为无效。

（四）时效原则

包括侦查机关在内的任何司法机关，都不应当将追诉犯罪无限期延长。一来刑罚的实现必须及时，“犯罪与刑罚的时间间隔得越短，在人们心目中，犯罪与刑罚这两个概念的联系就越突出、越持续，因而，让人们就很自然地把犯罪看作起因，把刑罚看作不可缺少的必然结果”⑤。二来时效其实反映了人们对自身理性局限的承认，因为无限制的理性必须以无限的时间资源作为成本，但是事实上人们不可能拥有无限的时间资源，既然如此，不如大方承认时间资源的有限，人类理性也因此有限，进而以时效的形式反映出来。当然，时效既是有限理性的产物，同时又增强了有限理性的现实效果。

三、侦查错案治理的有限理性途径

侦查错案治理的根本，其实就是要把在刑事诉讼中已经不同程度实现的有限理性原则加以施行。虽然侦查不同于刑事审判，但是在刑事诉讼已经实现的有限理性原则，同样适用于侦查阶段。所以，通过有限理性原则来治理侦查错案，只需要在侦查中坚持已经在刑事诉讼确立并体现了有限理性精神的原则即可。

（一）以证据裁判原则为导向

因为有了证据裁判原则，所有的侦查认知和决策都必须以获取证据为目标，或者以证据为出发点。虽然侦查并不是严格意义上的

⑤ 同注④，第66页。

事实裁决过程，但证据仍然是侦查人员构建案件事实的材料。侦查人员之所以要坚持证据裁判原则为导向，是因为我们知道侦查是以假设为驱动的。这样的事实发现过程，常常会促使侦查人员用假设去挑选“事实”，而不是用“事实”来证伪假设。所以，假设驱动的危险，在于容易使侦查人员忘记证据在事实发现中的核心地位。由于确证偏差倾向的存在，容易将证据裁判原则“异化”为“假设证实原则”。而假设的证实，却常常是犯罪嫌疑人被定罪的结局。

证据裁判原则的另一要求在于，侦查必须接受证据规则的约束。由于证据法追求减少错误、降低事实发现成本、分配错误风险这样三个目标，侦查接受证据规则的约束，当然也可以部分实现这三个目标。同时，由于证据规则的约束，一切违背程序价值为手段而获得的证据都将被排除。这样，防止了侦查人员违法取证的程序性错误，虽然增加了犯罪嫌疑人胜出的概率，但是降低了侦查错案的风险。

反观侦查实践，许多错案实际上都是因为证据裁判原则没有得到坚持，或者侦查人员的观念系统中缺乏证据裁判原则应有的位置，导致先入为主、刑讯逼供等现象，最终铸成错案。

（二）强化侦查程序的控辩对抗机制

控辩对抗制，是有限理性的体现。因为侦查人员根本无法同时承担指控犯罪嫌疑人又竭力维护犯罪嫌疑人合法权益的任务，这两个任务的利益和价值立场是完全冲突的，二者只能选其一。如果有人认为，侦查人员可以通过自己的理性或者内部机构的约束来实现这二者兼顾，那么这实际上是对价值实现有限理性原则的违背，事实上很难长期做到。并且，从认知的意义上来看，侦查程序的控辩对抗机制，可以纠正侦查人员因确证偏差而导致的错误。

但是，在整个刑事诉讼程序中，侦查阶段的控辩对抗的程度是最弱的。虽然这是基于侦查不公开原则、效率原则等考量，但是缺乏控辩对抗的后果，就是在侦查阶段极易发生错误：要么是侦查人员用暴力等违法手段取得证据，要么是侦查人员对案件的判断发生根本性错误而得不到纠正。

与法治国家相比，我国在侦查程序阶段的控辩对抗机制的现状还远不够乐观。我国侦查阶段的控辩对抗机制经历了缓慢发展的过程。1979 年《刑事诉讼法》将侦查阶段的犯罪嫌疑人命名为“被告人”，但是在这个阶段，“被告人”既没有获得律师帮助权，更没有获得辩护权，侦查阶段的一切重要行动的决定都由侦查人员自己作出。1997 年《刑事诉讼法》规定“公诉案件自移送审查起诉之日起，犯罪嫌疑人有权委托辩护人”，这表明在侦查阶段犯罪嫌疑人仍然无权获得辩护。但与 1979 年的《刑事诉讼法》略有不同的是，1997 年的《刑事诉讼法》规定“犯罪嫌疑人在被侦查机关第一次讯问后或者采取强制措施之日起，可以聘请律师为其提供法律咨询、代理申诉、控告”。也就是说，在 1997 年《刑事诉讼法》中，犯罪嫌疑人获得了部分的律师帮助权。2012 年《刑事诉讼法》及 2018 年修改后的《刑事诉讼法》规定：“犯罪嫌疑人自侦查机关第一次讯问或者采取强制措施之日起，有权委托辩护人。”和 1997 年《刑事诉讼法》相比，当下的《刑事诉讼法》明确了犯罪嫌疑人拥有辩护权，此时的辩护权与 1997 年《刑事诉讼法》的律师帮助权相比已有完善，但在本质上其实没有太大区别：辩护权的主要内容仍然是“提供法律咨询、代理申诉、控告”，由于侦查中尚无居中裁判方，辩护人距离与控方的平等对抗方面距离还很远。也就是说，到目前为止，我国《刑事诉讼法》在侦查阶段的律师辩护权仍然是不充分的，仍然有很大的改进空间。

如果要充分实现侦查阶段的控辩对抗制，首先需在侦查阶段实现对侦查强制措施的司法控制。也就是说，除紧急状态之外，侦查人员采取的一切侦查强制措施，都应当由裁判机关作出；并且，紧急状态下侦查人员所采取的重要强制措施，也应当由裁判机关加以事后确认。缺少了第三方裁判，实际的裁判权必然落入侦查机关，侦查强制措施的实施势必失去控制，那么犯罪嫌疑人与侦查机关之间的控辩平等地位将严重失衡。而在我国，到目前为止，侦查阶段还没有真正意义上的司法控制机制。真正意义上的控辩对抗机制也因此而阙如。

侦查阶段充分的对抗机制，还应该表现为实现讯问时的律师在场权。仅有律师的法律咨询、代理申诉、控告，实际上是滞后的抗辩权。因为侦查机关对犯罪嫌疑人权利的侵犯，实际上犯罪嫌疑人应对刑事指控所付出的沉没成本是无法收回的。要避免这样的成本付出，只有抗辩与指控能够基本同步进行。所以，在讯问时律师在场，以免犯罪嫌疑人遭受不公待遇，同时可以避免陷入侦查人员所编织的圈套，律师才可能为犯罪嫌疑人提供最为充分有效的辩护。但是，基于种种原因，我国的刑事诉讼并没有实现这一制度。

通过以上制度的改进，可以强化侦查阶段的充分控辩对抗机制，侦查错案的治理，将具有十分可靠的制度环境，因为侦查人员的恣意而导致侦查错案的机会将大大减少。

（三）正确理解并坚持无罪推定原则

无罪推定原则，是侦查人员最难以接受的一个理念。因为侦查人员的天职就是发现和打击犯罪，他们是公共权益的守护者。所以，让侦查人员接受无罪推定原则，会使他们怀疑自己的存在意义。但无罪推定原则是人类对自己理性的自谦，也是对人类自尊的维护。司法错案的发生，常常与司法人员无视或遗忘无罪推定原则有关。侦查要获得道德和法律上的正当性，就不能回避无罪推定原则。

侦查人员对于无罪推定原则常有些疑惑：既然事先假定犯罪嫌疑人无罪，那么我们立案、侦查还有必要吗？既然立案、侦查了，就应当是假定为有罪的。一些论者对这类疑问的解答是“首先要认识到，无罪推定并不是事实上或实体上认定被追诉者无罪,不能把无罪推定和无罪认定混为一谈"。⑥ 但是,这样的解释并不能让人信服,无罪推定虽不一定事实上有无犯罪行为,但一定是实体上被视为无罪。因为有罪与否并不存在实体和程序区分,至于"认定"和"推定"仅仅是字面上的差异而已,并没有什么本质上的不同。所以,对无罪推定原则应当从以下几个方面进行理解才是正确的:

1. 无罪推定的首要含义,在于犯罪嫌疑人的法律待遇应当等同于无罪者。无罪者的法律待遇是:不受刑罚处罚,人身自由不受非法限制,财产不得被任意处分。在理论上,由于无罪推定,犯罪嫌疑人也应该同样享有这些权利。所以,在侦查阶段不能将侦查强制措施作为惩罚措施,因而不能对犯罪嫌疑人施以酷刑,更不能刑讯逼供;不能变卖处分犯罪嫌疑人的财产,不能使犯罪嫌疑人人格、名誉蒙受羞辱。由于侦查的特殊性,侦查需要为审判提供必要的准备和保障,犯罪嫌疑人的人身自由需受到限制。但是,这种限制必须遵循比例原则和法治原则。也就是说,这种限制以保证犯罪嫌疑人能够及时面对刑事诉讼为限,并且这种限制还必须有严格的审查,最好是司法审查为宜。

2. 无罪推定还意味着证明责任在检控方,而不在辩护方。既然犯罪嫌疑人事先就被假定为无罪者,那么无罪者就没有义务承担证明自己有罪的责任。因为让被假定为无罪的人自证有罪,在逻辑上是矛盾的。那么,证明有罪的责任自然就落到了检控方。作为侦查人员,他们也属于检控方,当然要承担证明犯罪嫌疑人有罪的责任。所以,侦查人员并不因为无罪推定就放弃证明犯罪嫌疑人有罪的责任。恰恰相反,他们应该勇敢地承担这样的责任。只是,侦查人员不能希望、强迫犯罪嫌疑人自动承认自己有罪,或者让犯罪嫌疑人自己

---

⑥ 沈德咏:《见证中国法治》,法律出版社 2019 年版,第 45 页。

证明自己无罪。所以,刑讯逼供既是对犯罪嫌疑人作为无罪者法律待遇的剥夺,同时也不公正地将证明其有罪的责任强加于其身。

3. 无罪推定的认识论含义是“疑罪从无”。我们知道,无罪推定是认识论上的有限理性立场,是局部怀疑论的立场。既然司法人员不是全知全能的上帝,也无法做到绝对真实呈现案件事实,事实上做不到绝对的不枉不纵,存在着犯错误的可能。而冤枉无辜者给社会的伤害,远甚于放纵无罪者。既然做不到绝对的不枉不纵,就只有事先假定被追诉者无罪。当追诉者无法“超越合理怀疑”地证明被追诉者有罪时,就只能确定其无罪。所以,无罪推定的意义在于,对疑案的处理应当有利于犯罪嫌疑人或刑事被告人。

所以,无罪推定原则并不是要侦查人员陷入“精神分裂”的状态:忽而认为犯罪嫌疑人有罪,忽而认为犯罪嫌疑人无罪。而恰恰相反,侦查人员应当积极履行打击犯罪、积极搜寻证据的责任,而不是因为无罪推定原则而放弃这一责任。只不过,在此同时无罪推定原则还对侦查人员提出了这样的要求:在法律待遇上,侦查人员要将犯罪嫌疑人等同于无罪公民;在证明责任上,侦查人员要承担证明犯罪嫌疑人有罪的义务,犯罪嫌疑人无此义务;在证明标准上,如果证明有罪存在合理怀疑,那么犯罪嫌疑人就只能被确定为无罪(当然,这一点并不完全要求侦查人员做到,因为侦查往往并不是终局性的)。在满足这些要求的前提下,侦查人员实际上是否认为犯罪嫌疑人有罪的心理状态并不重要。如果在侦查实践中这样理解无罪推定原则,显然就少了许多疑问。并且,如果能够这样坚持无罪推定原则,无疑可以减少侦查中的错误,对于侦查错案治理的好处是显而易见的。

(四)遵守时效规定

超期羁押既是侦查程序的错误,也可导致实体错误。事实上,许多侦查错案都与超期羁押密切相关。超期羁押的主要原因,是案件因疑惑悬而不决。由于侦查人员未从内心真正接受无罪推定原则，当然也就不会将“疑罪从无”作为疑案的侦查终结标准。所以，侦查中难以决断的案件缺乏有效的终止机制，就只能把犯罪嫌疑人长期关押起来，企图通过时间的拖延来等待、创造所谓破案的条件，等待所谓的破案时机。

如果我们认真考察一下新闻报道的每一个错案，几乎都有侦查阶段的超期羁押现象。在立案之初，侦查人员由于种种原因认定犯罪嫌疑人有“重大嫌疑”，但是却实际上又找不到证明其有罪的关键证据，由于上级机关或领导的指示的原因，又不敢或不愿轻易解除对犯罪嫌疑人的强制措施，所以将犯罪嫌疑人超期羁押。这既便利了侦查机关采用违法手段收集证据，同时又给犯罪嫌疑人造成了压力，有可能迫使其自证其罪而导致错案。

所以，时间的有限性本来就是有限理性的原因，同时时限在另一方面加剧了对侦查人员理性的限制。因此，要体现有限理性的原则，遵守时效的规定，才能实现无罪推定，才能实现疑罪从无。

第二节 批判性思维及其训练

什么是批判性思维（critical thinking）？简言之，就是反思思维的思维。也就是说，批判性思维是我们对达成正确结论的论证、审查因果解释的过程的思维方法。“批判性思维是对思维展开的思维，我们进行批判性思维是为了考量自己（或者他人）的思维是否符合逻辑、是否符合好的标准。”⑦批判性思维可以防止草率、鲁莽、错误地得出论证结论和因果解释，是避免盲从、被愚弄、被欺骗的思维方法。

对于侦查的认知和决策行为，其实我们都可以把它们看作论证

---

⑦ [美]布鲁克·诺埃尔·摩尔、[美]理查德·帕克：《批判性思维》，朱素梅译，机械工业出版社2016年版，第2页。

过程和因果解释过程。在前面的章节,我们已经分析了这些论证和解释所可能面临的犯错误的风险,对于这些错误风险,除了需要一个根据有限理性原则搭建的法律框架,作为减少侦查人员犯错误的外部必要条件,更重要的是,侦查人员需要从自己的认知和决策思维的缺陷入手,寻找改善这些思维的途径,提高认知与决策的质量。那么,改善侦查认知与决策思维品质的唯一有效途径,就是侦查人员需具备批判性思维。因为,批判性思维是侦查人员提高认知能力的重要工具,是侦查人员理性纠错的必要保证,是侦查人员创新能力的重要源泉。⑧

然而,我们的现状很令人沮丧和遗憾:侦查人员普遍缺少对批判性思维的了解,对于侦查中的思维陷阱和谬误普遍缺乏认知和反思。这对于侦查错案治理来说,是极为不利的。所以,通过认知的路径来治理侦查错案,侦查人员需学会对自己和他人的侦查推理、解释、决定的审查和评估,避免得出结论和解释的盲目性,是十分必要的。

由于批判性思维是一个宏大的主题,片言只语不可能说尽说清,对它的学习和训练也不是一朝一夕之功。本研究仅仅简单论述侦查中如何运用批判性思维,以及对侦查人员如何训练批判性思维。

一、对侦查论证的审查与评估

侦查需要论证,而且侦查的本身也可以看作一个论证过程。对一个刑事案件的侦查,需要回答一些重要问题:犯罪人是谁? 犯罪行为如何实施? 犯罪的原因或动机是什么? 什么时间? 什么地点? ……对这些问题的回答,无非收集一些论据(证据)来加以证明,通过论据(证据)的推理,来对这些问题的解答,实际上就是论证。

---

⑧　沈志宏:《论侦查活动中的批判性思维》,载《新疆警官高等专科学校学报》2007 年第 1 期。

侦查中的论证,在侦查认知与决策中占有核心地位,甚至在任何侦查过程中都占有核心地位。因为,侦查的结果是否能够被法律所接受,犯罪嫌疑人是否需要承担刑事责任,收集的证据是否能够被采信,都取决于对犯罪事件的各个构成要素是否成立的论证是否有效。所以,侦查在本质上也可以被视为一个论证过程。

对于一个论证的评估,分为两个方面:逻辑评估和真假的评估。也就是说,我们要从逻辑的角度评估论证,就需要了解论证所使用的论证方式是什么?是演绎论证还是非演绎论证?论证所对应的方式是否符合其成立的条件?从真假的角度评估论证,是看论证所依据的论据或前提是否为真。也可以说,对论证逻辑的审查评估,实际上是对论证框架或形式的审查评估;论证前提或论据的审查评估实际上是内容的评估。

(一)演绎论证的审查与评估

演绎论证(deductive argument),是前提蕴含结论的论证。也就是说,在结论命题中的所有信息都在前提中出现过,也就是说结论中不会出现前提中未包含的新信息,故而演绎论证不会产生新信息。所以,演绎论证是必然性论证,只要前提真且符合论证形式,其结论就必然真。对于演绎论证的审查,需要具备范畴逻辑和真值逻辑的知识。由于本研究目的所限制,此处无法也不需对范畴逻辑和真值逻辑进行详细介绍,有兴趣者可以查阅相关文献资料。我们只说如何从范畴逻辑和真值函数逻辑审查演绎论证。

1. 直言命题三段论的评估

熟悉范畴逻辑的人都知道,范畴逻辑有四种直言命题:全称肯定命题,如"所有的 A 都是 B",又称 A 命题;全称否定命题,"所有的 A 都不是 B",又称 E 命题;特称肯定命题,"有的 A 是 B",又称 I 命题;特称否定命题,"有的 A 不是 B",又称 O 命题。范畴逻辑的论证主要是通过直言命题形成三段论形式的论证。比如下面的论证：

所有与父母同住的未成年女性都不会抽烟。

死者为未成年女性且有抽烟的习惯。 (1)

所以，死者未与父母同住。

侦查中有相当一部分命题都是通过这种直言三段论的形式获得的，只不过并不一定采用这种标准、刻板的形式，很多时候会省略前提中的某一个，甚至在不需要完整、严格表述的时候，前提并不出现。

对于直言三段论有效性的检验，可以遵循这样的标准：

(1)前提中的否定判断数量必须和结论中的否定判断数量一样(结论由一个判断构成，这就意味着一个有效的三段论不会有两个否定的前提)。

(2)中项在前提中至少周延一次。

(3)任何在结论中周延的词项必须在前提中也是周延的。⑨

我们用这个标准去检验论证(1)，前提中有一个否定判断，结论中也只有一个否定判断，二者数量一致；中项"抽烟"是中项，在前提"所有与父母同住的未成年女性都不会抽烟"中周延过一次；结论中的"未与父母同住"是周延的，在前提中也是周延的。所以，这个直言三段论是有效的。

2. 真值函数逻辑常见论证的评估

真值函数逻辑的常见论证三种形式：肯定前件式；否定后件式；假言连锁论证。

"如果经常吸烟，那么牙齿一定有烟垢；因为死者经常吸烟，所以她牙齿有烟垢。"这就是肯定前件式的论证。它的一个前提为一假言

⑨ 同注⑦，第190页。

判断,另一个前提则肯定了假言判断的前件。肯定前件的一般形式为“如果 p,那么 q;因为 p,所以 q”。

“如果经常吸烟,那么牙齿一定有烟垢;死者牙齿没有烟垢,所以她不经常吸烟。”这是一个否定后件式的论证。它的一个前提为假言判断,另一个前提则否定了假言判断的后件。否定后件式的一般形式为“如果 p,那么 q;非 q,所以非 p”。

“如果经常吸烟,那么牙齿一定有烟垢;如果牙齿有烟垢,那么牙齿一定会改变颜色;所以,如果经常吸烟,牙齿会改变颜色。”这是一个假言连锁论证。这种论证的两个前提都是假言判断,并且前一前提的后件,是后一前提的前件,最后结论仍然得到一个假言判断,只不过作为结论的假言判断的前件是前一前提的前件,其后件是后一前提的后件。其形式为“如果 p,那么 q;如果 q,那么 r;所以,如果 p,那么 r”。

由于真值逻辑函数的常见论证有三种形式,与这三种形式相对应的错误论证形式也有三种:肯定后件式、否定前件式、中项不周延。

“如果是观察仿写的字迹,那么书写速度很缓慢;因为物证笔迹的书写速度很缓慢,所以它是观察仿写的字迹。”这是一个肯定后件式的论证,且看起来是有效的。但是我们稍微想一想就知道,除了观察仿写字迹会使字迹的书写速度看起来很缓慢,还有其他原因也可以导致书写速度很缓慢,所以不能根据书写速度很缓慢来判断是否观察仿写。肯定后件式的形式为“如果 p,那么 q;因为 q,所以 p”。但是,需要说明的是,侦查中的推理有些时候是可以使用肯定后件式的,因为假言判断的前件是后件的充分必要条件,那么肯定后件的论证仍然是有效的。另外,由于侦查中常需回溯论证,即通过后件来发现前件。肯定后件,虽不能必然推出前件,但是前件可以作为一个可能性的结论,作为供检验的假设也是可以的,只不过不能将其视为必然结论。虽然书写速度缓慢,并不必然推出物证笔迹是观察仿写,但是它可能是观察仿写,那么“物证笔迹可能是观察仿写”就成了一个待证的假设。

“如果是观察仿写字迹,那么书写速度很缓慢;因为物证笔迹不是观察仿写的字迹,所以它的书写速度不会缓慢。”这是一个否定前件式的论证,看起来好像也可以成立。但是我们已经知道,导致书写速度缓慢的原因很多,所以即使物证笔迹不是观察仿写的,物证笔迹也可以书写速度缓慢。比如书写人故意放慢速度的自然书写,虽然不是观察仿写,但是它的速度依然会缓慢。否定前件式的论证形式为“如果 p,那么 q;非 p,所以非 q”。

“如果是观察仿写字迹,那么书写速度很缓慢;如果是摹写字迹,那么书写速度很缓慢;所以,如果物证是观察仿写字迹,那么物证也是摹写字迹。”这是一个中项不周延的连锁论证。根据书写速度缓慢,我们无法得出如果是观察仿写的字迹,那么它也是摹写字迹。中项不周延的论证形式是“如果 p,那么 q;如果 r,那么 q;所以,如果 p,那么 r”。一般的中项不周延是比较容易识别的。

直言三段论的论证形式有 256 种之多,真值函数逻辑的论证形式则无法穷尽。所以,不能在本研究中将所有的论证都列出来,这样将使本研究偏离主题。之所以少许列举这些论证形式及其谬误,其目的在于证明运用批判性思维审查侦查认知与决策以防止其错误的必要性。对非演绎论证的审查与评估的目的也如此。

(二)非演绎论证的审查与评估

实际上,在侦查中非演绎论证所占的比例非常大。因为在侦查中的推理很多时候都不是必然性推理,侦查中的推理前提常常都是统计命题,同时侦查中有大量的类比推理。所以,侦查中的两种非演绎论证形式非常常见,也非常重要。这两种形式是统计三段论和类比论证。

1. 对统计三段论的审查与评估

统计三段论的大前提是统计命题，比如“大多数 X 是 Y”“一般 A 会导致 B”“通常有 A 出现就有 B 出现”。因此，统计三段论的形式是“一定比例的 X 是 Y，这是 X，所以这是 Y”。

来看这样一段侦查中的论证：

从抛弃在现场的两袋打开的犬饲料看，被害人应当养有小型宠物狗。一般工作繁忙的年轻女性养宠物狗的可能性不大，加之被害人手指甲很长，不便劳动，可以推断被害人现在可能没有工作。生活清闲，因比较寂寞才喂养宠物。结合被害人有一定的经济收入，分析可能被男人包养。⑩

这段论证其实很复杂，但其中包含统计三段论。“从抛弃在现场的两袋打开的犬饲料袋来看，被害人养有小型宠物狗。”将此判断转化为三段论：“如果命案现场有犬饲料袋（X），那么被害人养有小型宠物狗（Y）；这个现场有犬饲料袋（X），所以被害人养有小型宠物狗（Y）”。这个三段论论证中的前提“如果命案现场有犬饲料袋，那么被害人养有小型宠物狗”，这个条件命题不是必然命题，因为还有可能是其他原因使命案现场有犬饲料袋，所以它是一个统计命题，它的正确表达应该是“一般来说，如果命案现场有犬饲料袋，那么被害人养有小型宠物狗”。上面这一段论证中还有许多统计命题，如“一般工作繁忙的年轻女性养宠物狗的可能性不大”“被害人手指甲很长，不便劳动”“生活清闲，因比较寂寞才喂养宠物”……因此，这一段论证基本上都是统计三段论。

从这个论证的实例可以看出，侦查认知与决策的论证，其前提基本上是统计命题。虽然这些命题并不是通过统计调查得来的，而是

⑩ 杨玉章：《三定侦查法——犯罪心理画像实证研究》，群众出版社 2008 年版，第 92 页。

侦查人员通过生活经验和常识得来的,并且它们不具有必然性,但它们都是统计命题。

对于统计三段论的审查和评估,我们一般并不审查它的论证形式,而是看论证的强度。因为它的形式一般没有问题,而可能发生错误的情形是,误把作为前提的统计命题看成必然命题,那么统计三段论的结论会被看成必然命题。"如果命案现场有犬饲料袋(X),那么被害人养有小型宠物狗(Y);这个现场有犬饲料袋(X),所以被害人养有小型宠物狗(Y)",这统计三段论的前提是统计命题,其结论也应该是统计命题,"被害人养有小型宠物狗"仍然是或然性的而非必然性的,虽然这个命题为真的可能性很高,但是并不是必然为真的,还存在其他可能。

2. 类比论证的审查与评估

在第三章我们提到,代表性启发法其实是类比推理。在侦查中,寻找犯罪嫌疑人的过程或者物证鉴定的过程,其实是运用类比论证(analogical argument)的过程。类比论证假设了"两个对象都具有一些属性的事实,增加了如下可能性:他们在其他属性上也相同"⑪。类比论证的形式在第三章已经提到。

侦查中确定犯罪嫌疑人以及犯罪嫌疑人是否实施了某一犯罪,都需要运用类比论证,并案侦查和同一认定也是属于类比论证。来看下面的实例⑫:

---

⑪ 同注⑦,第245页。

⑫ 案例摘编自杨玉章:《三定侦查法——犯罪心理画像实证研究》,群众出版社2008年版,第267~271页。

表 5.1 侦查中的类比论证

涉案人特征	崔某特征
1. 是被害人的熟人(a_1) 2. 心理素质好,心理成熟(a_2) 3. 青壮年男性,倾向于壮年人(a_3) 4. 与被害人有某种矛盾纠纷(a_4) 5. 熟悉大环境、小环境(a_5) ……	1. 与死者曾经是情人关系(a_1) 2. 杀人后在现场抽了两根烟(a_2) 3. 男性,52 岁(a_3) 4. 崔某与死者因借钱发生争吵(a_4) 5. 崔某与死者为同村人(a_5) ……
涉案人是犯罪行为人(a_n)	由于具备以上特征,所以崔某是犯罪行为人(a_n)

表中括号内的 a_1,a_2,a_3……表示特征。这个表的意思是,案件中的某人和侦查中发现的崔某都具有特征 a_1,a_2,a_3,a_4,a_5,并且案件中的某人还具有特征 a_n,那么崔某也具备特征 a_n。这就是确定犯罪嫌疑人的论证过程。

对物证的同一认定,也同样是类比论证的过程:如果物证 A 和物证样本 B 都同时具有特征 a_1,a_2,a_3……并且物证样本 B 来自嫌疑人 C(a_n),所以物证 A 也来自嫌疑人 C(a_n)。甚至侦查中对犯罪嫌疑人即将采取行动的预测,也会用到类比论证。

对于类比论证,我们在第三章已经提到过,由于其本质是归纳推理,所以类似特征越多,类比论证对结论的支持越强,至于归纳支持的强度有多大,没有具体标准。所以,类比论证的结论是盖然性的,而不是必然性的。类比论证的特征之间关联性强度不同,因而特征对结论的支持度也不同,涉案人是“青壮年男性”与“崔某是 52 岁男性”,这两个特征对结论支持度就较弱。而涉案人“熟悉大小环境”与“崔某与死者为同村人”,这两个特征对结论的支持度就相对较强一些。涉案人“与被害人是熟人”与“崔某是死者的情人”,这两个特征对结论的支持度就更强了。另外,在类比论证时,要考虑到是否存在相反类似项(contrary analogue),也就是说两个类比对象的确有许多共同特征,但是不一定在新的特征上也相同,比如上面所列举的案件中崔某具有涉案人的许多特征,但是他仍然有可能不是犯罪行为人。一些错案中,因为存在相反类似项加之其他的一些原因,从而错误确定了犯罪嫌疑人。至于代表性启发法因类比推理而导致错误的问题,第三章已详细论述,此处不再重复。

二、对侦查因果解释的审查与评估

侦查认知的过程也是溯因推理的过程,所以侦查中经常会进行因果解释。因果解释可以分为两类:物理因果解释和行为因果解释。[13] 侦查中有物理因果解释,如 A 是中毒而死,B 头部的创伤是钝器打击伤,C 的口腔黏膜血点是因为机械性窒息……侦查中也有行为因果解释,如 A 是生意伙伴在其饮料中投毒而死;B 是其同学因愤恨用铁锤打击头部而死;C 是因为自缢窒息而死,所以口腔黏膜有出血点。对于侦查中的物理因果关系,常常是一般自然科学、物证技术学、法医学解释的对象;而侦查中的行为因果关系,常常是心理学、社会学、犯罪学等行为科学解释的对象。由于物理因果关系解释的明晰性,所以物理因果解释常常容易被人接受;而行为因果解释常常较为模糊且有多重解释空间,所以行为因果解释容易引起争议。所以,物证常常受到侦查人员乃至一般社会公众的重视,而一些所谓行为证据等存在的争议颇多。

(一)因果解释的充分性

因果解释的充分性与需求有关。也就是对于一个现象原因的解释,与提出解释要求的人所试图达到的目标有关。在一个火灾现场,

[13] 同注⑦,第 265 ~266 页。

在现场发现起火点的属性和状态,这对解释起火燃烧的过程是充分的,但是对于是失火还是人为纵火来说,是不充分的。

对于侦查中的因果解释,其充分性固然要根据侦查人员所面对的形势和需要来确定;更重要的是,侦查中的因果解释的充分性还必须满足证明标准。侦查中的因果解释,虽然不需达到"超越合理怀疑"的程度,但是要达到有助于法庭审判"超越合理怀疑"的程度。

(二)因果解释中的缺陷和谬误

因果解释中如果出现以下一些情形,这样的因果解释是有缺陷的或者是错误的:

1. 自相矛盾

自相矛盾的因果解释,是同一原因导致了不相容的结果解释。"为了让 B 洗澡,所以 A 把浴缸放满水"与"为了淹死 B,所以 A 把浴缸放满水",显然"让 B 洗澡"和"淹死 B"是不相容的。所以仅仅依靠"A 把浴缸放满水"这一命题,无法对以上两种不相容的结果形成解释。

2. 与已知的事实或理论不相容

因果解释中提出的原因,根据原因推出的结果要与已知的事实或者理论一致。这样的因果解释虽然还并不一定是有效的、充分的解释,但是不满足此条件的解释是不可接受的。比如,因创伤而死被解释为自杀,如果死者是自杀就应该只有一处致命伤,但是在死者尸体上发现了两处致命伤,这就是与已知的事实不相容。如果一处建筑火灾现场被判断为起火点的位置在二楼,但是一楼也被延烧,起火点的解释也是不可接受的,因为根据燃烧的一般规律:燃烧一般是从下向上蔓延,一楼被烧而将起火点判断为二楼,与这一理论是不相容的。

当然已知的"事实"一定要被确认为事实,如果所谓已知的"事实”并非事实,那么与“事实”不相容的解释也未必是错的;已知的理论也要保证是被普遍接受并且在实践中反复得到验证的理论,这样与之不相容的解释才是错误的。

3. 含混、模糊或有歧义

一个案件中,侦查人员判断犯罪嫌疑人与被害人有矛盾纠纷的解释依据是:

根据被害人进入现场的情况、被害人的损伤情况、被害人的性格特点以及犯罪行为人的动机看,犯罪行为人和被害人应该有某种矛盾纠纷。[14]

如果将这样的行为解释呈交给法庭,显然是含混的或模糊的。因为进入现场的情况如何?被害人的损伤如何?被害人的性格特点是什么?犯罪行为人具体动机是什么?这些都不得而知,这样的解释是含混的或模糊的。这样的因果解释甚至可以适用于任何一个案件中任何现象的解释,所以这样的解释是不可接受的。

4. 复杂的解释

“不必要的复杂解释包含着无理由相信的元素,因而它带来了不必要的假设。”[15]复杂的解释常常是由于原因并未探明,而以多种原因的形式夹带了一些并不可靠、不充分的解释。上面所列举的侦查人员判断犯罪嫌疑人和被害人之间有矛盾纠纷的解释,其实也是一个复杂解释,因为上面的解释中没有一个可以充分说明犯罪嫌疑人和被害人之间存在矛盾纠纷关系,也没有一个解释与结果之间的关系存在明晰性。

5. 不可检验

因果解释是一种假设,它是否成立的重要条件,是要能够进行检

---

⑭ 同注⑩,第270页。
⑮ 同注⑦,第270页。

验。所谓能够进行检验,是指因果解释能够进行预测,根据已经提出的解释加以推测,看是否会发生所预期的结果。检验假设也可以把已有的因果命题的相反情形作为检验的途径。下面的解释,就是不可检验的解释:

犯罪行为人和被害人可能是通过网络或语音聊天认识的依据是:被害人拥有多种聊天工具和方式,喜欢上网和通过广播聊天室聊天,结交的朋友多是网友和聊友。[16]

侦查人员认为:犯罪行为人与被害人可能是通过网络或者语音聊天认识的,对这一判断的解释是"被害人有多种聊天工具,喜欢上网和通过广播聊天室聊天,结交的朋友多是网友和聊友"。即使被害人有多种聊天工具,喜欢上网和通过广播聊天室聊天,根据这一前提推测,他结交的朋友一定是网友和聊友吗?显然不一定,因为还有别的朋友并不是聊天认识的。所以,"结交的朋友多是网友和聊友",在被害人死亡之后,在缺乏充分证据证明的情况下,这样的解释是无法检验的。那么犯罪行为人和被害人可能通过网络聊天和语音聊天认识的假设,也是不可检验的。

6. 循环解释

对某一现象原因的解释的有效性,是根据这一原因导致的结果而获得,而这一结果解释的有效性又是依赖前面的原因,这就是循环解释。如在找到犯罪嫌疑人之前,犯罪嫌疑人和被害人是熟人的解释是:被害人主动赴约进入犯罪现场,被害人没有进行呼救。对被害人主动赴约进入现场,有没有呼救的解释是:犯罪嫌疑人与被害人是熟人。那么这样的解释就是循环解释。这两个解释的有效性都需要其他的证据来支持,所以都是不成立的。

---

⑯ 同注⑩,第251页。

7. 两种特殊的因果解释谬误

人们常常会在不经意间做归纳法。因此,人们可能把先后相继、重复发生但并无因果关系的现象误以为有因果关系,从而进行因果解释。公鸡每天的鸣叫和太阳每天升起,是先后相继、重复发生但并无因果关系的现象。如果将公鸡的鸣叫解释为太阳升起的原因,显然是荒谬的,因为杀死了公鸡,太阳也照样升起。这种因果解释的谬误被称为"共同变化,是为因果"(cum hoc, ergo propter hoc)。[17]

还有特定的相继发生但并未重复的现象,也可能被解释为有因果关系。停电的时候,有人开玩笑说,我打个响指电灯就会亮。他打了一个响指,结果电灯真的亮了。但我们知道,来电并不是因为他打了个响指,而是偶然的巧合。而把打响指解释为电灯亮的原因,是一种因果解释的谬误,这种谬误被称为"在此之后,因是之故"(post hoc, ergo propter hoc)[18]。

这两种因果解释,是生活中因果解释最容易犯的错误,也是侦查因果解释中最容易犯的错误,而且还不太容易被发现。这两种因果解释之所以是错误的,是因为在重复先后发生的现象之间或偶然先后发生的现象之间,可能是巧合,也可能是由第三种因素引起的,还可能是因果倒置的。

来看下面的解释:

A每次吃完饭之后都会腹泻,终于有一天,A在吃完饭后就因严重腹泻脱水差点危及生命。侦查人员认为给A做饭的厨师在A吃的饭菜中放了泻药。

因为这个解释,如果仅仅将厨师作为重要的犯罪嫌疑人并且把"厨师在饭菜中投放泻药"作为一个假设,这是允许的。但是仅仅因

---

⑰ 同注⑦,第274页。

⑱ 同注⑦,第274页。

为这样两个重复相继发生的现象:A吃饭之后都会腹泻,就认定“厨师在饭菜中投放泻药”,显然是不恰当的,还可能有其他的原因导致腹泻。这就是所谓“在此之后,因是之故”的因果解释谬误。要形成正确的因果解释,还应该进一步调查:既要对饭菜中是否有泻药进行物证鉴定;如果有,还要证明泻药是厨师投放的。

另一个解释:

佘祥林的妻子张在玉失踪几天之后,附近的池塘里发现了一具女尸;因此,这具尸体就是死者张在玉。

我们后来知道的事实是:张在玉离家出走了,多年以后她又回来了。所以,前面的因果解释是错误的。尸体在张在玉离家失踪之后几天发现,并不等于这就是张在玉的尸体。这就是所谓“在此之后,因是之故”的谬误。

三、警惕侦查中的启发法和认知偏差的致错风险

侦查中的启发法和认知偏差,以及它们如何导致侦查错误,我们在第三章已经详细讨论了,此处不再重复。

我们需要知晓的是,批判性思维不应当仅仅关注与逻辑有关的论证和因果解释中的谬误,批判性思维还应当对导致错误的心理学因素保持警惕,而特别需要保持警惕的,就是侦查中的启发法和认知偏差。因为虽然启发法可能会导致谬误,但它们又是日常认知必不可少的心理机制。而认知偏差又更为隐蔽,不意识到它在侦查中的存在及其致错风险,那么因此而犯错误的可能性是很大的。

(一)对启发法进行审查的问题清单

在侦查的认知与决策中,对启发法的致错风险保持警惕,需要在认知和决策中经常性地自我质疑和提问。对于预防启发法的错误风险,应当将以下问题清单作为对启发法保持警惕和审查的思路:

1. 当下与以往的情景或问题是否相似？

2. 当下情景或问题与以往情景或问题是否有差异？如果有，其差异在何处？为何有差异？

3. 如果按照与以往相似情景和问题的认知与解决策略，当下会产生什么后果？

4. 与以往相比其后果会有什么差异？

5. 目前的问题解决策略是否为最容易想到的？

6. 是否全面搜索了所有的认知与解决策略？

7. 是否还存在相反的或全新的认知与解决策略？

8. 对案件要素的初始判断是什么？

9. 案件要素初始判断在侦查的推进中是否遇到了解释障碍？

10. 案件要素初始判断是否需要修正？

问题1、2、3、4用于审查代表性启发法，问题5、6、7用于审查可得性启发法，问题8、9、10用于审查锚定效应。

（二）对认知偏差的预防

首先，需要预防的是确证偏差。确证偏差是司法心理学十分关注且研究很充分的课题。确证偏差的根本心理机制，是偏好对与自己的既有观念、判断、爱好、预期相一致的证据。那么对于确证偏差的预防，核心目标是要重视相反证据。如何重视相反证据呢？侦查人员在每收集到一个与自己预期相一致的证据时，都应当习惯性地问自己：是否还有相反的证据？或者相同的证据是否会导致完全相反的解释？如果无法克服自己对确证的强烈偏好，也可以在案件侦查的过程中，要求同事对自己的工作成果“挑刺”，提出相反意见；在侦查机关内部，应该强化对案情和证据的审查机制：也就是对每一个案件的案情和证据都必须要求非案件承办人尽可能提出相反意见和疑问，并且要求案件承办人进行解答，只有通过了这样的审查机制的案件,才能进入侦查终结程序。

其次,需要预防的是情景偏差。我们知道,情景效应导致错误的根本原因是,误把无相关性或弱相关性的情景信息作为强相关信息而进行的认知和决策。仅仅因为在犯罪现场发现了几个游戏币,就认定犯罪行为人是青少年。而实际情况是,死者本来在游戏厅工作,游戏币来自死者。可见,这个游戏币是弱相关信息,但因此而认定犯罪行为人是青少年,那么这样的判断是错误的。

对于情景偏差的警惕和预防,关键在于区分哪些信息是案件核心信息,哪些是案件的背景信息,并且要对这些信息与案件的关联性大小进行评估。然而,在侦查实践中,哪些是案件核心信息,哪些是背景信息,在侦查启动之时并不清楚。而往往是随着案件侦查的逐步推进,案件的核心信息才逐渐明朗。对于案件核心信息的确定,除了需要根据案件侦查的进程结合所有的证据来进行判断,对于案件构成要素的“6W”要素问题:when、where、who、what、how、why,也可以作为判断案件核心信息的指南。在案情和证据分析时,将案情和证据进行分类,能够回答这6个问题的信息就是核心信息,此外都是案件背景信息。对关联性大小的评估,没有固定可遵循的标准和公式。一般来说,我们可以将这些信息用于尝试性回答“6W”要素问题,看这些信息是否能够直接回答这些问题,如果可以直接回答,那么这些信息与案件的关联性较大,如果还需要补充证据作为辅助,那么其关联较小。很多时候,仅仅一个信息就可以回答一个要素问题的情形是比较少的,多数情况下都需要多个证据来支持推论,这个时候确定关联性的大小就完全要依靠侦查人员的经验了。

克服角色效应。作为一个职业侦查员,长年累月地与社会各阶层的人打交道,又经常与各种犯罪人进行深度互动,深度濡染于社会非主流群体亚文化之中。因角色而导致认知的扭曲是不可避免的,因此而带来的偏见也是可能的。克服角色效应有两个途径:一是通过侦查组织管理来克服，角色效应都是组织对其成员的角色塑造的结果，适度宽松的组织文化有利于克服角色效应；二是侦查人员在保持打击犯罪的热情的同时，还要经常反思：自己是否因为侦查人员的职业角色给自己的判断带来了偏见？自己是否有意无意地忽略了对犯罪嫌疑人有利的证据？实际上，角色效应与确证偏差的关系也很密切，虽然确证效应是普遍存在的认知现象，但是角色效应会强化确证偏差，因为角色效应的特点就是认知和决策行为与自己的角色预期保持一致。所以，如何预防确证偏差的策略也适用于克服角色效应。

克服群体迷思。群体迷思其实是一种基于情感的认知思维，群体迷思常常来自对社会阶层、身份、文化等属性的“认同”或“排斥”，并且这种“认同”和“排斥”常常并非出于理性的论证，而是基于情感上的喜爱和厌恶。因此，在认知上凡是与自己的阶层、身份、文化甚至是一些无关紧要的属性相一致的，就是自己喜欢的，即使它们可能存在潜在的危害，或者其表达是错误的，也予以接受。群体迷思的危害，在于对组织决策的盲目认同，从而导致错误行为。在第三章中曾指出，群体迷思的心理动因有二：身份同质化需求与信息同质化需求。身份同质化需求，对于侦查团队的建设，促成成员的身份认同，对于提高组织效率来说，是有好处的。但是，侦查人员又要保持人格的独立性，不能在案件侦查中依凭组织、群体的文化、价值、习惯、喜好来作为自己对犯罪证据的取舍标准。信息同质化需求跟确证偏差的心理机制一样，对其应对的策略不再重复。

以上并不是批判性思维所需知道的逻辑和心理“陷阱”全部，也不是如何绕开这些“陷阱”思维方法的全部，而只是择要介绍了批判性思维的重要工具。对于侦查错案的治理来说，了解这些思维陷阱是十分必要的。而更为重要的是，要训练和养成批判性思维，要将批判性思维作为侦查人员防止错误的首要工具，从而成为侦查错案治理的微观的、实操性策略。

四、批判性思维的训练与养成

虽然 Critical Thinking 这一名词出现比较晚[19],但其实无论中外,批判性思维都有着悠久的历史传统。古希腊哲学家苏格拉底的“问答式”教学法,其实就是这种思维的体现。而在我国,儒家经典《中庸》中对儒家知识分子的要求是“博学之,审问之,慎思之,明辨之,笃行之”[20]。其中的“慎思”“明辨”说的也是这种思维。只不过,无论是苏格拉底教学法,还是儒家的慎思明辨,都还没有开发出一套完整的思维工具。

侦查人员作为刑事司法系统的重要组成部分,无疑应当具备慎思明辨的思维习惯。对于侦查错案的治理,除了要求侦查人员个体要严格依法侦查,唯一可行的策略就是训练和培养他们的批判性思维。然而,遗憾的是,现实很不乐观。在我国,批判性思维不仅在侦查实务部门没有得到重视,甚至在侦查教育乃至法学教育中都尚无其一席之地。在这样的现实背景下,训练和养成侦查人员的批判性思维应当通过如下途径展开:

(一)为 Critical Thinking 正名

批判性思维之所以在我国乃至华语文化圈中不受重视,其原因之一在于对“Critical Thinking”的误译[21]。在华语文化中,“尚同”是

---

⑲ Critical thinking 是哈佛教授 Edward Glaser 1941 年才提出的概念。

⑳ 《中庸》第二十章。

㉑ 由于“批判性思维”常常引起人们对“批判”的联想,华语文化圈里对这个译法都觉得不甚满意,我国台湾地区学者宋国明主张将其译为“审辨式思维”,龙应台则认为直接译为“慎思明辨”;香港立法会议员叶刘淑仪在给立法会的建议中,主张将 critical thinking 翻译为“明辨性思考”或“分辨性思考”。参见叶刘淑仪:《Critical Thinking 的翻译问题》,立法会 CB(2)222/08-09(01)号文件。

主流的价值,"求异"常常不被鼓励。也许是因为对 Critical Thinking 这一外来词汇误译为"批判性思维",在"尚同"文化的背景下,"批判"这样的字眼未免让人联想起大字报、大辩论,联想起口诛笔伐,这样的场景颇让人望而生畏,故难免让人敬而远之。而且,由于 Critical Thinking 来源于异域文化,常常被以为是一个纯"舶来品"。其实,我们已经知道,我们有悠久的"慎思明辨"的修身、治学传统,"慎思明辨"是正宗的本土资源,我们其实对它一点都不陌生(只不过缺乏现代的技术和方法而已)。我们也认为,Critical Thinking 被翻译为"批判性思维"是有问题的,因为"critical"也并不只有批评、批判的意思,还有"仔细分析、评价、分辨"的意思。正是由于这个不恰当的翻译,Critical Thinking 已经在多国成为国民通识教育的组成部分,在我国却因译名的面目可憎,被课堂拒之门外。甚至,在大学开设"批判性思维"这样的课程都不会得到大学管理层的支持,认为其有碍社会和谐风气的培养。

作为政府部门之一部分的侦查机关,也提倡下级服从上级,而在"尚同"的文化背景下,更是不会允许"批判性思维",因为"批判"二字就仿佛意味着"抬杠",意味着"对着干",所以没有哪个侦查部门的管理者会对这样的字眼放心。但是,如果把"批判性思维"更改为"审辨式思维"或者"明辨式思维",是不是就更容易接受一些呢?我们认为,这是很有可能的。虽然本研究目前仍然沿用"批判性思维"的翻译,但是我们主张这一翻译应当纠正为"审辨式思维"或"明辨式思维"。这样,庶几可以为侦查机关接受这样的思维清除观念障碍。

(二)侦查管理人员应当认识到批判性思维的价值

侦查人员要训练和养成批判性思维,首先需要侦查管理人员认识到批判性思维的价值。只有侦查管理人员认识到批判性思维的价值,才会利用资源大规模、有系统、有步骤地加以推广,才能在侦查错案的治理中发挥作用。否则,这只能是极少侦查人员的浅层次尝试。侦查人员要认识到批判性思维的价值,首先要认识到批判性思维并不会给侦查管理带来混乱,也不会给侦查的管理系统带来障碍,因为我们说了,批判性思维并不是一种“对着干”的思维,而是理性、周全、平和、公正、谨慎的思维。其次,侦查管理人员要认识到,通过批判性思维,侦查错案的风险会系统性减少,因为侦查人员的思维品质会得到大幅改善,即使是偶尔会出现认知和决策的错误,也可以通过制度化的批判性思维得到纠正。最后,侦查管理人员还应该认识到,批判性思维的运用可以通过可控的形式展开,因为侦查机关的管理文化等原因,侦查人员事实上不太愿意公开表达不同的观点,但是通过“头脑风暴”会议制度,既可以运用批判性思维,又可以避免无序化表达观点。

(三)侦查教育与培训中要有批判性思维的训练课程

批判性思维的养成,已经不是仅凭记住“明辨慎思”这样的修身治学格言所能够实现的了。借助逻辑学和心理学,批判性思维已经是一个宏大的主题,已经有系统的、丰富的技术和方法。这意味着,不经专门的训练,不可能有效培养批判性思维,也不可能有意识地运用批判性思维。所以,在侦查人员的学历教育和职业培训中,都应该有批判性思维的课程。然而,目前国内的侦查专业课程设置和侦查人员的职业培训课程体系中,只教授各种侦查和证据技术,以利于发现和证明犯罪,但是在如何防止出现侦查错误的方面,却没有任何可以利用的智力资源。所以,为了完善侦查人员的教育培训并促进侦查错案治理的,批判性思维的课程学习是必不可少的。

(四)侦查人员应当有系统的逻辑学和心理学的知识背景

养成批判性思维需要知道思维的陷阱,而思维陷阱的主要来源是逻辑谬误和认知心理偏差。对于系统掌握批判性思维来说,对逻辑学和心理学不了解,是不可能有效掌握这种思维的。从上面我们对批判性思维的介绍可以看出,对批判性思维的理解,必须以逻辑学和心理学作为基础,舍此则不可能全面深入。但是,从第四章对侦查人员知识构成的经验调查研究发现,具备逻辑学和心理学系统学习背景的侦查人员比例并不高,这对训练和养成批判性思维来说是不利的。

(五)要将"头脑风暴"作为常规的工作机制

"头脑风暴"(brainstorming)虽然是一种激发创造性思维的会议形式,在"头脑风暴"中的观点提出阶段也禁止对任何意见发表评论,即使看起来荒诞不经的观点也是如此,表面上看起来与批判性思维的关系不大,但实际情况并非如此。因为"头脑风暴"中,除了有对问题解决自由发表意见的阶段,还有对问题解决策略进行评价的阶段。"头脑风暴"的优点在于其开放性,而批判性思维所需要的外在条件也是开放性。在"头脑风暴"的问题解决策略的提出阶段,虽然不需要这些策略建议进行反思评估,因为需要尽可能多地鼓励产生新观点、新方法、新策略。但是,在"头脑风暴"的后期阶段,就需要对这些问题解决的建议逐一进行评估,这时就需要批判性思维。所以,侦查管理者对侦查各阶段的证据、案情、决策都可以通过头脑风暴会议的形式,鼓励大家自由发言,在这种开放和自由的会议氛围中,最有利于训练和养成批判性思维。

(六)侦查部门需具备相对开放、宽松的氛围

本章第三、四节都是关于通过改善组织管理,来实现侦查错案的治理。批判性思维需要对侦查中的各种认知和决定,进行审慎、明辨的思考,开放的讨论,无须顾及管理层级和权力运作的各种利益关

系,不论决策者身份地位,只问观点、方法对错。只有在这样的组织文化氛围里才能真正训练和养成批判性思维。这就需要侦查部门克服僵化、保守的官僚习气,弱化行政威权,创造开放、宽松的组织氛围,这样才能有效激发侦查人员学习和养成批判性思维的热情。如何养成这样的氛围,下节详述之。

第三节　培育有弹性的组织文化

组织文化是一个复杂的概念,它是多层次的:第一层次是可见的,包括组织的物理环境、转化外部输入的技术,以及员工的行为模式;第二层次是不可见的,组织文化代表了组织的核心价值观;第三层次是组织成员持有的基本假定,一些观念以及审时度势的方式。[22]

本章第一、二节分别是从宏观法律环境和微观操作技术上,对侦查错案治理提供的方案。本节和第四节都是从中观的组织管理层面为侦查错案的治理提供方案。不过,本研究所关注的组织管理问题,其出发点并不是"收益—成本"分析的效益最大化视角,而是从促进认识改善,提高侦查中的认知与决策品质以有助于侦查错案的治理为视角的,总而言之,仍然是认知科学的进路。

有弹性的组织文化之所以重要,是因为侦查机关是公共权力部门,它是一种科层制管理的官僚机构,具有一定保守性,其组织文化常常是缺乏弹性的。而缺乏弹性的组织文化,对于侦查错案的治理是很不利的。因为缺乏弹性的组织文化,没有太大的容错空间,有限理性原则不易于贯彻,批判性思维缺乏培育的土壤。所以,对于侦查错案的治理来说,有弹性的组织文化十分必要。

㉒ Jex, S. M., *Organizational Psychology: a scientist – practitioner approach*, NY: Wiley, 2002, pp. 401 – 431.

一、有弹性的组织文化之特征

Peters 和 Waterman 考察了一些极为成功的组织，发现了它们具有一些共同点。我们在了解 Peters 和 Waterman 的考察并发现的共同点之后，对照侦查错案治理所需的有弹性的组织文化的培育，发现他们所描述的成功组织所具有的特点，正是我们所说的有弹性的组织文化。这种组织具有的共同特点如下：

表 5.2 Peters 和 Waterman(1982)成功组织的特征㉓

1. 勇于行动 2. 与客户保持紧密联系 3. 自治和开创意识 4. 以人为本的生产力 5. 顾问式的管理 6. 坚持专业化 7. 结构简单，人员精简 8. 张弛并存的组织化

这些特点与本研究所说的“有弹性的组织文化”之间是一致的：勇于行动，即组织成员在关键时刻敢于自行作决定，并且不需要所有信息齐备的条件即可做出决定；与客户保持紧密联系，即经常与客户进行沟通，并且对客户需求的变化保持敏感；自治和开创意识，员工在完成工作任务时有相当大的自由空间，并且可以拥有创新的机会和权利；以人为本的生产力，即一些目标的达成，一切效益的获得，都基于人力资源，人是组织关注的核心；顾问式的管理，是管理者不直接参与组织微观管理，但是需要对组织的行为细节了解，在需要时提供指导；坚持专业化，即不做自己不擅长的决定；结构简单，人员精简，成功组织并不是庞大的机构，而是精干的、小规模机构；张弛并存

㉓ 同上。

的组织化,“张”的意思是组织被成员广泛理解和接受的核心价值观,“弛”的意思是组织没有太多的繁文缛节来束缚日常的业务行为,二者是共存的。

总之,有弹性的组织文化是开放的、包容的、有一定容错空间的、有创造性的、容易达成组织内共识的组织文化。而这样的组织文化对于克服侦查人员的“群体迷思”、培养批判性思维,进而有效治理侦查错案是有益而且必需的。

二、侦查机关如何培育有弹性的组织文化

在回答这个问题之前,我们必须承认:并非以上所有的组织特点都适合侦查机关,也不是所有的组织都可以成为成功的组织。所以,以上的组织文化特点需要结合侦查机关的特点来加以解释,并因此成为侦查机关培育组织文化“弹性”的建议。

(一)培养侦查人员勇于行动的精神

有限理性的决策理论与理性选择理论的基本假设之差异在于:有限理性决策理论认为决策者不可能等待所有信息收集完毕之后才进行决策,而是在信息不完整的情况下就开始决策;而理性选择理论的假设是,必须收集决策所需的全部信息之后才能正确决策。事实上,有限理性原则更接近真实情况。既然如此,侦查人员也同样不可能在某一次行动中就将其决策所需信息收集完毕,有许多新信息是在不断的行动中获得的。所以,侦查机关应当给侦查人员更多的决策空间,让其通过行动来促进决策,这样就要求侦查机关在较大的范围内要给侦查人员自行做决定的权力,而不能有过多的行动细节审查环节。

(二)激发侦查人员的创造思维

侦查活动并不是一个按部就班的行动,它要求高度的创造性思

维。虽然我们曾描述侦查过程中的认知机制,但是我们却没有发现事实的万能公式。关于发现,永远是一个充满偶然性的领域,永远是一个反复失败并需不断尝试的过程,也即是一个试错的过程,所以是一个需要创造性思维的过程。特别是对于侦查线索的发掘、各种假设的提出,都离不开想象和创造性思考。而这种创造性思考,一方面是建立在侦查人员的勇于行动的基础之上的,另一方面还建立在其不拘一格的思维方式上的。所以,对于这种需要更多创造性的工作,也应当给予较大的自治及自决的空间。

(三)侦查管理者应当是顾问而不是指挥者

侦查管理者充当侦查顾问,并不意味着侦查管理者要远离侦查一线和侦查操作过程。恰恰相反,侦查管理者要密切关注案件侦查的细节,但是不应当主动为侦查人员的决定拿主意,不应当替代侦查人员进行全部决策。而应当在了解细节的前提下,等待一线侦查人员的求助,而后才给出建议。只有在这样的条件下,侦查人员才会积极展开行动,才会主动承担责任,才能有自治和自决的空间,也才具有创造性。这一点在代表公共权力的侦查机关实现起来可能有难度,因为公共权力部门的指挥链条(chain of command)是十分严密的,与本研究所提倡的组织文化是有一定程度冲突的。但如果不如此,侦查人员的创造思维、行动意识,以及责任意识都难以培养,侦查错案的治理就可能很难获得成功。

(四)践行以人为本的管理理念

这个理念我们都很熟悉,把侦查人员当作侦查机关侦查破案能力的唯一生产力,以侦查机关的每一个成员作为管理的出发点和归宿。这一理念说起来容易,但是真正做到很难。所以,对侦查机关的管理者来说,重要的不是仅仅认识到这个理念,而是要践行这个理念，将这个理念真正在管理过程中贯彻和体现。

（五）实现价值观严格共识和行动的相对自决

成功组织不需要管理者以监控者的姿态进行管理，组织成员的行动有共同的价值观作为组织的“源代码”，他们的行为都是基于共同价值观而获得动力并且以此来自律。所以，有弹性的组织文化，其核心价值观并不是弹性的。恰恰相反，组织成员持有的价值观必须是共同的。即使是价值的多元化，也是共同协商并加以严格确认的多元化，而不是任意的价值多元化。并且，加入这个组织的成员必须自行、自觉、不折不扣地接受组织的价值观。从这个意义上来说，成功组织的价值观是刚性的。但是，在公共价值观得到一体认可的情况下，内化为组织成员的行动力和指南时，组织不需要在行动细节上加以管控。而且，二者之间互为条件：只有在价值严格共识的条件下，才有行动的相对自决；只有在行动的相对自决的条件下，价值严格共识才有意义。

所以，侦查机关也应当将价值严格共识和行动相对自决二者统一起来，二者同时实现。对于侦查机关来说，最为重要的价值共识就是在法律的框架下打击犯罪和保护人权二者并重，在这样的价值共识之下，在这样的价值观的指引下，侦查人员在案件的侦查中，在法律的许可范围内，有一定的自决权。

（六）评价体系既有防错机制又有容错空间

侦查错案治理的理想目标，当然是实现“零错案”。但是，理性和现实告诉我们，在一定的时期内做到“零错案”是可能的，但是在所有的条件下和所有的时期做到“零错案”，是不可能的。但是，又不能在治理目标上明示可以容忍错案，而只能明示只接受“零错案”，因为任何司法机关的错案都不可能得到法律和社会公众的宽容。所以，在侦查机关内部和外部都有严格的监督机制、防错机制。但是,严格的监督机制和防错机制又会在一定程度上束缚侦查人员的手脚,会极大地压缩侦查人员的自决空间,会窒息侦查人员的创造性。人人都会因为害怕犯错误而循规蹈矩、畏首畏尾、裹足不前。这样的侦查机关也并不能有效治理侦查错案,甚至会因为害怕犯错误推卸自己的职责。所以,为了避免这样的境况,侦查机关的评价体系中应该有一定的容错空间。这二者看起来是矛盾的,必选其一的,但实际上二者可以并行不悖。在侦查错案严格责任追究制度的情况下,应该这样来建立容错空间:首先,容错空间体现为在侦查决策阶段的自由表达制度;其次,局部的、没有造成严重后果的错误不应成为问责理由和依据;最后,坚持疑罪从无的原则,因为疑罪从无既可以防止无辜者被冤屈,实际上也可以作为侦查乃至整个刑事司法的容错机制。

第四节　侦查人员职业压力的缓解

现代社会交通、通信的便捷性,成为社会快节奏运行的助推器。在中等以上的城市,每天都可以看到人们以忙碌的脚步追赶着社会的步伐。一方面快节奏是一个社会、一个城市的活力的体现,但另一方面也意味着更多的职业风险和职业压力。警察是一个对社会变化与需求高度敏感的职业,即使在一般人觉得生活比较闲适的一些城市,警察也是一个相对忙碌的职业。这种忙碌的生活与工作节奏,无疑使本来已压力较大的警察雪上加霜。在第四章本研究展开的经验调查显示:当问及"是否能按照规定休假"时,回答"否"的样本百分比为69.61%;对问题"您是否经常有焦虑情绪"回答"是"的样本百分比为73.25%。可见侦查人员所面临的生活与职业压力是比较大的。

我们知道,过大的职业压力会带来各种精神和肌体疾病,会导致侦查人员焦虑情绪,降低认知效率,导致侦查认知与决策的失误。为了保证侦查队伍的可持续发展,实现对侦查错案的系统化有效治理,应当使侦查人员所承受的职业压力水平适度。

一、侦查人员职业压力的来源

从一般的理论上说,压力产生的根本原因是“环境需求和个人资源之间的失衡”,“当我们所面临的需求超过我们的应对能力时,就会产生压力。更具体来说,这意味着当我们不能回避、改变、控制这些需求的时候,压力就产生了”㉔。这只是从一般意义上定义职业压力,从职业压力产生的根本原因来说,也是适用这一解释的。具体的压力来源,不同的职业可能是不同的。对于侦查人员来说,和所有的警察部门一样,“传统的自上而下的警察组织管理被认为是压力的共同来源”㉕。诚然,侦查机关作为公共部门,因其强有力而严密的组织控制,侦查人员的职业压力主要是来自上级管理者或者上级管理部门。总的来说,侦查人员的职业压力具体来源主要有:

(一)上下级沟通的不对称

一线侦查人员往往面对会来自上级的命令和指示,还有各种必须执行的法律法规也实际上在发挥着驱动作用。但是,侦查人员所面临的困难、需求,可能并不能有效、及时地反映到上级管理者和管理部门。这样,形成的信息沟通的格局是,下行信息的刚性传递和上行信息的柔性传递,二者所面临的信息反馈并不等值。所以,这种不同向信息沟通的不对称、不均衡,会导致一线侦查人员所面临的困难无法及时解决,需求无法及时满足,而问题也就无法得到及时解决,这样就产生了压力。

㉔ Millie, A. and Das, D. K., *Contemporary issues in law enforcement and policing*, Boca Raton, FL:CRC press, 2008, pp. 5 – 6.

㉕ 同上,p. 11。

(二)管理层多结果管控而少过程指导

公共部门的管理常常以微观管理为主,上级对下级的控制较为严密,但是管理层多通过目标的实现程度来管控和评价下级的行为。比如,侦查机关上级管理者主要考察具体案件破获的实际结果,具体案件的决策者和指挥者主要关注案件侦查环节的决定,案件承办人主要关注每个线索的跟踪追溯及证据的获得与质量。但是,如何实现这些结果,如何达成这些目标,管理层实际上是不关注的,这貌似赋予了一线侦查人员较大的自由度。但实际上,因为缺乏指导而使侦查人员感到压力巨大,进而可能导致侦查错案。前面我们所论及的"顾问式的管理",要求管理者既要关注组织运作细节,又要远离实际操作。而这种重视各个环节的实际效果而缺乏具体指导的管理,实际上距离"顾问式管理"还差半步,即通过一线侦查人员的求助来实现"顾问式"的指导。

(三)权力与责任的失衡

一线侦查人员在案件侦查中的自决权很小。这一方面是出于对司法公正的考量,防止侦查人员滥用自由裁量权营私舞弊;另一方面是由于公共部门组织管理的刚性,一线侦查人员处于指挥链条的末端。但是,一线侦查人员是案件侦查任务的实际承担者,侦查错案的直接责任人。所以,在侦查实践中,往往出现这样的局面:从事案件实际侦办的侦查人员几乎不拥有侦查中的重大决定权,比如犯罪嫌疑人的确定、侦查强制措施的决定、侦查终结的决定等。但是,这些决定权往往是侦查管理者和侦查监督部门的权限范围,做出这些重大的决定的人员和部门,却往往不从事具体案件的侦查。在错案责任追究时,由于他们距离案件侦查的操作端最远,所以被认为责任最小。所以,一线的侦查人员面对侦查工作量超负荷、工作环境较差、直面社会公众的需求等现实困难，但是他们几乎无法自行解决这些问题，而只能依赖上司或上级，但上司只负责做决定，而具体的实现则没有任何指导。一旦因为疏忽或者一些不可控因素的影响，导致了工作上的失误或造成了错案，那么一线侦查人员多数情况下必会承担大部分责任。所以，这样一种因为自决权很小而承担较大责任的状态，使得侦查人员增加了压力感，并且这种压力感是持续的，而且无法自行缓解。

（四）休息权得不到保障

绝大部分侦查人员都在警务部门，由于警务工作为社会提供的公共服务是维护社会秩序、打击犯罪、部分紧急救助。这样一些公共服务的特点是，经常需要应对突发事件，并且要求快速反应，所以侦查人员除了要面对无规律发生的刑事案件，还事实上会额外承担一些其他相关的警务工作。近年来，我国处于社会矛盾的多发期，公众维权意识觉醒并高涨，所以侦查部门还需要参与处理一些社会矛盾，加之警力资源有限等原因，大多数侦查人员事实上无法按照规定进行休假或休息，这在前面的经验研究中的问卷调查已经有显示。在警务工作中适度强调对社会服务的奉献意识，是有必要的，因为警察的工作毕竟是公共服务，而从事包括侦查工作在内的警务工作，要求侦查人员多少应当有一些以公共事务为己任的精神，不能过分斤斤计较于个人点滴得失。但是，侦查人员又同时是普通人，实际上所能承受的压力也并不能超出普通人许多，如果从有效治理侦查错案的角度来考虑，那么侦查人员按规定休假、休息的权利也应当得到保证。这也是侦查机关保证侦查效率，保持可持续发展，保持稳定提供公共服务产品所必需的。

（五）工薪待遇偏低

在世界各国，警察的待遇其实普遍不算高，侦查人员的工资待遇也一样,基本都处于中等或者中等偏下的水平。虽然工资待遇并不是产生职业压力的直接原因,因为我们已经知道,职业压力主要来自对环境需求回应的无力感,是自上而下的组织管理运行的必然结果。但是如果侦查人员工资待遇偏低,一方面缺乏职业尊荣感,职业满意度较低,另一方面因为家庭需要照顾,工资低自然平添不少生活压力,这样更加剧了职业压力大所带来的不利后果。所以,工薪待遇偏低,既无法满足侦查人员的生活需要,也无法使其获得社会承认感。从需求层次满足来说,从低层次的需求到高层次的需求都很欠缺。长此以往,侦查人员缺乏应对压力的必要动力,这样只会使得压力大的现状愈加恶化。

二、减轻侦查人员职业压力

认知心理学研究表明:适度的压力可以改善认知效能,但是过大的压力会导致认知效能大幅下降。在一个心理学实验中,又累又饿的监狱保释官员,比其在就餐后更容易否定监狱犯人的保释申请。㉖这个实验中,与就餐后不久相比,饥饿和劳累导致监狱保释官员认知效能显著下降了。

对侦查人员来说,要彻底消除其职业压力,是不必要的,事实上也是不可能的,因为压力大就是这个职业的象征性符号。但是减轻其过大的压力却又是完全必要的,而且从侦查错案的治理来说,现实要求也极为紧迫。减轻侦查人员的职业压力可以从这些途径展开:

(一)促进有效沟通

侦查人员的压力来自沟通信息的不称性,即下行的指令信息多于上行的请求信息。并且这也是由于权力和责任不均衡的结果。所

㉖　[美]丹尼尔·卡尼曼:《思考,快与慢》,胡晓姣、李爱民、何梦莹译,中信出版社2012年版,第25页。

职业满意度，获得职业尊荣感的条件之一。并且，工薪收入太低，不但会给侦查人员带来生活压力，而且还会导致司法腐败。这样既不能有效治理侦查错案，甚至还给侦查错案的滋生培养了土壤。所以，对于侦查人员来说，较高的工薪收入既能保证他们安心工作，廉洁奉公，又能减轻职业压力。并且，和普通公务人员相比，由于侦查人员常常处于超负荷工作状态，有时还需面临各种人身危险，所以，根据其职业付出而给予超出普通公务员水平的工薪收入，是完全合理的。这样，也会吸引更多的优秀人才从事侦查工作，而不是因为工薪待遇太低，工作太累、太危险，而使侦查工作成为警务工作中不受欢迎的职位。

参 考 文 献

一、中文文献

1.《周礼 · 秋官 · 小司寇》。

2.《庄子 · 齐物论》。

3.《孙子兵法 · 始计》。

4.(东汉)郑玄:《周礼注疏》。

5.《中庸》第二十章。

6.(北宋)宋慈:《洗冤集录(卷一) · 疑难杂说》及《洗冤集录(卷三) · 被打勒死假作自缢》。

7. 金岳霖:《知识论》,商务印书馆 1983 年版。

8. 武宏志、周建武、唐坚:《非形式逻辑导论 》,人民出版社 2009 年版。

9. 杨立云:《侦查认识原理研究》,群众出版社 2009 年版。

10. 杨玉章:《三定侦查法——犯罪心理画像实证研究》,群众出版社 2008 年版。

11. 郝宏奎、杨立云:《同一认定理论地位新探》,载《中国人民公安大学学报》2010 年第 4 期。

12. 任惠华:《侦查学原理》,法律出版社 2002 年版。

13. 赵启媛、汪凯:《情绪对时间感知的影响》,载《中国精神疾病杂志》2009 年第 12 期。

14. 沈志宏:《论侦查活动中的批判性思维》,载《新疆警官高等专科学校学报》2007 年第 1 期。

15. 沈德咏:《见证中国法治》,法律出版社 2019 年版。

16. 王禹、黄明方、徐扬主编:《视频侦查案件精选》,中国人民公安大学出版社 2013 年版。

17. 叶刘淑仪:《Critical Thinking 的翻译问题》,立法会 CB(2)222/08 - 09(01)号文件。

18. 林钰雄:《刑事诉讼法》(下册),中国人民大学出版社 2005 年版。

19. [德]拉德布鲁赫:《法学导论》,米健、朱林译,中国大百科全书出版社 1997 年版。

20. [德] 卡尔·拉伦茨:《法学方法论》,陈爱娥译,商务印书馆 2003 年版。

21. [英]卡尔·波普尔:《猜想与反驳:科学知识的增长》,傅季重等译,上海译文出版社 2005 年版。

22. [英]卡尔·波普尔:《科学发现的逻辑》,查汝强、邱仁宗、万木春译,中国美术学院出版社 2008 年版。

23. [英]S. 依安·罗伯逊:《问题解决心理学》,张奇译,中国轻工业出版社 2004 年版。

24. [英]科林武德:《历史的观念》,何兆武、张文杰译,商务印书馆 1997 年版。

25. [英]尼尔·麦考密克:《法律推理与法律理论》,姜峰译,法律出版社 2005 年版。

26. [英]培根:《新工具》,许宝骙译,商务印书馆 1984 年版。

27. [英]柯南·道尔:《福尔摩斯探案全集》,群众出版社 1995 年版。

28. [美]丹尼尔·卡尼曼:《思考,快与慢》,胡晓姣、李爱民、何梦莹译,中信出版社 2012 年版。

29. [美]布莱恩·福斯特:《司法错误论——性质、来源和救济》,刘静坤译,中国人民公安大学出版社 2007 年版。

30. [美]亚历克斯·斯坦:《证据法的根基》,樊传明、邓飞等译,中国人民大学出版社 2018 年版。

31. [美]布鲁克·诺埃尔·摩尔、[美]理查德·帕克:《批判性思维》,朱素梅译,机械工业出版社 2016 年版。

32. [意]切萨雷·贝卡里亚:《论犯罪与刑罚》,黄风译,中国法制出版社

2002 年版。

二、英文文献

1. Ask, K. & Granhag, P. A. Motivational source of confirmation bias in criminal investigation: the Need for Cognitive Closure. *J. Investig. Psych. Offender Profil* 2, 2005, pp. 43 – 63.

2. Ask, K., Rebelius, A. & Granhag, A. The ' Elasticity ' of Criminal Evidence: A Moderator of Investigator Bias. *Appl. Cognit. Psychol* 22, 2008, pp. 1245 – 1259.

3. Ask, K., Granhag, P. A. & Rebelius, A. Investigators Under Influence: How Social Norms Activated Goal – Directed Processing of Criminal Evidence. *App. Cognit. Pschol* 25, 2011, pp. 548 – 553.

4. Behrman, B. & Davey, S. Eyewitness identification in actual criminal cases: An archival analysis. *Law and Human Behavior* 25, 2001, pp. 433 – 458.

5. Bevel, T. & Gardner, R. M. *Bloodstain Pattern Analysis*. 2nd ed., Boca Raton: CRC Press, 2001.

6. Biddle, B. J. Recent Developement in Role Theory. *Ann. Rev. Sociol* 12, 1986, pp. 67 – 92.

7. Brigham, J. C., Wasserman, A. & Meissner, C. A. Disputed eyewitness identification evidence: Important legal and scientific issues. *Court Review* 36, 1999, pp. 12 – 27.

8. Bruner, J. S., & Potter, M. C. Interference in visual recognition. *Science* 144, 1964, pp. 424 – 425.

9. Bressan, P., & Dal Martello, M. F. ' Talis pater, talis filius ': Perceived resemblance and the belief in genetic relatedness. *Psychological Science* 13, 2002, pp. 213 – 218.

10. Bull, R., T. Valentine, T. Williamson, *Handbook of Psychology of Investigative Interviewing: current developments and future directions*, Oxford: John Wiley and Sons Ltd., 2009.

11. Burgoon, J. K. , and Buller, D. B. Interpersonal deception: III. Effects of deceit on perceived communication and nonverbal dynamics. *Journal of Nonverbal Behavior* 18,1994,pp. 155 - 184.

12. Chisum, W. , and Turvey, B. *Crime Reconstruction*. Burlington, MA: Academic Press,2007.

13. Charman, S. D. , Kavet, M. and Muellet, D. H. Cognitive Bias in the Legal System: Police Officers Evaluate Ambiguous Evidence in a Belief - Consistent Manner. *Journal of Applied Research in Memory and Cognition* 6,2017,pp. 193 - 202.

14. Collier, P. J. and Callero, P. Role Theory And Social Cognition: Learning To Think Like a Recycler, *Self and Identity* 4,2005,pp. 45 - 58.

15. Cooper, G. S. & Meterko, V. Cognitive bias research in forensic science: A systematic review. *Forensic Science International* 297,2019,pp. 35 - 46.

16. Dror, I. E. , Charlton, D. , and Peron, A. Contextual information renders experts vulnerable to making erroneous identifications. *Forensic Science International* 156,2006,pp. 174 - 178.

17. Dror, I. E. , and Charlton, D. Why experts make errors. *Journal of Forensic Identification* 56,2006,pp. 600 - 616.

18. Dror, I. E., and Cole, S. A. The vision in blind justice: Expert perception, judgment, and visual cognition in forensic pattern recognition. *Psychonomic Bulletin & Review* 17,2010,pp. 161 - 167.

19. Dror, I. E. Cognitive bias in forensic science. *In The* 2012 *yearbook of science & technology*. New York: McGraw - Hill,2012.

20. Dysart, J. E. , Lindsay, R. C. L. , MacDonald, T. K. and Wicke, C. The intoxicated witness: Effects of alcohol on identification accuracy from showups. *Journal of Applied Psychology* 87(1),2002,pp. 170 - 175.

21. Edmond, G. Contextual bias and cross - contamination in the forensic sciences: the corrosive implications for investigations, plea bargains, trials and appeals. *Law, Probability and Risk* 14,2015,pp. 1 - 25.

22. Edmond, G., et al. Thinking forensic: Cognitive science for forensic practitioners. *Science and Justice* 57,2017,pp. 144 – 154.

23. Gardner, R. M. and Bevel, T. *Practical Crime Scene Analysis and Reconstruction.* Boca Raton: CRC Press,2009.

24. Gale,H. and Coupe T. The behavioral, emotional and psychological effects of street robbery on victims. *International Review of Victimology* 12,2015, pp. 1 – 22.

25. Gigerenzer, G. "Fast and Frugal Heuristics: The Tools of Bounded Rationality", in *Blackwell Handbook of Judgment and Decision Making*, edited by D. J. Koehler and N Harvey. Malden, MA: Blackwell Publishing,2004.

26. Goldstein, A. M. *Handbook of Psychology*, Vol. 11, Hoboken: John Wiley and Son,2003,pp. 149 – 160.

27. Goodrum, S. "Victims' Rights, Victims' Expectations, and Law Enforcement Workers' Constraints in Cases of Murder." *Law and Social Inquiry* 32, Summer,2007,pp. 725 – 757.

28. Greene, Jack R. *The Encyclopedia of Police Science*, Routledge: Taylor and Francis Group,2007.

29. Gross, H. *Criminal Investigation.* London: Sweet & Maxwell, Ltd.,1924.

30. Gudjonsson, G. H. *The Psychology of Interrogations and Confessions: A Handbook.* Chichester: Wiley,2003.

31. Hall,H. V. and Poirier, J. G. *Detecting Malingering and Deception: Forensic Distortion Analysis*, Boca Raton,FL: CRC Press,2001.

32. Haselton, M. G., Nettle, D. and Andrews, P. W. 'The evolution of cognitive bias'. In *The Handbook of Evolutionary Psychology*, Buss, D. M. (ed). Hoboken, NJ, US: John Wiley & Sons Inc.,2005.

33. Holyoak, K. J., and Simon, D. Bidirectional reasoning in decision making by constraint satisfaction. *Journal of Experimental Psychology: General* 128, 1999,pp. 3 – 31.

34. Howard, J. A. and Renfrow. Social Cognition, in J. Delamater (ed).

56. Pozzulo, J. D. and Lindsay, R. C. L. Identification accuracy of children versus adults: A meta – analysis. *Law and Human Behavior* 22, 1998, pp. 549 – 570.

57. Saks, M. J., Risinger, D. M., Rosenthal, R. and Thompson, W. C. Context Effects in Forensic Science: A Review and Application of the Science of Science to Crime Laboratory Practice in the United States. *Science & Justice* 43, 2003, pp. 77 – 90.

58. Saks, M. J., and Koehler, J. J. The coming paradigm shift in forensic identification science. *Science.*, 2005, p. 309.

59. Searcy, J. H., Bartlett, J. C. & Memon, A. Relationship of availability line – up conditions and individual differences to false identification by young and older eyewitnesses. *Legal and Criminological Psychology* 5, 2000, pp. 219 – 236.

60. Shapiro, P. N. and Penrod, S. Meta – analysis of facial identification studies. *Psychological Bulletin* 100, 1986, pp. 139 – 156.

61. Shepherd, J. W. and Ellis, H. D. Face recall: Methods and problems. In S. L. Sporer, R. S. Malpass & G. Köhnken (eds), *Psychological issues in eyewitness identification.* Mahwah, NJ: Erlbaum. 1996, pp. 87 – 116.

62. Simon, H. A. "Theories of Bounded Rationality", in C. B. McGuire and Roy Radner (eds.), *Decision and Organization.* North – Holland Publishing Company, 1972, pp. 161 – 175.

63. Sporer, S. L., Penrod, S. D, Read, D. and Cutler, B. L. Choosing, confidence, and accuracy: A meta – analysis of the confidence – accuracy relation in eyewitness identification studies. *Psychological Bulletin* 118, 1995, pp. 315 – 327.

64. Sternberg, R. J. and Davison, J. E. *The Psychology of Problem Resolving*, Cambridge: Cambridge University Press, 2003.

65. Stryker, S. Identity competition: Key to differential social movement participation? In T. Owens & S. Stryker (ed.), *Self, identity, and social move-*

ments. Social movements, protest, and contention . Minneapolis, MN: University of Minnesota Press,2001.

66. Tong, S. ,Bryant, R. P. and Horvath, M. A. H. *Understanding Criminal Investigation*, Chichester: Wiley,2009.

67. Thompson, W. C. and Schumann, E. L. Interpretation of Statistical Evidence in Criminal Trials: The Prosecutor's Fallacy and the Defense Attorney's Fallacy. *Law and Human Behavior*, 11,1987,pp. 167 – 187. Turvey, B. E. and Petherick, W. *Forensic Victimology.* Burlington: Academic Press,2009.

68. Thompson, W. C. , Vuille, J. , Taronni, F. and Bidermann A. After Uniqueness: The Evolution of Forensic – Science Opinions. *Judicature* 102 (1),2018,p. 19. Turvey, E. B. *Criminal Profiling: An Introduction to Behavioral Evidence Analysis*, 4th ed. Academic Press,2012.

69. Turner, M. E. and Pratkanis, A. R. Twenty – Five Years of Groupthink Theory and Research: Lessons from the Evaluation of a Theory. *Organizational Behavior and Human Decision Processes* 73,1998,pp. 105 – 115.

70. Tversky, A. and Kahneman, D. Judgment Under Uncertainty: Heuristic and Biases. *Science* 185,1974,pp. 1124 – 1131.

71. Tversky, A. and Kahneman, D. The framing of decision and the psychology of choice. *Science* 221,1981,pp. 453 – 458.

72. Van den Eaden,C. A. J. , de Poot, C. J. and van Koppen, P. J. The forensic confirmation bias: a comparison between experts and novices,*J Forensic Sci* 64(1),2018,pp. 120 – 126.

73. Vrij, A. *Detecting Lies and Deceit: Pitfall and Opportunities* (2nd edn). Chichester: Wiley,2018.

74. Wallace, H. *Victimology: Legal, Psychological, and Social Perspectives*, 2nd ed. Boston: Pearson,2007.

75. Walton, D. N. *Legal Argumentation and Evidence.* University Park, PA: Pen. S. U. Press,2002.

76. Wells, G. L. Applied eyewitness – testimony research: System variables and estimator variables. *Journal of Personality and Social Psychology* 36, 1978, pp. 1546 – 1557.

77. Wright, C. and Wheatcroft, J. M. Police officer's beliefs about, and use of, cues to deception. *J. Investig. Pschol. Offender Profil.* 14, 2017, pp. 307 – 319.

78. Yuille, J. C., Davies, G. M., Gibling, F., Marxsen, D. and Porter, S. Eyewitness memory of police trainees for realistic role plays. *Journal of Applied Psychology* 79, 1994, pp. 931 – 936.

79. Zadra, J. R. and Clore, G. L. Emotion and perception: the role of affective information. *Wiley Interdisci. Rev. Cogn. Sci.* 2(6), 2011, pp. 678 – 685.

80. Zuckerman, M., DePaulo, B. M., and Rosenthal, R. (1981a). Verbal and non – verbal communication of deception. In L. Berkowitz (Ed.), *Advances in experimental social psychology*, volume 14 (pp. 1 – 57). New York: Academic Press.